혁명이 계속되다

이집트 혁명과 중동의 민중 반란 2

혁명이 계속되다

이집트 혁명과 중동의 민중 반란 2

지은이 알렉스 캘리니코스·사메 나기브 외
엮은이 김하영
펴낸곳 도서출판 책갈피
등록 1992년 2월 14일(제18-29호)
주소 서울시 중구 필동2가 106-6 2층
전화 02)2265-6354
팩스 02)2265-6395
홈페이지 http://chaekgalpi.com
이메일 bookmarx@naver.com

첫 번째 찍은 날 2011년 12월 12일

값 12,000원
ISBN 978-89-7966-089-0 03300
잘못된 책은 바꿔 드립니다.

혁명이 계속되다

이집트 혁명과 중동의 민중 반란 2

알렉스 캘리니코스·사메 나기브 외 지음
김하영 엮음

책갈피

차례

일러두기

1. 인명과 지명 등의 외래어는 최대한 외래어 표기법에 맞춰 표기했다.
2. 《 》부호는 책과 잡지를 나타내고, 〈 〉부호는 신문과 주간지를 나타낸다. 논문 은 " "로 나타냈다.
3. 본문에서 [ ]는 옮긴이가 독자의 이해를 돕고 문맥을 매끄럽게 하려고 덧붙인 것이다.
4. 본문의 각주는 엮은이가 글의 출처를 밝힌 것 말고는 옮긴이나 엮은이가 설명 을 첨가한 것이다.
5. 2장과 3장, 4장의 짧은 글들은 주요 필자인 앤 알렉산더, 주디스 오어, 사이먼 아사프 외에도 지은이가 몇 명 더 있지만 일일이 밝히지 않았다. 각 글의 개별 필자는 출처를 참고하시오.

엮은이 머리말

이 책은 지난 2월 이집트 민중이 혁명으로 독재자 무바라크를 쫓아낸 직후 발간된 《이집트 혁명과 중동의 민중 반란》의 후속편이다. 당시에 엮은이는 머리말에서 "사실, 중동의 반란은 이제 막 시작됐을 뿐이다" 하고 썼다.

실제로 이집트 혁명과 중동의 반란은 그 뒤 우여곡절을 겪으며 계속 진행돼 왔다. 어떤 곳은 학살로 얼룩지고, 어떤 곳은 제국주의의 개입으로 왜곡되기도 했지만, 굴하지 않는 투지와 용기로 중동의 반란은 멈추지 않았다. 특히 이집트에서는 노동계급이 역사의 무대에 등장하면서 혁명이 심화됐다. 그리고 마침내 지금 우리는 이집트 민중이 사실상 무바라크 체제를 이어 가려는 군부에 맞서 다시 한 번 떨쳐 일어나는 것을 목도하고 있다.

이 책은 지난 열 달 동안 중동 각지에서 반란이 어떻게 진행됐고 혁명이 어떻게 심화됐는지 생생하게 다룬다. 기성 언론의 무관심과 의도적 왜곡으로 온당히 조명받지 못하는 동안에도 반란이 살아 꿈틀대며 희로애락을 겪었음을 독자들은 이 책을 읽으며 알게 될 것이다.

최근 이집트에서 다시 분출한, 무바라크 퇴진 이후 최대 규모 시위는 어느 날 갑자기 솟아오른 것이 아니다. 1월 혁명 당시 군부를 혁명의 친구로 여겼던 이집트인들이 이집트를 혁명 이전으로 되돌리려는 군부의 속셈을 어느 날 갑자기 꿰뚫어 보게 된 것이 아니다. 독재자의 몰락과 함께 혁명의 제1막이 끝나고 제2막이라는 더 복잡한 과정에 들어서고부터 이집트 노동자와 민중은 구체제의 유산에 맞서 싸우면서, 노동자 파업 물결 속에서, 여전한 체포와 탄압을 받으며, 혁명의 염원을 이루려면 군부도 타도해야 한다는 것을 깨달았다. 1장과 2장은 바로 이 과정을 마치 파노라마처럼 보여 준다.

또한 외부 관찰자는 파악하기 힘든 내부의 움직임, 혁명을 심화시키려는 노력을 이집트 혁명가들 자신의 목소리를 통해 조명하는 것이 이 책의 큰 장점이다. 노동자 파업 물결 속에서 독립노조를 건설하고, 지역마다 혁명수호민중위원회를 운영하고, 노동자들 자신의 정당인 민주노동자당을 창립하고, 군부의 반격에 맞서 혁명을 한 걸음 전진시키고자 투쟁하는 이집트 민중의 움직임은 우리 모두에게 큰 감동과 가르침을 준다. 여기에 더해 심층 분석 글들은 이집트 혁명의 전개를 심도 깊게 이해하는 데 큰 도움을 줄 것이다.

　3장은 리비아 혁명을 다루는데, 혁명의 발발부터 서방의 개입과 카다피 사후 리비아의 전망까지 세 부분으로 나눠 살펴본다. 리비아 혁명은 국내 진보 진영 내에서도 지지할지 말지를 두고 논란이 분분했다. 특히, 일각에서 카다피 정권의 성격을 반제국주의로 오해했기 때문이다. 서방의 군사개입도 국내외 좌파 진영에서 논란을 일으켰다. 이 책은 그런 논란을 정면으로 다루며 서방 개입의 진정한 목적과 그것이 남긴 결과를 파헤친다.

　튀니지와 이집트에서 독재자가 쫓겨난 뒤 투쟁 물결은 세계에서 가장 보수적인 지역으로 꼽히던 중동 전역으로 번져 나갔는데, 4장은 바로 이 과정을 조명한다. 왕들과 왕처럼 군림해 온 독재자들이 수십 년 동안 억압 통치를 한 예멘·바레인·사우디아라비아·시리아 등지에서 민중이 용기 있게 떨쳐 일어난 모습은 처절하면서도 감동적인 스토리가 아닐 수 없다. 짓밟히면서도 투쟁은 계속되고 있다. 또, 이집트 혁명은 이스라엘에 쫓겨나고 수십 년 동안 봉쇄당한 팔레스타인에도 변화를 몰고 오고 있다. 이 책은 팔레스타인이 해방될 수 있는 방안도 심층 분석한다.

5장은 이집트 혁명과 중동 민중 반란의 성격과 의미를 곱씹어 보는 장이다. 혁명이 부침을 겪으며 여러 단계를 거치는 과정이라면, 이집트 혁명은 지금 어디쯤 왔고 어떤 잠재력이 있으며 어디로 가고 있는지 심층적으로 살펴본다. 트로츠키의 연속혁명론은 이집트 혁명의 동역학을 이해하는 데 열쇠를 제공한다. 또, 이집트 혁명과 중동의 민중 반란이 서방 제국주의의 중동 지배 전략에 어떤 차질을 빚고 있는지를 분석하는 것도 5장의 중요한 주제다. 이 책에서는 혁명의 편인 척하면서 혁명을 가로채거나 서서히 죽이려는 미국 오바마 정부 등 주요 열강들의 책략을 분석한다.

이집트 혁명이 주변국들에만 영향을 미친 것은 아니다. 이집트 혁명은 전 세계인들에게 영감을 줬다. "타흐리르처럼 하자"는 구호를 미국 위스콘신 노동자 투쟁에서, 스페인 전역의 광장 점거 청년들 속에서 들을 수 있었다. 그리고 월가 점거 운동을 거쳐 마침내 10월 15일 국제 행동의 날 '점거하라' 운동이 전 세계로 퍼져 나가는 것을 볼 수 있었다.

이집트 혁명이 어디로 나아갈지는 아직 결정되지 않았다. 그러나 독자들이 이 책을 읽으면서 알게 되겠지만, 더 나은 세계를 위해 목숨을 내놓을 각오가 돼 있는 수많은 평범한 이집트인들과 혁명가들의 투쟁 속에서 미래가 결정될 것이다. 한편, 이집트 혁명의 세계적 울림은 우리에게도 중대한 과제를 제시한다. 그것은 이집트 민중에게 연대해야 할 뿐 아니라, 그들의 투쟁을 우리가 살고 있는 '지금 여기에서' 재연하려고 노력해야 한다는 것이다. 알렉스 캘리니코스가 지적했듯이, 이집트 혁명은 오늘날 세계에서 혁명이 현실이라는 것을 보여 준다.

이 책에 실린 글들은 주로 이집트 사회주의자들과, 오랫동안 이집트와 중동 문제를 탐구하고 집필한 영국 사회주의자들이 영국의 혁명적 반자본주의 주간지 〈소셜리스트 워커〉, 월간지 《소셜리스트 리뷰》, 계간지 《인터내셔널 소셜리즘》 등에 기고한 것이다. 자세한 지은이 소개는 별도로 첨부했다. 이 글들의 번역은 〈레프트21〉 국제 담당 기자인 김용욱 씨를 비롯해 정종수, 천형석 씨 등이 도움을 주셨다. 지면을 빌려 감사드린다.

2011년 11월 25일
엮은이 김하영

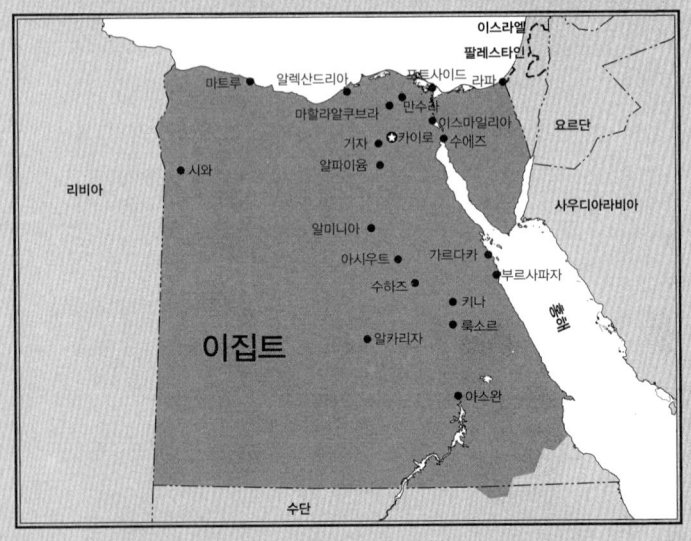

이스라엘
팔레스타인
마트루   알렉산드리아   포트사이드   라파
마할라알쿠브라   만수라
                  이스마일리아   요르단
기자   카이로   수에즈
알파이윰
                          사우디아라비아
리비아   시와

알미니아
아시우트   가르다카
수하즈   부르사파자
키나
이집트   룩소르
알카리자

아스완

홍해

수단

I
이집트
혁명

1장
독재자 무바라크를
쫓아내기까지

아무도 상상하지 못한 일이 일어나다

사메 나기브

러시아 혁명가 블라디미르 레닌은 이렇게 말했다. "수십 년 동안 아무 일도 일어나지 않을 때도 있다. 그러나 수십 년 걸릴 일이 불과 몇 주 사이에 벌어질 수도 있다."

지난 몇 년 동안 이집트 활동가들이 집회를 열면 보통 늘 보던 사람 몇백 명이 참가하곤 했다. 그리고 늘 진압경찰 3000~4000명에 둘러싸였다. 구호를 외치고, 연설을 하고, 경찰과 몸싸움을 좀 한 뒤에 집회는 끝났다.

물론 활동가들은 튀니지 혁명의 영향 덕분에 [2011년] 1월 25일 시위는 그보다 나을 것이라고 기대했다. 거점 두세 곳에 각각 수천 명이 모일 수 있을 것이라고 기대했다. 어쩌면 1만 명이 오기를 바라기도 했다. 그러나 활동가들 중 어느 누구도 그날 그런 일이 벌어질 것이라고 감히 상상하지 못했다.

그날 시위는 늘 외치는 구호로 시작됐다. 그러나 튀니지 혁명의 유명한 구호 ― "민중은 정부 퇴진을 바란다" ― 가 들리는 순간, 평소와 뭔가 다르다는 것을 느낄 수 있었다. 갈수록 많은 사람들이 집에서 나와 함께 이 구호를 힘껏 외쳤다. 남녀노소, 기독교인과 무슬림을 막론하고 많은 가난한 이집트인들이 시위에 참가했다. 마력을 가진 이 구호를 가난한 동네에서 크게 외치자 더 많은 사람들이 시위에 참가했다. 처음에는 겨우 활동가 수백 명이 행진을 시작했지만, 곧 수만 명으로 불어났다.

경찰은 당황한 기색이 역력했다. 그들은 주요 도로 진입로로 후퇴했고, 시위대가 도심으로 진출하지 못하도록 막았다. 바로 이곳에서 역사적인 날을 만들려는 쪽과 그것을 막으려는 쪽이 충돌했다. 경찰은 물대포, 고무총과 최루탄을 난사해 시위대를 물리치려 했다. 시위 참가자들에게 가장 고통스러운 것은 최루가스였다. 경험 많은 시위 참가자들은 가정주부, 약사, 커피숍 점원들에게서 마스크, 캔콜라, 양파를 무료로 받아 사람들에게 나눠 줬다.

시위대 수만 명이 마침내 경찰 바리케이드를 뚫고 도심으로 진출해 타흐리르 광장에 도착했다. 그러나 시위대와 경찰의 전투는 계속됐다. 이집트 혁명의 불꽃을 붙인 이 날 ― '해방의 날' ― 수십 명이 죽고 수천 명이 다쳤다.

그 뒤 이틀 동안 시위대와 경찰의 충돌이 계속됐다. 1월 28일 '분노의 날'을 준비하는 것이 정말 중요했다. 바로 이때 무슬림형제단이 이 운동에 참가하기로 결정했다. 28일 집회 준비에 참가한 사람들은 더는 '늘 보던 사람들'이 아니었다. 주로 노동계급 출신인 청년 수천 명이 운동의 새로운 지도자로 부상했다. 그들은 그 어떤 정치적 교육에서도 배우지 못할 것을 실제 혁명 과정에서 배웠다.

1월 28일 금요 기도가 끝난 후, 수십만 명이 모스크와 광장에서 쏟아져 나와 도심을 향해 행진하기 시작했다. 타흐리르 광장에 도착한 수십만 명이 광장 점거를 시작했고 이것은 2월 11일 무바라크가 하야하던 날까지 이어졌다. 이집트 전역에서 민중위원회가 우후죽순으로 나타났다. 이들은 주거지를 보호하고 교통을 통제하고 심지어 쓰레기를 수거하기도 했다. 시위 참가자들은 2월 1일 이집트 주요 도시에서 '100만 행진'을 벌이자고 호소했다.

이집트군 장군들의 대응 방식은 이집트 혁명이 전환점을 맞는 계기가 됐다. 군 대변인 이스마일 오스만은 국영 텔레비전에 출연해 군이 민중의 정당한 요구를 이해하기 때문에 그들을 쏘지 않을 것이라고 발표했다. 장군들은 발포 명령을 내리면 군이 분열하고 사병과 청년 장교 수천 명이 군 지도부에 반대할 것임을 알았다. 군 지도자들은 무바라크를 희생시켜 정권을 구하려 했다.

2월 1일 수백만 명이 거리를 가득 채웠다. 타흐리르 광장에 200만 명, 알렉산드리아의 순교자 광장에 100만 명, 만수라에 75만 명, 수에즈에 25만 명이 모였다. 이집트 시위 역사상 전례 없는 규모였다. 민중의 요구를 표현하는 시, 농담, 개인사 등이 적힌 수천 개 팻말과 현수막이 타흐리르 광장을 물들였다. 모든 건물 벽면에는 낙서, 벽화, 구호가 그려졌다. 사람들은 음식, 물, 담배 등을 서로 나눴다. 광장은 노래, 음악, 시와 함성으로 떠들썩했다. 새로운 이집트가 탄생한 것이었다.

다음 날, 유명한 억만장자들, 집권당 지도자들, 비밀경찰 고위 인사들이 가말 무바라크[호스니 무바라크의 아들]의 주재 아래 시위대를 전면 공격하는 계획을 세웠다. 수십 마리의 말과 낙타를 탄 깡패들이 시위대를 공격했다. 시위 참가자들은 처음에는 당황했지만 맨손으로 공격에 맞서 싸웠다. 그들은 해야 할 일을 상세하게 나눴다. 젊고 튼튼한 사람들, 특히 노동계급 청년들은 최전선에서 투석전을 벌였다. 다른 사람들은 보도블록을 깨 던질 돌을 만들었고, 또 다른 이들은 그 돌을 최전선에 전달했다. 젊은 여성들은 이 끔찍하지만 영웅적인 전투가 벌어지는 동안 밤새도록 투사들에게 물을 날랐다.

저격수들은 레이저 조준경을 시위대를 향해 겨눴다. 청년 시위 참가자 10여 명은 바리케이드 위로 올라가 레이저가 자신의 가슴을 조준하도록 했다. 그들은 이토록 겁이 없었고, 승리 아니면 죽음이라는 확고한 목표를 가지고 있었다. 광장 사방에 피가 흥건했다. 그날 밤 열 명 넘는 청년 투사들이 순교했다. 부상자 수백 명은 치료를 받자마자 전선으로 복귀했다. 동이 틀 무렵 시위대가 전투에 이긴 것이 명백해졌다. 깡패와 경찰은 도망치기 시작했다. 날이 밝자 수십만 명이 연대를 표현하려고 광장을 찾았다. 시위 지도자들은 그 주 금요 기도 후 '떠나는 날'이라고 부르는 대규모 시위를 열자고 제안했다.

항쟁 마지막 주에는 주요 산업 노동자들이 파업을 벌이고 시위에 대거 참가했다. 그들은 경제적 요구뿐 아니라 혁명의 요구인 무바라크 하야도 외쳤다. '분노의 날'에 매우 치열한 전투를 벌였던 수에즈 노동자들이 가장 앞서 나갔다. 2월 8일 수에즈 운하 노동자 6000명이 파업을 시작했고, 이윽고 방직과 철강 노동자들이 뒤를 따랐다. 2월 10일 파업 물결은 북부 알렉산드리아에서 남부 아스완까지 확산됐다. 심지어 군대식 노동 규율을 강요하던 장군들 소유 공장에서도 파업이 벌어졌다.

2월 11일 시위는 혁명 발발 후 가장 큰 시위였다. 이집트 전역에서 1500만 명이 시위에 참가한 것으로 추산된다. 이날 노동자들은 작업장별로 노동자 대열을 조직해 참가했다. 노동자들은 무바라크가 하야하지 않으면 자신들이 산업 전체를 마비시키겠다고 신호를 보낸 것이었다. 이날 저녁 민중의 소망이 마침내 실현됐다. [무바라크가 하야하면서] 이집트 혁명은 첫 단계에서 승리를 거뒀다. 이때까지 거의 1000명이 순교했고, 수만 명이 다쳤다. 그러나 이제 무바라크는 제거됐다.

예행연습

2000년 9월 일어난 제2차 인티파다(봉기)는 이집트에 큰 반향을 일으켰다. 팔레스타인 민중의 용기와 끈기, 그리고 무장 항쟁과는 대조적인 이집트 정부의 굴욕적 대응을 보며, 이집트 청년 수십만 명이 급진화했다. 당시 이집트 전역에서 대중 시위가 열렸다. 학생들은 시위를 벌이면서 생애 처음으로 정치에 발을 들여놓았다. 이런 정치적 각성 과정은 미국의 이라크 침략으로 가속도가 붙었다. 2003년 3월 20일 활동가들은 타흐리르 광장에서 반전 시위를 조직했고 무려 4만 명이 참가했다. 이날 시위 참가자들은 무바라크 사진을 불태우고 24시간 동안 광장을 점거했다. 2011년 혁명적 점거의 예행연습이었던 셈이다.

무바라크 정권이 이런 시위들을 폭력으로 진압하면서 민주주의 문제가 전면에 부각됐다. 2004년 12월 12일 나세르주의자, 사회주의자, 이슬람주의자, 자유민주주의자를 포함하는 다양한 야당 정치 세력의 연합이 '키파야'(이제 그만)라는 이름 아래 최초로 시위를 벌였고, 이후 비슷한 시위가 여러 차례 열렸다. 이 시위는 규모가 작았고 참가자가 가장 많았을 때 수천 명에 그쳤다. 그러나 이 시위의 정치적 효과는 참가자 수보다 훨씬 컸다. 시위대가 무바라크 통치의 종식과 고문·불법 구속을 남발한 경찰청장 처벌을 요구하면서 정치적 금기가 깨졌다.

그러나 무바라크 정권에 가장 강력하게 도전한 집단은 노동계급이었다. 그들은 2006년부터 이집트 역사상 보기 드문 파업 투쟁을 벌였고, 무바라크 정권이 무너진 다음에도 투쟁을 심화·발전시키고 있다. 2006년 12월, 마할라알쿠브라의 미스르 방직 공장 — 이곳에서 이집트 국영 방직 산업 노동자의 25퍼센트가 일한다 — 노동자들의 파업이 이집트 노동운동의 전환점이 됐다. 12월 7일 노동자 수천 명이 마할라 공장의 주요 출입구 앞에 모였다. 공장 내 의류 부문 여성 노동자 3000명은 방적 부문까지 행진해 파업 동참을 호소했다. 그 덕분에 이 초대형 공장 전체의 조업이 중단됐다. 점거 나흘째 되는 날 정부는 노동자들 요구를 대부분 수용했다.

이후 노동자 파업이 이집트 역사상 전례 없는 속도로 확산됐다. 파업은 공공 부문에서 민간 부문으로, 공무원들로, 오래된 산업 지역에서 곳곳의 신도시들로 퍼졌다. 또, 파업은 방직업에서 엔지니어링, 화학, 건축, 운수, 서비스업 등으로 번졌다. 이런 파업들은 저항의 문화를 사회 전반으로 확산시켰다. 2007년 말에는 세무 공무원 5만 5000명이 파업을 벌였다. 이 파업은 3개월 동안 지속됐다. 세무 공무원 노동자들은 카이로 시내에 있는 재무무 앞에서 11일 동안 농성을 벌여 승리했다. 세무 공무원들은 임금 325퍼센트 인상을 따냈고, 민주적으로 선출된 파업위원회는 1957년 이후 최초로 수립된 독립 노조 집행부로 전환됐다.

이번에 무바라크를 쫓아낸 치열한 투쟁 과정에서 수십 개의 독립 노조가 새로 탄생했다. 노조 지도자들은 파업위원회에서 민주적으로 선출됐다. 무바라크가 하야한 뒤 두 달 동안 2006~08년 파업 물결을 통틀은 것보다 더 많은 파업이 벌어졌고 더 많은 노동자들이 파업에 참가했다.

노동계급이 중요한 구실을 하는 민주주의 혁명은 그 자체가 암묵적으로 사회혁명이자 그것으로 본격적으로 발전할 가능성이 있다. 이집트와 아랍 지역에서 혁명적 위기가 발생한다면 그것은 앞으로 몇 달이 아니라 몇 년 동안 상황이 무르익은 뒤일 것이다. 이집트와 전 세계에서 노동계급이 역사적 승리를 거둘 가능성이 눈앞에 열리고 있다.

출처: 〈Socialist Worker〉 2258호(2011.7.2).

쿠데타일 뿐이라고?

알렉스 캘리니코스

레온 트로츠키는 회고록에서 1917년 러시아 혁명 직후 레닌이 독일어로 "에스 슈빈델트"(현기증이 날 정도다)라고 말했다고 회상한다. 지난 몇 주 동안 혁명가든 아니든 많은 사람이 아찔함을 느꼈다. 무함마드 부아지지의 분신에서 1월 14일 튀니지의 대중이 벤 알리의 독재 정부를 무너뜨리기까지 채 한 달이 걸리지 않았다. 두 주 반이 지나 이집트에서는 더 강력한 독재자 호스니 무바라크가 대중 시위로 쫓겨났다. 그렇다면 이들 사건으로 무엇이 얼마만큼 변했을까?

전략·정보 웹사이트 '스트랫포'의 제국주의적 현실주의자인 조지 프리드먼은 변한 것이 거의 없다며 다음과 같이 주장했다. "혁명이 일어난 것이 아니다. 시위대는 정권은 고사하고 무바라크도 쓰러뜨리지 못했다. 군부가 체제를 수호하기 위해 시위대를 핑계

삼아 무바라크를 쫓아낸 쿠데타가 일어난 것이다. 군부는 2월 10일 무바라크가 제 발로 물러나지 않으리라는 것이 확인되자 사임을 강요하기 위해 쿠데타나 다름없는 짓을 했다."

프리드먼이 보기에 이집트 혁명은, 무바라크가 자신의 아들인 가말을 계승자로 삼으려 하면서 빚어진 무바라크와 군부 사이의 갈등을 군부가 해결할 수 있었던 계기에 지나지 않는다. 이 분석이 완전히 틀린 것은 아니다. 이 분석에서는 무바라크가 퇴진하기는 했지만 그가 이끌던 체제는 여전히 건재하다는 사실이 강조된다. 가장 중요하게는 이집트 국가의 핵심, 바로 억압 기구들이 건재하다. 중앙보안군은 1월 28일 거리 전투 과정에서 산산이 흩어져 버렸을지 모르지만 군대는 건재하다.

실제로, 장군들이 2월 11일 행동에 나선[무바라크에게 사퇴하라고 압력을 가한] 이유 중 하나는 군대가 동요하는 것을 바라지 않았기 때문이라고 해도 과언이 아니다. 장군들은 많은 징집병과 하급 장교가 시위대와 우호와 친선을 나누면서도 과연 충성심을 유지할지 우려했을 수 있다. 1978~79년 이란 혁명에서 샤 정부가 무너진 것은 몇 달 동안 시위와 파업이 벌어질 때마다 군대가 유혈 참극을 벌이면서 군의 사기와 응집력이 허물어졌기 때문이다. 권좌에서 물러나지 않겠다는 무바라크의 고집은 그러한 시나리오를 상기시켰다. 그 때문에 미국 정부와 이집트 군부는 무바라크를 냉혹하게 내쳤다.

그러나 군부는 무바라크를 쫓아내고 스스로 권력을 맡으면서 엄청난 주목을 받는 처지에 놓이고 말았다. 최고군사위원회의 출현은 1952년 이후 가말 압델 나세르가 이집트를 통치하던 시절의 군사위원회, 즉 혁명지도위원회 같은 기구들을 상기시킨다. 그러나 최고위원회의 수장인 무함마드 탄타위는 나세르가 아니다. 최근 위키리크스의 폭로로 밝혀진 이집트 주재 미대사관의 전문을 보면 다음과 같은 내용이 있다. "카이로 인근의 [국방부] (전용) 클럽에서는 탄타위를 노골적으로 경멸하는 중급 장교들을 볼 수 있다. 이들은 탄타위를 '무바라크의 푸들'이라고 부른다."

이 증언에 비춰 보면 군사위원회는 현상 유지를 위해 전력을 다할 것이 확실하다. 동시에 이것은 프리드먼 분석의 오류를 보여 준다. 무바라크와 군부 사이의 갈등이 어느 정도였든 장군들이 무바라크를 제거하는 행동에 나설 수밖에 없었던 것은 이집트 전역에서 조직된 대중 행동 때문이었다.

현재 군부는 호리병에서 나온 거인 지니를 다시 병에 담으려 한다. 이것은 결코 쉽지 않을 것이다. 무바라크의 하야를 앞두고 며칠 동안 벌어진 사건들 중에서 가장 중요한 것은 노동자 파업 물결의 확산이었다. 이것은 갑자기 하늘에서 뚝 떨어진 게 아니다. 지난 몇 년 동안 이집트 노동자 투쟁은 1940년대 이후 가장 격렬했다. 앞으로 이집트에서 1905년 러시아 혁명기에 로자 룩셈부르크가 분석한 정치투쟁과 경제투쟁의 상호작용이 일어날지도 모른다. 우선, 정치적 승리에 고무된 노동자는 반란을 일으킨 원인이 었던 경제적 고통에 관한 해결책들을 요구할 수 있다. 그리고 이 런 투쟁은 정권 자체를 제거할 정치 운동을 강화할 수 있다.

이집트 혁명은 아직 끝나지 않은 것이다.

출처: 〈Socialist Worker〉 2239호(2011.2.19), 〈레프트21〉 51호.

이집트 혁명의 제1막

필립 마플릿

이집트 혁명의 제1막을 장관으로 만든 것들 중에서 2월 2일 타흐리르 광장에서 일어난 사건이 가장 인상적이었다. 무바라크가 사복 경찰을 시켜 시위대를 공격하게 했을 때, 시위 참가자들은 미친 듯이 맞서 싸웠다. 그들은 저항했고, 결국 발타기야(깡패들)를 몰아냈다. 이 전투 소식이 퍼지자, 카이로 전역에서 사람들이 구름 떼처럼 몰려들었다. 그들은 전투를 지원하려고 최전선으로 달려갔다. 심지어 〈인디펜던트〉의 로버트 피스크처럼 전 세계의 온갖 분쟁 현장을 목격한 기자도 다음과 같이 말했다. "정말 놀라운 장면이었다. 떨쳐 일어선 사람들은 이제 더는 폭력, 잔혹 행위, 감옥을 참으려 하지 않았다."[1]

이 사건은 이집트 항쟁의 성격에 관해 많은 것을 말해 준다. 이 사건은 무바라크가 얼마나 쉽게 무자비한 폭력을 사용할 수 있는

지 보여 줬다. 이 사건을 목격한 피스크는 발타기야의 등장이 "잔인하고 비인간적이고 냉혹하고 잘 계획된" 것이었다고 말했다.[2] 무바라크와 그의 최측근 각료, 일가친척, 가까운 기업인들은 여러 차례 효과를 본 이 방법이 저항 운동을 꺾을 것이라고 생각했다. 그들의 목표는 시위대를 잔혹하게 다루는 것이었다. 즉, 항쟁 참가자들의 뼈를 부러뜨려 의지를 꺾으려는 것이었다. 거리의 사람들은 이 점을 잘 이해하고 있었다. 그들은 목숨을 걸고 싸웠다. 빈곤·굶주림·실업에 맞서서, 그리고 두려움·학대·고문에 맞서서 싸웠다. 그들의 수와 분노는 고비점에 이르렀고, 그로부터 아흐레 뒤 무바라크는 쫓겨났다. 징집병들이 계속 명령에 충성할지 확신할 수 없었던 장군들은 마침내 독재자를 퇴진시켰다. 그들은 이제 군대최고평의회 이름으로 권력을 잡은 채, 급진적 변화를 요구하는 수많은 사람들에게 거부당한 체제의 수호자 노릇을 하고 있다.

이 글을 쓰는 지금, 운동의 초점은 타흐리르 광장에서 이집트 전역의 작업장들로 옮겨 갔다. 지금 이집트의 많은 주요 공장에서 파업이 벌어지고 있다. 노동자들은 임금, 보너스, 계약 조건, 연금, 건강보험, 노동조합 권리와 노조 인정, 무바라크 정권 시절 노동자들을 괴롭힌 경영진과 공식 노조 지도자들의 퇴진 등 다양한 요구를 제기했다. 수에즈에서는 군대가 부패 혐의를 받고 있던 경영자들을 체포했다.[3] 마할라알쿠브라에 있는 미스르 방직 공장(이집트 최대의 공기업이자 중동에서 가장 큰 방직 공장)의 파업 노동자들은 회사 경영진이 부패했고 노조 활동가들을 탄압했으므로 처벌받아야 한다고 요구하고 있다. 포르투갈 혁명 당시 '사네아멘투'(청산)라고 불린 숙정 과정이 시작됐다. 맨 처음 고발된 자는 집권 국민민주당 고위 인사이자 무바라크의 억만장자 친구인 철강왕 아흐마드 에즈였다. 최고위원회는 내무부 장관 하비브 알아들리, 주택부 장관 아흐마드 마그라비, 관광부 장관 주헤이르 가라나도 체포했다.

억압 기구

이집트 혁명의 전개 속도는 놀랄 만큼 빨랐다. 2011년 1월 25일 무바라크 정부 지지자들은 내무부 장관을 "이집트 제1의 인권 수호자"라고 불렀다. 관영 언론이 지켜보는 가운데 대법원 앞에서 열린 시위에서 그들은 "하비브 알아들리는 이집트를 위험에서 보호하는 영웅이다", "하비브, 강하게 대처하라"고 외쳤다.[4] 아들리는 같은 날 벌어진 대중 시위에 증오의 대상인 진압경찰을 보냈다. 진압경찰이 시위대를 몰아내지 못하자 그는 발타기야를 불러모았다. 무바라크는 집권 기간 내내 대중 저항에 이런 식으로 대처했다. 1981년 권력을 잡자마자 그는 비상계엄을 선포했다. 기본권을 정지시키고, 파업·시위와 10인 이상의 공개 집회를 금지하고, 신문을 검열하거나 폐간하고, 항소가 불가능한 군사법원을 설치했다. 또, 보안 기구를 대폭 강화하고, 경찰과 정보기관이 멋대로 용의자를 체포·구속해도 처벌받지 않게 해 줬다. 또, 약간의 양보책으로 비교적 고분고분한 야당 인사들을 포섭하려 했다. 이런 양보로 저항을 봉쇄하기가 여의치 않으면 서슴없이 '채찍'을 휘둘렀다.

무바라크 정권은 방대한 억압 기구를 건설했다. 정권은 행정경찰 말고도 군대와 비슷한 진압경찰, 즉 암 알마르카지(중앙보안군)를 비롯한 다양한 보안·정보 기관을 운영했다.[5] 이들은 모든 종류의 독립적 정치 활동을 억압했고, 심지어 정권이 허용한 좁은 틀 내에서 활동하는 사람들도 가만두지 않았다. 2004년 온건 개혁주의자인 아이만 누르는 가드('내일')당을 창당하고 대선에서 무바라크의 경쟁 후보로 나섰다가 곧장 누명을 쓴 채 감옥에 갇혔다.

많은 학자들은 무바라크 정권의 교묘한 매수 공작이 야당 세력을 무력화하는 데서 중요한 구실을 했다고 평가한다. 예컨대, 마예 카셈은 무바라크가 "공포와 보상"을 혼용해 야당, 노조, 전문직 단체를 포섭했다고 주장했다. 그 덕분에 무바라크는 오랫동안 큰 정치 위기 없이 임기를 연장할 수 있었다는 것이다.[6] 이것은 사실, 1950년대와 1960년대 이집트에서 사용된 방식이다. 당시 가말 압델 나세르의 급진 민족주의에 매혹된 스탈린주의 경향의 공산당 지도자들은 공산당을 해산하고 정부 고위직 인사로 취임했고, 노동운동 지도자들도 어용 노조로 흡수됐다. 1970년대 안와르 사다트 정권도 포섭 정책을 폈는데, 나세르가 만든 획일적 유일 정당인 아랍사회주의연합ASU을 개편해서 주요 야당 세력들이 ASU 안에서 '의견그룹'으로서 활동할 수 있는 공간을 허용했다. 그래서 부르주아 자유주의 정당인 와프드당과 공산당 잔존 세력과 나세르주의 조직 등이 독자적 정치 경향을 건설할 수 있었다. 그러나 개혁은 제한적이었다. '의견그룹'들은 사무실을 열고 간행물을 발간했지만, 공개적으로 조직하는 것은 금지됐기 때문에 사실상 당원 없는 정당에 불과했다. 무바라크는 임기 내내 이런 제한을 바꾸지 않았다. 국민진보연합당(흔히 '알타감무'[7]로 알려진)의 지도자 리파트 알사이드는 정권의 승인을 얻은 정당들은 "이집트 정치에서 대표성도 없고, 이집트 국민에게 인기도 전혀 없다"고 말했다.[8] 어느 정당도 "진정한 의미의 정당이 아니다. 이들은 모두 사회의 표면 위를 떠도는 개인들의 모임일 뿐이다."[9]

대다수 권위주의 국가들에서는, 공식 기구들이 정권의 분신 구실을 하거나 정권의 영향력 아래 있다는 것이 분명해지면 포섭 정책에서 얻을 수 있는 이익이 크게 줄어든다. 이집트에서는 무바라크가 모든 공식 정치 영역을 강력하게 통제했기 때문에, 가장 온순한 야당 활동가들조차 의미 있는 정치적 의제를 발전시킬 기회를 박탈당했고 선거에서 지지자들을 확보할 수도 없었다. 선거 때마다 진압경찰이 투표소를 포위한 채 관리들이 부정선거를 저지르도록 보호했고, 이 관리들의 주된 임무는 집권당 후보가 최대한 많은 표를 얻게 하는 것이었다. 2010년 11월 총선 당시 〈알 아흐람 위클리〉는 다음과 같이 보도했다.

동영상들을 보면, 사람들이 투표함에 용지를 맘대로 넣고, 투표함을 맘대로 개봉하거나 파괴하고, 심지어 불을 붙이기도 한다. 독립적 감시 기구들의 보고서를 보면, 이집트 전역의 수십 개 선거구에서 일어난 폭력 사건으로 아홉 명이 죽었다.[10]

무바라크의 관료들이 선거 결과를 미리 정해 놓은 경우도 상당히 많았다. 2010년 11월 선거 직전에 국회(하원)의장은 무슬림형제단 의원들에게 그들이 선거에서 다 떨어질 것이라고 말했다. 11월 선거 1차 투표에서는 그 말대로 무슬림형제단 후보들이 모두 낙선했고, 무슬림형제단은 분노했지만 무기력하게 물러섰다.[11]

기존 야당 조직들 중에서는 오직 무슬림형제단만이 국가로부터 어느 정도 자율성을 유지했다. 1920년대 창립된 무슬림형제단은 반식민지 투쟁과 초기 팔레스타인 저항 운동에서 (일관되지는 않았지만) 주도적 구실을 했다. 나세르 치하에서 억눌렸던 무슬림형제단은 사다트 정부 시절 영향력을 확대할 수 있었고, 다른 정치적 대안이 없는 상황에서 대중 조직으로 빠르게 성장했다.[12] 무슬림형제단은 불법 처지에서 벗어나지 못했지만, 무슬림형제단 지지자로 잘 알려진 사람들을 '무소속' 후보로 출마시킬 수는 있었다. 그와 동시에 무슬림형제단은 무바라크가 정한 규칙을 순순히 따르면서 많은 회원에게 집단적 공개 활동을 하지 말라는 지침을 내리기도 했다. 그럼에도 정부는 무슬림형제단을 계속 탄압했고 활동가 수천 명을 체포·구속했다. 최근에 무바라크는 무슬림형제단에서 가장 존경받는 원로 지도자들을 수감하는 등 무슬림형제단을 공공연하게 모욕했다.

이집트 국가의 '용납 불가 정책'에 직면한 무슬림형제단은 점점 더 빠르게 정치 영역에서 후퇴했다.[13] 그래서 최근의 한 분석 글을 보면, 무슬림형제단은 "혼란과 정치적[13] 쇠퇴를 겪고 있고 … 구조적·이데올로기적 위기에 빠져 전례 없는 내분에 휩싸여 있다"고 평가된다.[14] 2009년에는 무슬림형제단 내 보수파가 지도부를 차지했다. 2009년 무슬림형제단의 신임 의장이 된 무함마드 바데이는 "폭력 배제, 점진적 개혁, 정권과 대결하지 않기 등"의 견해를 가진 것으로 알려져 있다.[15] 내부 갈등과 공개 활동에서의 후퇴는 심각한 결과를 낳았다. 청년 지지자들은 조직 활동에서 소외됐고 무바라크 정권에 도전하는 대규모 거리 시위가 시작됐을 때 무슬림형제단의 모습은 거리에서 보이지 않았다. 운동이 시작된 지 며칠이 지나서야 무슬림형제단의 기층 회원들이 시위에 참여했고, 나중에는 경찰과 깡패의 공격에 맞선 싸움에서 중요한 구실을 했다. 이런 긴장은 현재 무슬림형제단 내부에서 진행 중인 날카로운 분파 투쟁으로 나타나고 있다.

고문과 학대

지난 20년 동안 무바라크는 야당 세력에 별로 양보한 것이 없었다. 정치적 대표성의 총체적 위기는 갈수록 심각해졌다. 오히려 정권은 탄압을 강화했다. 1991년 휴먼라이츠워치[미국에 본부가 있는 국제 인권 단체]는 이집트에서 자행되는 고문과 감금을 상세히 다룬 보고서를 발표했다. 《밀실에서Behind Closed Doors》라는 이 보고서를 보면, 안보 위협 개념이 너무 포괄적이어서 온갖 사람들이 전혀 모르는 사실을 알고 있다는 혐의로 수감되고, 학대당하거나 고문당한다.[16] 이듬해 탄압이 더 심해졌고, 이집트 경찰과 군대는 카이로 빈민가에 많은 지지자를 거느린 급진 이슬람주의 조직들을 공격하려고 카이로의 임바바 지구로 진입했다.[17] '이집트인권단체'가 기록한 자료를 보면 경찰은 이 지역을 습격해 주민 수백 명을 집단적으로 처벌했다.[18] 이슬람주의자들이 영향력을 확대하던 이집트 남부 도시에서도 비슷한 공격이 반복됐고, 농촌 지역에서는 경찰과 군대가 이슬람주의 활동가들을 찾는답시고 농토와 마을을 파괴했다. 전국의 경찰서에서는 고문이 광범하게 자행됐다. 그래서 휴먼라이츠워치의 가세르 압델라제크는 심각한 학대 행위가 일상적 수사 기법이 됐다고 말했다. "고문은 하나의 문화가 됐다. … 두 세대의 경찰관들이 이슬람주의자들에게 고문을 자행했다. 정부가 허용한 데다 효과적인 것처럼 보였으므로 고문은 확산됐다."[19] 1990년대 이후 고문은 이집트 전역에서 경찰과 보안

기관들의 일상적 관행이 됐다.

2003년 변호사와 인권활동가들은 '고문에 반대하는 이집트인 연합EAAT'을 결성했다. 그들은 고문이 "내무부와 보안기관들이 채택한 억압적 정책"이 됐고 "국민을 철저히 복종시킬 목적으로, 시민을 상대로 조직적·체계적·지속적으로 사용되고 있다"고 평가했다.[20] 수많은 이집트인이 자신이나 가족, 친구, 동료 중에 고문당한 사람을 알고 있다. 그래서 특히 악명 높은 사례들을 폭로하기 위해 최근 몇 년 동안 소셜 네트워크 웹사이트에서 진행된 캠페인들이 성공을 거둘 수 있었던 것이다. 이것이 2011년 2월 초 경찰과 깡패가 카이로 곳곳에서 시위대를 공격한 배경이자 시위 참가자들이 격렬하게 저항한 이유 가운데 하나다. 경찰과 보안기관들은 알니잠(질서·체제)을 대표할 뿐 아니라 많은 사람의 삶을 불행하고 고통스럽게 만든 존재이기도 했다. 타흐리르 광장 전투에서 복수의 칼을 갈고 있는 경찰에게 패배하는 것은 생각하기도 싫은 악몽이었다. 그래서 사람들은 격렬하게 저항했고 결국 타흐리르에서 중요한 승리를 거뒀다. 이 투쟁에 이어 사람들은 이집트 곳곳에 산재한 국가안보국 사무실을 공격하기 시작했다. 사람들은 경찰 기록을 압수하고 고문 기구를 찾아내고 재소자들을 석방시키려고 유치장을 수색했다.

신자유주의

이집트 민중 운동은 이집트 지배자들의 부패와 도둑질에 책임을 묻고 싶어 한다. 무바라크는 수백억 달러를 축재한 것으로 알려져 있다. 심지어 미국 언론조차 부정 축재 액수가 400억 달러에서 700억 달러에 이를 것으로 추정한다.[21] 무바라크는 이집트식 '정실 자본주의'에 책임이 있다고 여겨진다. '정실 자본주의'란 용어는 신자유주의 경제학자와 세계 금융기관 들이 선호하는 용어로, 건강한 민간 기업과 국가의 이익을 구분하는 '깨끗한' 사업 방식이 따로 있다는 가정을 깔고 있다. 1990년대 말 아시아 금융 위기 때 IMF 총재 미셸 캉드쉬는 이 용어를 자주 사용하면서 기업인과 국가 관료 사이의 부적절한 관계가 부패를 낳았고 결국 세계경제를 불안정하게 만들었다고 주장했다.[22] 그러나 노엄 촘스키가 지적한 것처럼, 자본주의 역사 자체가 기업과 국가가 끈끈한 관계를 맺어 온 역사다.[23] 촘스키는 근대 상업과 산업 기업의 초기 단계부터 "상인과 제조업자 들은 정부 정책의 주요 결정자였고, 그들은 다른 사람에게 아무리 끔찍한 결과를 초래하더라도 자신의 이익을 먼저 보장받으려고 노력했다"고 말했다.[24] 독립 후 이집트 국가에서 1950년대와 1960년대 내내 나세르와 자유장교단 운동은 민간 자본이 종속적 구실을 하게 만들었다. 그러나 민간 기업들은 살아남았고, 오히려 국가를 이용해 특정한 사적 이익을 추구할 수 있었다.

나세르가 권력을 잡을 수 있게 해 준 1952년의 쿠데타는 영국 점령과 왕정 통치에 맞선 지속적 투쟁의 결과였다. 혁명의 가능성이 활짝 열린 당시 상황에서 이 쿠데타는 '빗나간' 혁명의 사례이기도 했다. 급진 민족주의자들은 군대를 이용해 일부 개혁을 시행했지만 동시에 대중운동을 통제했고 나중에는 운동의 동력 자체를 꺼뜨렸다.[25] 나세르와 그 동료들은 식민주의뿐 아니라 대중운동 자체도 경멸한 프티부르주아 전문직 종사자들이었다. 그들이 정권을 잡은 뒤 처음 취한 결정적 행동은 파업을 금지하고 노동자 투사들을 처형한 것이었다.[26] 그들은 농민의 자주적 행동도 비난했고, 펠라힌(농민)이 대지주의 토지를 점거하는 것도 중단시켰다. 그 대신에 그들은 엄격하게 통제되는 개혁을 추진했다. 이것은 중요한 발전이었지만 토지를 직접 통제할 권리를 얻고자 오랫동안 싸워 온 사람들을 실망시켰다.[27] 자유장교단은 원래 서방에 우호적이었고 유럽이나 미국과 동맹을 맺는 것을 진지하게 고려했다. 서방이 이것을 거부하고, 기층의 강력한 압력을 받고 나서야 그들은 수에즈 운하를 둘러싸고 영국과 충돌하고 궁극적으로는 소련과 새로운 동맹을 맺게 된 전략을 선택했다.

1956년 수에즈 운하를 국유화하면서 나세르는 중동 전역에서 반식민지 운동의 지도자로 떠올랐다. 그는 급진적 정서와 특히 범아랍주의의 초점이 됐고, 팔레스타인인들은 그가 이스라엘에 맞서기를 바랐다. 그다음 10년 동안 그는 대다수 외국자본을 국유화했고, 보편적 교육과 보건 서비스를 제공하고 식량 안보가 보장되는 복지국가의 초석을 놓았다. 나세르는 국가가 경제를 통제해서 이집트에 강력한 자본주의를 건설할 수 있을 것이라고 기대했다. 그러나 그는 민간 자본의 활동을 금지하지는 않았다. 많은 중소기업과 강력한 지주 세력이 살아남았다. 1960년대 말 경제가 갈수록 불안정해지자 나세르는 이들의 활동을 고무했다. 새로운 군대 엘리트와 고위 국가 관료 들은 민간 자본과 공생했고 이집트의 국가자본주의는 혼성적 형태였다. 말라크 잘루크는 민간 자본이 '국가 부르주아지' 안에서 입지를 확보할 수 있었다고 평가했다.[28]

이런 상황은 사다트 정권에서 일어난 변화의 초석이 됐다. 사다트는 1974년부터 나세르식 국가를 해체하기 시작했다. 사다트의 인피타(개방) 정책은 민간 투자를 고무하고 외국인 투자를 유치하고 이집트를 소련식 모델에서 미국식 시장 모델로 전환시키는 것이었다. 민간 지주와 상업 자본 들을 기반 삼아 무역업자, 중개인, 자산 투기꾼 들이 번창할 수 있는 조건이 마련됐다. 1970년대 말 나타난 '갑부들'의 탐욕과 과시적 소비 행태를 보면서 많은 이집트인이 분노했다. 1981년 권력을 잡은 무바라크는 사다트의 전략을 계승했고 오히려 변화의 속도를 조금씩 높였다. 이집트는 이제 미국의 굳건한 동맹이 됐고, 세계은행과 IMF의 주류로 득세한 신자유주의 경제학을 신봉했다(무바라크는 세계은행과 IMF에서 거듭거듭 돈을 빌렸다). 그러나 이런 국제기구 들은 인피타의 속도가 너무 느리다고 생각했고 식량 보조금과 무역 장벽을 대폭 낮추고 국영기업을 대거 사유화하라고 요구했다. 무바라크는 곧 그들의 조언을 수용했고 1991년 경제개혁과 구조조정 프로그램을 시작했다. 멕시코가 나프타(북미자유무역협정)로 말미암은 변화의 물결에 휩쓸렸듯이, 이제 이집트도 급속한 시장 개혁의 실험실이 됐다. 무바라크 정부는 국영기업을 매각할 준비를 했고 나세르 시대의 토지개혁을 파기하고, 펠라힌이 50년 동안 경작한 토지 수백만 헥타르를 식민지 시대의 지주(와 그 가족)에게 반환해 줬다. 이런 정책의 대가로 무바라크는 외채를 빌릴 수 있었고, 국제 채권자 모임인 파리클럽은 이집트의 외채를 거의 300억 파운드나 탕감해 줬다.

클레먼트 헨리와 로버트 스프링보그는 1990년대 중반쯤 이집트는 "빽 있는 자, 장교, 관료, 공공 부문 경영자 들의 네트워크"가 지배하고 있었다고 논평했다.[29] 사실, 이 범주들을 서로 구분하기는 쉽지 않았다. 이집트 국가자본주의는 오랫동안 민간 부문을 육성했고, 민간 부문은 많은 공공사업에 진출했다. 이미 부동산과 상업과 농업에 뛰어든 고위 국가 관료들이 많았다. 이제 그들은 산업에도 진출할 수 있게 됐다. 그들은 이집트로 진출한 외국 기업과 거래했다. 외국 기업들은 이 관료들이 가진 영향력이 필요했다. 나세르 시대의 유산인 개발 국가의 잔재를 청산하고 이집트를 세계 시장에 개방하겠다는 두 가지 신념으로 똘똘 뭉친 미국 정부와 세계은행과 IMF 관료들은 이 모든 과정을 감독했다. 만약 무바라크

패거리가 '정실 자본주의의 원흉들'이었다면, 그들은 신자유주의 프로젝트의 핵심 세력으로서 그렇게 했다.

불평등

그와 동시에 무바라크는 나세르에게 물려받은 국가기구를 강화하려고 꾸준히 노력했다. 그는 미국의 막대한 경제·군사 원조도 받았다. 1997년부터 2007년까지 미국이 이집트에 제공한 원조 금액은 연평균 21억 달러였는데, 이는 미국이 이스라엘에 제공한 원조 다음으로 많은 액수였다.[30] 그 원조의 많은 부분은 미국산 첨단 무기를 구입하는 데 쓰였지만, 이집트 국가는 그 무기와 군대로 외세 열강에 맞서 싸우지는 않았다(이집트 군대가 미군을 지원해서 페르시아 만에 잠시 주둔한 적은 있었다). 제복입은 국가기구, 즉 군대와 전투경찰은 약 100만 명까지 늘어났다(행정경찰과 보안경찰은 포함하지 않은 수다).[31] 장교들은 현대식 주택 입주 보조금, 비교적 높은 연금 액수, 전용 사교 클럽이나 호화 해수욕장 이용권 등 온갖 종류의 특혜를 누렸다. 그들은 정권 안보에 필수적 존재였지만, 그 정권은 이제 모순에 직면했다. 그 모순은 무바라크가 정권 내부의 지지자들에게 막대한 부를 나눠 주며 사회 전반의 불평등을 전례 없이 심화시킨 데서 비롯한 것이었다.

심지어 세계은행조차 이집트의 '중간' 빈곤층이 크게 늘어 2005

년에 인구의 20퍼센트인 약 1500만 명을 기록했다고 지적할 정도였다.[32] 무바라크 정권이 신자유주의에 헌신하는 것을 보며 박수치던 다른 사람들도 그런 변화의 결과를 우려하기 시작했다. 그래서 〈이코노미스트〉는 불만이 급격히 증대하는 현실을 지적하고, 신흥 졸부들의 과시욕이 사회를 어지럽힌다며 그들을 "새로운 파라오"라고 불렀다.[33] 이집트 경제는 1990년대 말 이후 엄청난 자산 호황을 누렸는데, 페르시아 만 연안국들에서 '핫머니'가 유입돼 주로 카이로 외곽의 사막 근처에 부유층을 위한 신규 주택단지들이 건설됐다. 또, 외부인 출입 제한 주택가, 쇼핑몰, 초대형 슈퍼마켓, 멀티플렉스 영화관, 사립대 등도 새로 건설됐다. 외부인 출입 제한 지역들은 캘리포니아식 생활을 꿈꾸는 신흥 졸부나 그들과 연관된 다국적 자본의 염원을 반영한 것이었다.

레이크사이드Lakeside, 드림랜드Dreamland, 유토피아Utopia 등은 민간 경비업체들과, 궁극적으로는 중앙보안군으로 징집된 농민과 도시 빈민이 지켜 주는 부유층 거주지다. 아흐마드 바가트(드림랜드를 건설한 건축업자) 같은 부동산 재벌들에게 헐값에 팔린 국유지에 조성된 이 부유층 거주지들은 고속도로를 통해 컨트리클럽이나 해안가 리조트와 바로 연결된다. 그래서 부자들은 카이로나 알렉산드리아의 번잡한 도심이나 도시 외곽의 난개발 지역을 통과하지 않아도 된다. 그런 곳에는 생존의 벼랑 끝에서 불안정하게 생활하면서, 이제 특권을 과시하는 정권에 점차 분개하는 사람들이 바글거린다.

2000년부터 행정경찰과 진압경찰은 새로운 형태의 집단적 시위에 점차 적극적으로 대응했다. 이런 시위는 팔레스타인 인티파다를 지지하는 광범한 행동들과 함께 시작됐다. 라밥 엘 마흐디는 이런 시위 참가자들이 새로운 영역(국가가 봉쇄하기 힘들다는 것이 입증된 점점 더 대담한 공개 활동들)으로 끌려 들어가게 된 '시위 주기'의 발전 과정을 설명한 바 있다.[34] 2003년 카이로에서는 미국과 영국의 이라크 침략에 반대하는 대규모 시위대가 도시 한복판을 점거하는 일이 벌어졌다. 이 '타흐리르 인티파다'는 2011년 혁명의 예행연습이었다. 자신감을 얻은 활동가들은 이듬해 민주화를 요구하는 일련의 운동들을 시작했다. 집회를 조직하고, 로비 활동을 하고, 행진을 벌이고, 이메일 네트워크와 소셜 네트워크 웹사이트를 이용한 '플래시몹*' 시위 등을 펼쳤다. 워낙 느닷없이 벌어졌기 때문에 그런 곳에는 경찰이 없는 경우가 흔했고, 그래서 거의 60년 만에 처음으로 반정부 시위들이 경찰의 방해를 받지 않고 꽤 오랫동안 벌어질 수 있었다. 비록 시위 참가자 수는 적었지만 자신감은 꾸준히 커졌고, 이런 자신감이 작업장 투쟁에도 반영돼 이제 모든 산업부문에서 투쟁이 벌어졌다. 2005년에는 집단적 노동쟁의가 202건 일

---

* 전혀 모르는 사람들이 한꺼번에 모여서 행사나 놀이를 하고 나서 금방 사라지는 것.

어났고, 2006년에는 222건으로 늘어나더니 2007년에는 614건 까지 증가했다.[35] 그중에는 마할라알쿠브라 방직 공장에서 일어 난 파업도 있었다. 그것은 20여 년 만의 가장 중요한 장기 파업 이었는데, 핵심 요구들을 모두 쟁취하면서 다른 노동자들에게 파업 허가 신호 구실을 했다. 파업이 확산되는 것을 우려한 정 권은 노동자들과 정면으로 대결하기를 주저했다. 정부 각료들은 여느 때처럼 위협적 언사를 늘어놓았지만, 한편으로는 양보안도 제시하는 등 파업 노동자들이 제풀에 지쳐 나가떨어지기를 바 라면서 작업장에서의 정면충돌을 회피했다. 대담해진 노동자들 은 온갖 종류의 항의 운동에 참여했다. 대학생들의 학내 권리를 지지하고, 식량과 식수 부족에 항의하고, 토지 강탈에 반대하 고, (건물 붕괴 사고가 잇따르자) 처참한 주거 환경을 비판하고, 경찰의 만행을 규탄했다.

사회 전체에서 자주적 활동을 벌일 자신감이 꾸준히 커지고 있 었다. 이때 세계경제 위기가 닥쳤다. 필연적으로 실업이 증가하고 식료품과 연료 가격이 폭등했다. 1970년대 이후 처음으로 밀가루 가 턱없이 부족해졌다. 빵집 앞에서 빵을 구하려고 서로 다투다 가 사람을 죽이는 비극이 벌어지기도 했다. 정권의 태도는 바뀌지 않았다. 산업 투쟁에 정면 대응하는 것은 꺼리면서도 민주화 운 동가들, 지역사회 활동가들, 기자들, 블로거들은 더 야만적으로 탄압했다. 2010년 11월 총선에서 정권은 노골적으로 부정선거를 저질렀다. 2011년 1월 튀니지 혁명으로 벤 알리가 쫓겨난 후, 이집트 사회의 다양한 부문이 단결하고 온갖 투쟁이 하나로 합쳐지자 마침내 댐이 무너졌다.

제2막

혁명의 첫 번째 국면을 열어젖힌 것은 청년·학생·노동자·빈민의 민중운동이었다. 사람들은 난생 처음으로 집단적 힘을 경험했고, 전반적 개선을 위해 그 힘을 사용할 수 있는 수단도 발견했다. 그런 개선은 쉽게 이룰 수 없을 것이고, 투쟁이 필요할 것이다. 이집트인들은 독재자를 제거했고, 이제 대다수 사람들은 독재 정권도 제거하고 싶어 한다. 비상계엄 해제, 자유선거, 정당 건설과 단체 결성의 자유를 비롯한 민주 개혁, 국가기구의 인권 유린 근절이 보편적 요구다.

명목상으로는 군부가 권력을 쥐고 있다. 지금까지는 군부가 대통령을 제거한 운동과 정면으로 대결하지 않았다. 그러나 비상계엄 해제 등 대중의 요구를 수용하지도 않았다. 수많은 단체와 개인이 앞으로 벌어질 투쟁들에 대비해서 저마다 입지를 다지고 있다. 무바라크가 임명한 각료들과, 고분고분한 와프드당의 사무총장을 비롯한 합법 야당 인사들로 내각이 구성되고 있다. 높은 자리를 꿰차고 싶어 하는 자들 중에는 자칭 현인賢人위원회(무바라크 체제의 대안 모델로 자유주의적 자본주의를 지지하는 학자, 변호사, 기업인 등의 모임)의 위원들도 있다. 현인 위원회의 일원인 드림랜드의 아흐마드 바가트(유력 텔레비전 방송사 〈드림〉의 소유자이기도 하다)와 통신 재벌이자 중동 최고의 갑부 축에 드는 나기브 사위리스는 그동안 정권의 부패에 시달린 것이 끔찍하다고 떠들어 댄다. 사위리스는 양심에 거리낄 게 없는 자본가라면 부패 혐의로 조사받는 것을 두려워하지 말아야 한다고 주장했다. "오직[원문 그대로다 – 마플릿] 잘못을 저지른 자들만이 걱정할 것이다. … 나 같은 사람은 걱정할 이유가 전혀 없다. … 조국에 어떤 식으로든 내 도움이 필요하다면, 나는 기꺼이 도울 것이다."[36]

그의 낙관론은 번지수를 잘못 짚었을지 모른다. 이집트 전역에서 청산 과정이 진행 중이다. 이미 내무부 장관 아들리, 발타기야의 공격에 연루된 카이로의 경찰서장들 같은 고위 인사 몇 명이 날아갔고, 지방 관리들이 군대에 체포됐다. 수많은 노동자들이 억압적인 관리자들과 어용 노조 간부들을 해임하고, 국영기업 사유화 과정에서 돈을 챙긴 기업주들을 조사하고, 그런 기업들을 재국유화하라고 요구했다. 2월 중순 다양한 산업부문의 파업 투쟁 지도자 40명이 모여서 요구들을 조정하고 독립 노조 운동을 출범시켰다. 그들은 "혁명, 자유, 사회정의"라는 구호 아래 다음과 같은 "노동자 강령"을 제시했다.

파업 노동자들의 요구를 통합해서 그것을 우리 혁명의 필수적 목표에 포함시키는 것이 옳다고 생각한다. 이 혁명은 이집트 민중이 일으켰고, 이 혁명을 위해 순교자들이 피를 흘렸기 때문이다. … 이 혁명의 사회적 성격을 재확인하고 근본적으로 혁명의 수혜자여야 할 사람들의 손에서 혁명을 빼앗아 가지 못하도록 하기 위해 우리의 정당한 요구들을 종합한 [강령을 제시한다].[37]

이 노동운동의 효과가 향후 혁명 과정에 결정적으로 중요할 것이다. 이집트의 혁명적사회주의자단체RS가 2011년 2월 6일 발표한 성명에서 주장했듯이 "그동안 … 집회와 시위가 핵심 구실을 했다. 이제는 노동자들이 나서야 한다."[38] 혁명적사회주의자단체는 경제적 요구와 정치적 요구를 결합할 혁명적 평의회를 건설하자고 호소했다.

혁명은 항상 길고 복잡한 과정이다. 이집트 혁명과 현저하게 비슷한 점이 몇 가지 있는 이란 혁명에서도 1976년에 시작된 시위의 효과가 온전히 나타나 팔레비 정권이 무너지기까지 꼬박 3년이 걸렸다. 그때도 수많은 일들이 일어났는데, 학생운동, 바자[시장거리]의 프티부르주아지, 종교계 지배층, 소수민족, 농민 등이 일진일퇴를 거듭한 끝에 마침내 장기간의 대중 파업으로 샤[국왕]가 쫓겨났다. 이런 투쟁 과정에서 각종 지역위원회와 작업장 조직 등 다양한 형태의 사회조직이 생겨났고, 그중 일부는 노동자 평의회의 맹아 같은 성격도 띠었지만 나중에 아야툴라[시아파의 고위 성직자 칭호] 호메이니의 공격을 받고 해산됐다. 이집트에서도 비슷한 일들이 벌어질 것이다. 처음에 민주화 요구로 시작된 운동이 더한층의 급진적 변화 가능성이라는 문제에 직면했으니 말이다. 즉, 투쟁을 일반화해서 무바라크 시절의 불평등, 공장과 토지를 비롯한 사회적 자원의 소유권, 국가 자체가 휘두르는 권력의 문제를 다뤄야 하게 된 것이다. 노동자들의 등장은 이집트 혁명이 정말로 더 광범한 역사적 변화를 향한 운동으로 '성장·전화'하고 있다는 생각이 들게 만든다. 다시 말해, 세계적 함의가 있는 연속혁명 과정이 진행 중인 것이다.

출처: 《International Socialism》 130호(2011년 봄), 《마르크스21》 9호.

주

||||||

1 Fisk, 2011.

2 Fisk, 2011.

3 2월 12일 Arabawy 블로그에 실린 '수에즈 파업들'을 보시오. http://www.arabawy.org/2011/02/12/jan25-suez-strikes-egyworkers

4 Afify, 2011.

5 마바히스 암 알다울라(국가안보조사국), 지하즈 암 알다울라(국가보안국), 무카바라트 알아마(정보안보총국), 무카바라트 알하르베야(군사정보국), 지하즈 알암 알카우미(국민보안국).

6 Kassem, 2004, p7.

7 타감무에는 옛 공산당 인사들도 포함돼 있다. 공산당은 1964년 나세르가 이집트에서 혁명 과업을 완수했다고 주장하며 자진 해산했다.

8 Hussein, Al-Said와 Al-Sayyid, 1999, p77.

9 Hussein, Al-Said와 Al-Sayyid, 1999, p77.

10 Howeidy, 2010.

11 무슬림형제단의 지도적 활동가와 인터뷰. 2011년 1월 카이로.

12 무슬림형제단의 모순적 성격에 관한 통찰력 있는 분석으로는 Naguib, 2009를 보시오[국역: '이슬람주의의 과거와 현재', 《마르크스21》 9호 (2011년 봄)].

13 Howeidy, 2010.

14 El-Enani, 2010.

15 El-Enani, 2010.

16 Human Rights Watch, 1992, p128.

17 이 공격의 목표는 무슬림형제단과 달리 정권과 타협하지 않은 이슬람주의 지하조직인 이슬람 지하드와 가마트 이슬라미야(이슬람협회) 회원들이었다.

18 Report of the Egyptian Organisation for Human Rights, Lorenz 1993에서 재인용.

19 Murphy, 2007.

20 EAAT, 2003.

21 Raghavan, 2011. The Week, 2011도 보시오.

22 예컨대, 1998년 연설에서 그는 "정실 자본주의"를 "소유 구조가 투명하지 않고 규제가 부적당할 뿐 아니라 불균등하게 적용되고, 너무 많은 결정이 자의적으로 내려지고, 시장이 정상적 규제자 구실을 하지 못해 심각한 불균형과 치명적 비효율성이 누적"된 결과로 설명했다. Camdessus, 1998.

23 Chomsky, 2008.

24 Chomsky, 2008.

25 이 시기 중요한 변화에 대한 간단한 설명으로는 Marfleet, 2009를 보시오.

26 1952년 8월 카프르 알다와르의 미스르 방직 공장에서 소요를 선동한 죄로 무스타파 카미스와 무함마드 하산 알바카리가 처형됐다.

27 Bush, 2009를 보시오. Abdel-Fadil, 1975, 1980와 Baker, 1978도 보시오.

28 Zaalouk, 1989, p41.

29 Henry and Springborg, 2001, p155.

30 Sharp, 2007 pp27-29.

31 육군 · 공군 · 해군 · 중앙보안군을 합친 수. IISS, 2007, p223.

32 World Bank, 2007. 이렇게 낮춰 잡은 수치로는 진정한 빈곤 수준과 궁핍화 증가 속도를 파악할 수 없다. El-Naggar, 2009를 보시오.

33 Economist, 2005.

34 El-Mahdi, 2009[국역: '이집트 민주화 운동', 《마르크스21》 9호(2011년 봄)].

35 Beinin, 2009, p79에 인용된 Land Centre for Human Rights의 수치.

36 Stier, 2011.

37 성명서 전문은 부록 1을 보시오.

38 성명서 전문은 부록 2를 보시오.

참고 문헌

||||||||||||||||||||||||

Abdalla, Ahmed, 1993, "Egypt's Islamists and the State:
    From Complicity to Confrontation", *Middle East Report*,
    183.

Abdel-Fadil, Mahmoud, 1975, *Development, Income
    Distribution and Social Change in Rural Egypt 1952–
    1970: A Study in the Political Economy of Agrarian
    Transition* (Cambridge University Press)

Abdel-Fadil, Mahmoud, 1980, *The Political Economy of
    Nasserism* (Cambridge University Press).

Afify, H, 2011, "Egyptian man attempts suicide amid pro-
    police gathering", *Al-Masry al-Youm* (24 January).

Baker, Raymond William,1978, *Egypt's Uncertain Revolution
    Under Nasser and Sadat* (Harvard University Press).

Beinin, Joel, 2009, "Workers' Struggles", in El Mahdi, Rabab,
    and Marfleet, Philip, eds, 2009, *Egypt – the Moment of
    Change* (Zed).

Bush, Ray, 2009, "The Land and the People", in El Mahdi,
    Rabab, and Marfleet, Philip eds., *Egypt – the Moment of
    Change* (Zed).

Camdessus, Michel, 1998, "Challenges Facing the Transition
    Economies of Central Asia", at conference on Challenges
    to Economies in Transition, Bishkek, Kyrgyz Republic
    – May 27, 1998, at: http://www.imf.org/external/np/

speeches/1998/052798.HTM

Chomsky, Noam, 2008, "'Black Faces in Limousines': A
　　Conversation with Noam Chomsky", at *Chomsky Info*:
　　http://www.chomsky.info/interviews/20081114.htm

EAAT [Egyptian Association Against Torture], 2003,
　　statement,
　　http://www.aloufok.net/article.php3?id_article=484

The Economist, 2005, 'The New Pharaohs' (10 March).

El-Anani, Khalil, 2010, "When the Alternative is Not So
　　Different After All", *Ahram Weekly* (28 January).

El-Mahdi, Rabab, 2009, "The Democracy Movement", in El
　　Mahdi, Rabab, and Marfleet, Philip eds, *Egypt - the
　　Moment of Change* (Zed).

El- Naggar, A. (2009) "Economic policy: from state control
　　to decay and corruption", in El- Mahdi, Rabab, and
　　Marfleet, Philip, eds, *Egypt - the Moment of Change*
　　(Zed).

Fisk, Robert, 2011, "Blood and Fear in Cairo's streets as
　　Mubarak's Men Crack Down on Protests", *Independent* (3
　　February).

Henry, Clement, and Robert Springborg 2001, *Globalisation
　　and the Politics of Development in the Middle East*
　　(Cambridge University Press).

Howeidy, Amira, 2010, "The Brotherhood's Zero", *Ahram
　　Weekly* (2 - 8 December).

Human Rights Watch, 1991, *Behind Closed Doors* (Human
　　Rights Watch).

Hussein, A., R. al-Said and M. al-Sayyid, 1999, "Twenty
　　Years of Multipartyism in Egypt", in Mark Kennedy, ed,

Twenty Years of Development in Egypt (The American University in Cairo Press).

International Institute for Strategic Studies (IISS), 2007, *The Military Balance 2007* (IISS)

Kassem, Maye, (2004) *Egyptian Politics: The Dynamics of Authoritarian Rule* (Lynne Reiner).

Lorenz, Andrea, 1993, "Egyptian Human Rights Organization Documents Abuses", *Washington Report on Middle Eastern Affairs* (June) http://amedtrust.org/backissues/0693/9306062.htm

Marfleet, Phil, 2009, "State and Society", in El Mahdi Rabab and Marfleet, Philipeds, *Egypt - the Moment of Change* (Zed).

Murphy, Dan, 2007 "As Egypt Cracks Down, Charges of Wide Abuse", *Christian Science Monitor* (10 October).

Naguib, Sameh, 2009, "Islamisms Old and New", in El MahdiRababand Marfleet, Philipeds, *Egypt - the Moment of Change* (Zed).

Raghavan, Sudarsan, 2011, "Egyptians Focus Their Attention on Recovering the Nation's Money", *Washington Post* (February 13).

Seif El Dawla, Aida, 2009, "Torture: a State Policy", in El Mahdi, Rabab and Marfleet, Philip eds, *Egypt - the Moment of Change* (London).

Sharp, Jeremy, 2004, *Egypt—US Relations*, Brief for Congress (Congressional Research Service).

Stier, Ken, 2011, "What an Egyptian Billionaire Thinks of the New Order", *Time* (18 February)

The Week, 2011, "Hosni Mubarak's 'Stolen' $70 billion

Fortune" (14 February).

World Bank, 2007, *World Bank Country Brief: Egypt* (October), http://siteresources.worldbank.org/INTEGYPT/Resources/EGYPT−ENG2007AM.pdf

Zaalouk, Malak (1989) *Power, Class and Foreign Capital in Egypt: The Rise of the New Bourgeoisie* (Zed).

독립 노조 활동가들의 성명서

2011년 2월 19일 카이로

혁명, 자유, 사회정의
혁명에 참여한 노동자들의 요구

오, 1월 25일 혁명의 영웅들이여! 지금 이집트 전역에서 수많은 노동자들이 파업·점거·시위를 벌이고 있다. 이 다양한 작업장에서 모인 우리 노동자들과 노조원들은 파업 노동자들의 요구를 통합해서 그것을 우리 혁명의 필수적 목표에 포함시키는 것이 옳다고 생각한다. 이 혁명은 이집트 민중이 일으켰고, 이 혁명을 위해 순교자들이 피를 흘렸기 때문이다. 우리는 이 혁명의 사회적 성격을 재확인하고 근본적으로 혁명의 수혜자여야 할 사람들의 손에서 혁명을 빼앗아 가지 못하도록 하기 위해 우리의 정당한 요구들을 종합한 노동자 강령을 여러분에게 제시한다.

우리가 1월 25일 혁명 전에 제기했고 이 영광스러운 혁명의 서곡에 포함된 노동자들의 요구는 다음과 같다.

1. 혁명의 산물인 사회정의 원칙을 실현하기 위해 최저임금과 연금을 인상하고, 최고임금과 최저임금의 차이가 열다섯 배가 넘지 않도록 그 격차를 좁힐 것. 실업 급여를 지급하고, 물가 인상분만큼 임금도 정기적으로 인상할 것.

2. 독립 노조 결성의 자유를 무조건·무제한 보장하고, 노동조합과 노조 지도자들을 보호할 것.

3. 육체 노동자와 사무직 노동자, 농민, 전문직 종사자에게 고용 안정을 보장하고 해고 방지 장치를 마련할 것.

4. 비정규직 노동자를 정규직으로 전환하고 해고된 노동자들을 복직시킬 것. 비정규직 채용 허용 사유를 모두 폐지할 것.

5. 기업의 경영을 악화시켜 헐값에 매각하기 위해 낙하산으로 임명된 부패한 경영자들을 모조리 해임할 것.
   고용 기회를 청년들에게 개방하기 위해, 퇴직 연령이 지났으면서도 국민소득 30억 [이집트]파운드를 까먹고 있는 자문위원 채용을 제한할 것.
   물가를 낮게 유지하고 빈민에게 부담을 주지 않기 위해, 재화와 서비스의 가격을 통제하는 정책으로 복귀할 것.

6. 실패한 정권의 잔당에 맞서, 그리고 기업 경영을 악화시켜 헐값에

매각하기 위해 임명된 경영자들에 맞서 지금 투쟁하고 있는 노동자들을 포함해 모든 이집트 노동자들에게 파업, 농성, 평화적 시위 권리를 보장할 것. 이 혁명이 부의 공정한 분배로 이어지지 않으면 아무 가치도 없다는 것이 우리의 견해다. 사회적 자유가 없는 자유는 온전한 자유가 아니다. 입에 풀칠할 권리가 본래 선거권보다 우선인 법이다.

7. 보건의료는 생산 증대의 필수 조건이다.

8. 고장난 체제의 가장 부패한 기구 중 하나인 이집트노총ETUF을 해체할 것. 부정 비리를 저지른 노총 인사들을 사법 처리하고, 노총의 금융 자산을 몰수하고 문서를 압수할 것. 노총 본부와 산하 노조 지도자들의 재산을 몰수하고 그들의 범죄 혐의를 수사할 것.

이집트 혁명적사회주의자단체의 성명서

2011년 2월 6일 카이로

순교자들에게 영광을! 혁명에 승리를!

지금 벌어지고 있는 일은 우리 나라와 아랍 세계 전체의 역사에서 가장 위대한 민중 혁명이다. 우리 혁명은 순교자들의 희생 위에 건설됐고 우리는 두려움의 벽을 모두 깨뜨렸다. 우리는 범죄를 저지른 '지도자들'과 그들의 범죄적 체제가 분쇄될 때까지 물러서지 않을 것이다.

무바라크 하야는 혁명의 종결이 아니라 첫걸음이다

오마르 술레이만, 아흐마드 샤피크를 비롯한 무바라크 측근들에게 권력을 이양하는 것은 똑같은 체제의 연장일 뿐이다. 오마르 술레이만은 친이스라엘·친미 인사이고, 대부분의 시간을 워싱턴과 텔아비브를 왔다 갔다 하면서 보낸다. 또, 미국과 이스라엘의 이해관계를 충실히 떠받드는 하인이다. 아흐마드 샤피크는 무바라크의 절친한 친구이자 동료로서 이집트 민중에게 폭정과 억압을 강요하고 이집트 민중을 수탈해 온 자다.

이집트의 부冨는 민중의 것이므로 민중에게 되돌려 줘야 한다

지난 30년 넘게 이 폭압 정권은 이집트의 막대한 재산을 극소수의 기업주와 외국 기업에 나눠 줬다. 100대 가문이 이집트 부의 90퍼센트 이상을 소유하고 있다. 그들이 사유화 정책, 권력 남용, 자본과의 동맹을 통해 이집트 민중의 부를 독점하고 있다. 그들은 이집트 민중의 다수를 빈민, 무토지 농민, 실업자로 만들어 버렸다.

파산해서 헐값에 매각된 공장을 민중에게 되돌려 줘야 한다

우리는 이자들에게 약탈당한 기업·토지·자산의 국유화를 원한다. 우리의 자원이 그들의 수중에 있는 한 우리는 이 체제를 완전히 제거할 수 없을 것이다. 경제적 노예 상태는 정치적 폭압의 다른 얼굴이다. 이 패거리들한테서 민중의 재산을 되찾아 오지 못하면 우리는 실업에 대처할 수도 없고 그런대로 괜찮은 생활수준을 유지하는 데 필요한 적정한 최저임금도 보장받을 수 없을 것이다.

우리는 미국과 이스라엘의 경비견 노릇을 용납하지 않을 것이다

이 체제는 혼자 떨어져 존재하는 것이 아니다. 독재자 무바라크는 미국과 이스라엘의 이익을 위해 직접 행동에 나서는 하수인이고 똘마니다. 이집트는 미국의 식민지 노릇을 하면서 팔레스타인 봉쇄에 직접 가담했고, 군함과 전투기들이 수에즈 운하와 이집트 영공을 자유롭게 이용하도록 허용해서 그들이 이라크 민중을 살해하고 이스라엘에 아주 싸게 석유를 공급하도록 해 줬고, 그러면서도 물가를 급등시켜 이집트 민중의 목을 조르고 있다. 혁명은 이집트의 독립성과 존엄성, 중동 지역에서의 지도력을 복원해야 한다.

이 혁명은 민중 혁명이다

이집트 혁명은 엘리트, 정당, 종교 단체의 혁명이 아니다. 이집트의 청년, 학생, 노동자, 빈민이 이 혁명의 주인이다. 지난 며칠 동안 많은 엘리트, 정당, 이른바 상징적 인물들이 혁명의 물결에 올라타서 혁명의 정당한 주인들한테서 혁명을 가로채 가려고 애쓰기 시작했다. 우리 혁명의 상징적 인물은 오직 혁명의 순교자들과 변함없이 투쟁 현장을 지킨 청년들뿐이다. 우리는 저들이 우리 혁명을 통제하면서 우리의 대변자를 자처하는 것을 용납하지 않을 것이다. 우리는 이 체제를 구하려는 자들에게 살해당하고 피의 희생을 치른 순교자들과 우리를 대변할 사람들을 우리 스스로 선택할 것이다.

민중의 군대는 혁명을 보호하는 군대다

모든 사람이 묻는다. "군대는 민중의 편인가 아니면 반대편인가?" 군대는 단일한 집단이 아니다. 사병과 하급 장교의 이해관계는 대중의 이해관계와 일치한다. 그러나 고위 장교들은 무바라크의 부하들로서, 부패하고 부유하고 폭압적인 무바라크 정권을 지키도록 신중하게 선발된 자들이다. 그들은 이 체제의 필수적 일부다.

이집트 군대는 더는 민중의 군대가 아니다. 이 군대는 1973년 10월 전쟁 때 시온주의* 적들을 물리친 군대와 다르다. 이 군대는 미국·이스라엘과 결탁해서, 이집트 민중이 아니라 이스라엘을 보호하는 구실을 하고 있다. 그렇다, 우리는 사병들을 설득해서 혁명의 편으로 만들고 싶다. 그러나 우리는 "군대는 우리 편"이라는 구호에 속아서는 안 된다. 군대는 시위대를 직접 탄압하거나 아니면 경찰 조직을 재편해서 시위대를 탄압하게 할 것이다.

혁명적 평의회 건설이 시급하다

이 혁명은 우리의 예상을 완전히 뛰어넘었다. 이렇게 많은 사람이 참여할 것이라고 예상한 사람은 아무도 없었다. 이집트인들이 경찰에 맞서 이렇게 용감하게 싸울 것이라고 예상한 사람은 아무도 없었다. 우리가 독재자를 물러서게 하지 못했다고 말할 수 있는 사람은 아무도 없다. 타흐리르 광장에서 변혁이 일어나지 않았다고 말할 수 있는 사람은 아무도 없다.

지금 우리에게 필요한 것은 사회경제적 요구들을 우리 요구의 일부로 만드는 것이다. 그래서 집에 가만히 앉아 있는 사람들에게 우리가 자신들의 권리를 위해 투쟁하고 있다는 사실을 알려야 한다. 우리는 우리 자신을 민중위원회로 조직해야 한다. 그러면 민중위원회들은 아래로부터 민주적으로 상위 기구인 평의회를 선출해야 한다. 이 평의회들

---

* 팔레스타인 지역에서 아랍인들을 쫓아내고 유대인 국가를 건설하는 것이 목적인 민족주의.

은 모든 경향의 대표자들을 포함하는 더 높은 평의회를 선출해야 한다. 우리는 우리를 대변하고 우리가 신뢰할 수 있는 사람들로 구성된 평의회를 선출해야 한다. 우리는 타흐리르 광장과 이집트의 모든 도시에서 민중평의회들을 구성할 것을 호소한다.

이집트 노동자들에게 혁명의 대열에 동참할 것을 호소한다

그동안 집회와 시위가 우리 혁명을 촉발하고 지속하는 데서 핵심 구실을 했다. 이제는 노동자들이 나서야 한다. 노동자들은 정권의 운명을 끝장낼 수 있다. 노동자들은 시위에 참여할 뿐 아니라 모든 필수 산업과 대규모 기업체에서 총파업을 조직함으로써 그렇게 할 수 있다.

정권은 농성자나 시위대가 지쳐 나가떨어지기를 기다리며 며칠이든, 몇 주든 버틸 수 있다. 그러나 노동자들이 파업을 무기로 사용하면 몇 시간도 버틸 수 없다. 철도에서, 대중교통에서, 공항에서, 대규모 산업체에서 파업을 시작하자! 이집트 노동자들이여! 반란을 일으킨 청년들을 위해서, 우리 순교자들이 흘린 피를 헛되이 하지 않기 위해, 혁명의 대열에 동참하고 여러분의 힘을 사용해서 승리를 우리 것으로 만들자!

순교자들에게 영광을! 체제를 타도하자! 모든 권력을 민중에게! 혁명에 승리를!

2장
이집트 혁명은
현재 진행형

노동자들이 역사의 무대에 등장하다

우후죽순 일어나는 노동자 파업

이집트 노동자 수십만 명이 2월 둘째 주부터 혁명을 방어하고 임금과 노동조건의 급진적 변화를 요구하는 행동에 돌입했다.

카이로의 버스 노동자들은 2월 10일부터 파업하고 있다. 운전수 무스타파 무함마드는 "우리는 빚에 허우적댄다. 우리는 요구를 달성할 때까지 파업할 것이다" 하고 말했다. 그는 정부가 고위 경영자를 보내 휴일 보너스를 주겠다고 약속하는 등 노동자들을 "달래려 했지만 그걸론 턱도 없다"고 덧붙였다. 노동자들은 차고지에 버스를 못 움직이게 해 놓고 무바라크 퇴진을 요구하는 성명을 발표했다. 다른 대중교통 노동자들도 이 파업에 결합했다. 카이로 인근 지역에서 일하는 철도 노동자들은 기차를 멈추고 집회를 열었다. 군 장교 하나가 노동자들을 설득해 해산시키려고 했지만 노동자들에게 포위돼 아무 말도 못한 채 떠났다.

한편, 카이로 기자 지구의 구급차 운전수 수백 명은 임금 인상과 정규직화를 요구하는 시위를 벌였다. 관광 노동자 150여 명도 기자의 피라미드 주변에서 임금 인상을 요구하는 시위를 벌였다. 메뉴피아의 마스르 메뉴피야 섬유 공장 노동자들은 임금 인상을 요구하는 점거 파업을 벌였다. 석유 노동자들도 이스라엘에 대한 가스 수출 중단과 사메 파미[석유부 장관]의 탄핵을 요구하는 파업을 조직했다.

독립 노조인 세무공무원노조는 카이로에 있는 친정부 노조인 이집트노총 본부 건물 앞에서 후세인 메가워 노총 위원장과 노총 임원들의 사임을 요구하는 시위를 벌였다. 이집트텔레콤 노동자 수백 명도 지난 주 임금 인상과 회사 이사들의 사임을 요구하며 도로를 점거했다. 노동자들은 자신들의 임금이 20년 넘도록 오르지 않았다고 말했다. 우체국 노동자 5000명은 이집트우체국 밖에서 시위했다. 직원의 대부분이 여성인 이집트 동물보건연구소의 노동자들도 소장의 즉각적 사임을 요구하는 시위를 했다. 한 노동자는 "소장은 완전히 썩었다. 소장은 조류독감을 연구하고 막는 데 써야할 돈으로 카이로와 알렉산드리아에 별장을 지었다"고 말했다. 카프르 알자야트의 의사들은 시립병원을 점거하고 있는 노동자 1500명에게 합세했다.

이집트에서 가장 큰 공장인 미스르 방직 공장의 노동자들도 반정부 시위대를 지지하고 임금 인상을 요구하는 파업을 벌였다. 마할라알쿠브라의 미스르 공장에서 일하는 노동자 2만 4000명은 지난 주 목요일 작업을 중단하고 건물에 자물쇠를 채우고 시청 앞에 집결했다. 미스르 공장의 많은 노동자가 여성이다. 노동자들은 법원이 최저임금을 인상했지만 자신은 오른 대로 받지 못했다고 말했다. 파업 조직자 파이살 나우샤는 "무바라크의 사임은 우리의 가장 중요한 요구 중 하나였습니다. 그것은 달성됐습니다. 이제 우리는 경제적 요구에 다시 집중할 것입니다" 하고 말했다.

사다트 시에 있는 이집트-아메리카 철강 회사의 노동자 1000여 명도 임금 인상, 건강보험 확대, 식대 지급을 요구하며 점거 파업을 벌이고 있다. 헬완 제철 공장의 비정규직 노동자들도 시위를 했다. 이집트 철강 노동자들은 민간 기업들을 몰수해 "노동자와 기술자로 구성된 새로운 경영진"에 운영을 맡기는 것을 포함한 요구를 담은 성명을 냈다. 또, "모든 작업장에서 노동자들로 구성된 감독위원회가 생산, 가격, 분배, 임금을 감독"할 것과 "새로운 헌법을 마련하고 진정한 민중위원회를 선출하는 것을 목적으로 하는, 이집트 민중을 대표하는 다양한 부문과 정치적 경향을 포괄하는 총회의 소집"을 요구했다.

"사회적 자유가 없다면 완전한 자유가 아니다"

2월 19일 파업 노동자 수만 명을 대표하는 이집트 노동자 운동의 주요 활동가들이 카이로에 모였다. 그들은 공통 요구를 담은 강령을 작성하고 행동을 서로 조율하기로 합의했다. 활동가들은 모임 이후 발표된 성명서에서 이렇게 말했다. "이 혁명이 부의 공정한 분배로 이어지지 않으면 아무 가치도 없다는 것이 우리의 견해다. 사회적 자유가 없는 자유는 온전한 자유가 아니다. 입에 풀칠할 권리가 본래 선거권보다 우선인 법이다."

이들이 내놓은 강령의 내용은 호스니 무바라크가 하야하기 전 몇 년 동안 벌어진 파업 물결에서 제기된 가장 급진적인 요구들보다도 훨씬 포괄적이다. 노동자들은 최저임금 인상뿐 아니라, 최대임금이 최저임금의 열다섯 배를 넘을 수 없도록 제한할 것을 요구하고 있다. 이 강령에는 투쟁하는 계약직 노동자들의 요구도 담겨 있다. 그들은 임시 계약의 폐지, 모든 육체 노동자, 사무직 노동자, 농민과 전문직의 일자리 보장을 요구하고 있다. 이들이 제기하는 가장 중요한 요구는 친정부 노총인 이집트노총의 해체다. 이집트노총은 옛 집권당과 무바라크 정권을 지탱한 주요 축 가운데 하나였다.

강령에는 그 밖에도 다음과 같은 요구 사항이 있다.

- 모든 사유화된 기업의 재국유화, 악명 높은 사유화 계획의 폐기.
- 국영기업을 말아먹고 팔아 치우려는 목표 아래 낙하산 인사로 임명된 부패한 관리자들의 전원 퇴출.
- 가격 상승을 억제하고 빈민 부담을 덜기 위해 상품과 서비스 가격 통제 부활.
- 파산한 정권의 잔존 세력에 맞서 지금 싸우고 있는 노동자들을 포함해 전체 이집트 노동자들이 파업, 점거, 평화적 시위를 벌일 권리 보장.

이 강령에 서명한 활동가들 중 일부는 1월 25일 타흐리르 광장에서 새로운 독립노조연맹을 결성한 노조들의 조합원들이다. 알파이윰과 하와미디야의 제당 공장 노동자, 대중교통 노동자, 투라 시멘트 노동자, 약사, 우체국 노동자, 우마르 에펜디 백화점 노동자, 세무 공무원 노동자를 포함해 노동자 대표 40명이 이 모임에 참석했다.

이 모임과 선언문은 이집트 노동운동에서 매우 중요한 일보 전진이다. 주요 노조의 활동가들이 한자리에 모여 혁명의 사회적 목표를 쟁취할 것을 다짐했기 때문이다. 지난 수십 년 동안 이집트에서는 파업 지도자들이 이 정도로 서로 협력한 적이 없었다. 그들의 요구는 현존 자본주의 체제의 틀을 훌쩍 뛰어넘고 있다.

노동자들이 혁명을 전진시키다

2월 25일 이집트군 소속 특공대가 테이저건, 채찍과 몽둥이를 들고 시위대를 공격하면서 카이로의 타흐리르 광장은 또다시 전장이 됐다. 시위대는 호스니 무바라크 축출 후 최고군사위원회가 변화 속도를 더 빠르게 해야 한다고 요구하기 위해 모였다.

이날 공격이 있은 후 한 육군 장군이 군의 행동을 사과했고 이것이 텔레비전과 페이스북으로 방송됐다. 이것은 전례 없는 일이다. 이날 공격은 이집트군이 통제를 회복하려 하지만 아직 성공하지 못하고 있음을 보여 줬다. 육군 장군들은 모든 파업과 시위가 중단돼야 한다고 호소하곤 한다. 그러나 파업 물결은 이집트 전역으로 번지면서 더 깊어지고 있다.

이집트군이 수에즈의 파업 항만 노동자들을 체포하자 노동자들의 친척들이 시위를 벌이며 노동자들을 석방하라고 요구했다. 이때 육군 장갑차가 시위대를 덮치면서 여성 한 명이 죽었다. 이사건이 일어난 뒤 이집트 혁명적사회주의자단체는 사병들에게 시위대를 공격하지 말라고 호소하는 성명서를 발표했다. "잊지 맙시다. 장군들은 시위대와 정부 사이에서 군의 '중립성'을 가장하며 2월 2일 깡패와 경찰이 타흐리르 광장의 시위대를 공격하도록 허용했습니다. 수에즈 운하 사건은 최고군사위원회가 결국 무바라크 장군들의 위원회에 지나지 않는다는 진실을 보여 줬습니다. 그들은 이집트 경제의 3분의 1 — 군은 농업에서 주유소, 도로 서비스를 거쳐 안경과 전자 장비까지 다양한 산업의 기업들을 소유하고 있습니다 — 을 통제하면서 이집트 민중의 돈을 강탈한 자들입니다. 따라서 앞으로 이집트 혁명의 구호는 '민중과 사병이 하나가 돼 무바라크와 그의 장군들에 맞서자!'가 돼야 합니다."

정치인들은 타흐리르 광장을 방문해 민주화 투쟁에 참가했다는 명예를 얻으려 한다. 지난주 미국 상원의원 존 매케인과 조지프 리버먼이 타흐리르를 방문했다. 그러나 혁명은 계속되고 있고 노동자들이 혁명을 주도하고 있다. 매일 새로운 파업과 작업장 점거가 발생한다. 노동자 투쟁은 매우 작은 작업장과 마을에서도 벌어진다. 암리야의 나드하 마을 주민들은 마을에서 질병이 발생한 것에 책임이 있는 탄소 배출 공장 앞에서 항의 시위를 벌였다. 학생들은 시위를 벌이면서 혁명 때문에 시험을 연기해야 한다고 요구했다. 여성들은 감옥에 있는 친척들을 만날 권리를 요구하며 법원 밖에서 시위를 벌였다.

많은 노동자가 최저임금을 요구하며 파업을 벌였다. 어떤 이들은 [경영자] 임금 상한제와 부패한 사장의 축출을 요구했다. 많은 파업이 승리를 거뒀다. 이집트 최대 방적 공장인 가즐 엘마할라의 노동자들은 최근 사흘간 파업을 벌여 모든 요구 사항을 따냈다. 과거 무바라크 정부에 종속됐던 이집트노총은 이런 파업들을 비난했고 시위를 중단하라고 노동자들에게 요구하고 있다. 노총 위원장 이브라힘 엘아자리는 이렇게 말했다. "대다수 시위는 임금 인상이나 최고경영자 해임 등을 요구한다. 이들은 일종의 극단주의다." 이런 망언은 우체국 노동자, 대중교통 노동자와 간호사 등 다양한 노동자들이 새로운 독립 노조를 결성하도록 자극하고 있을 뿐이다.

출처: 〈Socialist Worker〉 2239~2241호(2011.2.19~3.5), 〈레프트21〉 50~52호.

구체제의 유산에 맞서다

이집트 민중이 국가안보국을 타격하다

3월 4일과 5일, 이집트 민중은 국가기구의 균열을 심화시키는 행동을 했다. 알렉산드리아와 카이로와 기타 도시에서 시위대 수천 명이 경멸의 대상인 국가안보국 건물을 습격한 것이다. 그러자 카이로 라조글리 광장에 있는 이 고문 기구를 지키던 군인들은 허공에 총을 쏘고 사람들을 공격하면서 시위를 중단시키려 했다.

이 운동은 알렉산드리아에서 시작됐다. 좌파 조직인 민주민중운동의 하산 무스타파는 〈알바딜〉 신문 인터뷰에서 국가안보국 직원들이 많은 양의 파쇄한 서류를 들고 나오는 것을 목격했다고 말했다. 무스타파와 동료 활동가들은 이 문제로 시위를 벌이려고 사람들을 조직했다. 국가안보국 손에 희생된 사람들의 유가족이 합류하면서 시위 규모가 점차 커졌고 몇 시간 만에 수천 명이 건물을 둘러쌌다.

국가안보국이 고문과 탄압 등의 죄를 저질렀음을 증명하는 중요한 증거들이 사라지는 것을 막으려고, 사람들은 안보국 문을 부수고 들어갔다. 이 과정에서 하산 무스타파를 포함해 네 명이 군인들의 사격을 받고 다쳤다. 다음 날, 비슷한 시위가 이집트 곳곳에서 벌어졌다. 카이로 외곽의 나스라 시에 있는 국가안보국 기지 밖에서 군 정보국 장교들은 갈수록 많아지는 군중을 달래려고 애썼다. 한 장교가 "안에 아무도 없다"고 말했지만 시위대는 건물로 밀고 들어갔다. 사람들은 건물 안에서 폐기 문서로 가득한 쓰레기 봉투와 먹다 만 음식들을 발견했다. 지난 수십 년 동안 시민과 정치 활동가 들을 감시한 자료가 초대형 문서고에 보관돼 있었다. 이 문서들에는 정보 제공자들이 물어 온 소문과 고문으로 받아낸 자백이 기록돼 있었다.

국가안보국에 대한 공격은 더 큰 투쟁의 일부다. 수십만 명이 시위에 참가하고 파업을 벌이고 '구체제의 상징들' — 공장과 사무실과 대학의 '무바라크 졸개들' — 을 직접 몰아내려 하고 있다. 관영 신문사 언론인들은 편집인들을 내쫓았다. 대학생 수천 명은 학장 해임을 요구하며 시위를 벌였다. 기층 활동, 즉 거리 시위와 혁명가들의 발의 등이 국가기구를 청산하는 움직임을 주도하고 있다.

최고군사위원회는 이런 움직임을 자기들에게 유리하게 이용하려한다. 3월 3일 아흐마드 샤피크가 총리직을 사임하자 국가안보국 직원들은 정신없이 문서들을 파기하기 시작했다. 후임 총리인 잇삼 샤라프가 무바라크 정권과 덜 밀착된 인사로 보였기 때문이었다. 그러나 〈아흐람〉은 고위 장교 출신인 사프와트 엘자야트를 인용해 샤피크가 비밀 조직인 "반혁명부 장관" 중 한 명이었다고 말했다.

군이 혁명을 보호한다는 지휘관들의 주장과 달리, 많은 활동가는 그들을 믿지 않는다. 파업을 벌이는 알파이윰의 우체국 노동자들을 체포하고, 라조글리의 시위대를 공격하고, 군사 법정에서 젊은 시위 참가자인 암르 엘베헤이리에게 5년형을 선고하는 등 군 지도자들은 곳곳에서 혁명가들을 시험하고 있다.

이집트의 혁명적 사회주의자인 이브라힘 알사하리는 사회주의 연구소 웹사이트에 기고한 글에서 이렇게 말했다. "최고군사위원회는 반혁명을 주도하고 있다. 그러나 민중은 여전히 기존 정부를 제거하려 한다. 모든 기존 정부 기구들을 말이다. 따라서 혁명은 계속될 것이다."

이집트 여성 활동가 기기 이브라힘이 말한다
"여성은 이집트 혁명의 주역이다"

여성 차별과 성적 괴롭힘은 주류 이집트 문화에 깊이 뿌리박혀 있다. 여성은 어디를 가든지 상스런 말로 희롱당한다. 모든 여성이 나이나 옷차림과 무관하게 이런 일을 겪는다.

그러나 혁명이 일어나고 18일간 타흐리르 광장에서 지내는 동안, 나는 한 번도 성적 괴롭힘을 당한 적이 없다. 광장에서 수천 명의 낯선 이들과 함께 텐트에서 생활했지만, 우리 모두는 친구나 가족처럼 지냈다. 나는 아주 안전하다고 느꼈다. 우리는 서로 식량과 물을 나눴고, 정중하게 대했다. 전과 아주 다른 일이었다.

타흐리르 광장에 모여든 이들은 매우 다양했다. 남성도 여성도 있었으며, 베일을 쓴 사람도 쓰지 않은 사람도 있었고, 무슬림도 기독교인도 있었다. 이 다양한 사람들이 함께 전체 운동을 단결시킨 요구를 외쳤다.

혁명 과정에서 여성은 남성만큼 중요하고 핵심적인 구실을 했다. 우리 여성들은 시위를 하고 경찰에 맞서 싸웠고, 최루가스와 총탄을 무릅썼다. 나도 등에 고무총탄을 맞았다. 친무바라크 깡패들이 낙타와 말을 타고 광장을 공격한 날이 가장 끔찍했다. 몇몇 여성은 임시 병원에서 부상자들을 돌봤고, 다른 이들은 깡패들이 어디로 공격해 오는지 시위대에게 알렸다. 일부 여성들은 보도블록을 깨서 짱돌을 만들었고, 시위대는 이 돌을 던지며 무장한 깡패들을 물리쳤다.

혁명에 앞서 여러 해 동안 벌어진 파업과 저항에서도 이집트 여성들은 중요한 구실을 했다. 몇몇 파업은 여성들이 이끌기도 했다. 투쟁 과정에서 여성은 남성과 마찬가지로 경찰에 체포되고 두들겨 맞았다.

그럼에도 여성에 대한 편견은 사회에 너무도 깊이 뿌리박혀 있어서 극복하기가 쉽지 않다. 미국과 영국 같은 이른바 선진국에서도 여성은 평등하지 않다. 이집트에서는 권위주의 정권이 오랜 세월 그런 편견을 조장했기 때문에 극복하기가 더욱 어렵다.

세계 여성의 날에 타흐리르 광장에서 벌어진 집회에서 일단의 남성들이 "국민은 여성을 [타흐리르 광장 시위에서] 내보내길 원한다"고 외치며 끼어들었다. 많은 사람들은 이 남성들이 보안경찰 소속이라고 믿는다. 그러나 설사 그 남성들이 보안경찰이 아니더라도 그다지 놀라울 건 없다. 그것은 사람들과 함께 싸우고 활동하는 경험을 하지 못한 사람들이 이집트에 여전히 많음을 돌아보게 한다. 투쟁 경험이야말로 사람을 바꾸는 것이다.

이집트에서 여성 억압을 끝장내는 데는 '18일'[1월 25일 시위부터 무바라크 퇴임까지 걸린 시간]보다는 더 오랜 시간이 걸릴 것이다. 그러나 우리는 과거로 되돌아가진 않을 것이다. 우리 여성은 자기 스스로 해방을 위해 싸우고 자유를 쟁취할 수 있다. 우리는 투쟁을 계속해야 하며, 그 투쟁 전선에 여성이 반드시 계속 동참토록 해야 한다.

출처: 〈Socialist Worker〉 2242~2243호(2011.3.12~3.19), 〈레프트21〉 52호, 56호.

본색을 드러내는 이집트 군부

이집트 군부, 살인 진압에 나서다

4월 9일 이집트군과 경찰이 카이로 타흐리르 광장에서 밤샘 농성을 벌이던 시위대를 무자비하게 공격해 한 명이 죽고 수십 명이 크게 다쳤다. 시위대는 같은 날 오후 벌어진 이집트 혁명 지지 시위에 참가한 군인들이 체포되는 것을 막으려고 밤샘 농성을 벌이던 중이었다. 군부의 지지를 받고 있는 정부는 고의가 아니었다고 주장하지만, 이집트의 혁명적사회주의자단체는 이것이 군과 정부의 진정한 정체를 보여 주는 사건이었음을 폭로하는 다음과 같은 성명을 발표했다.

…

4월 9일 새벽 군대는 비무장 시위대를 실탄과 최루탄으로 공격하고 장갑차로 위협했다. 이 사건은 최고군사위원회가 반혁명 진영에 서 있음을 똑똑히 보여 줬다. 시위대 야영지를 파괴하려 한 것은 최고군사위원회가 지난 30년 동안 이집트 민중의 재산을 강탈해 온 부패한 도둑들의 이익을 수호하고 있음을 증명한다. 육군 지휘 서열에서 맨 꼭대기에 앉은 장군들은 부패한 무바라크 일당의 일부다. 그들은 무바라크 하야 후 도둑질과 부패로 얼룩진 이 체제를 지키기 위해 노력해 왔다. 무바라크를 끌어내렸듯이 이제 군부를 제거해야 한다. 오늘 이후로 아무도 '군대와 민중은 하나다'라는 말을 믿지 않을 것이다. 지난 두 달 동안 이 나라 최고 권력자로서 최고군사위원회는 시위를 진압하고 시위 참가자를 고문한 뒤 군사 법정에 세웠다. 설상가상으로, 이제 군부는 혼자가 아니라 경찰과 손잡고 시위대를 공격하고 있다. 군대와 경찰이 '하나가 돼' 민중을 공격하고 있는 것이다. 그들의 손은 혁명가들의 피로 물들었다.

따라서 민중이 그들을 제거하고, 혁명 참가자들의 요구를 반영하고 존엄성과 자유를 원하는 이집트 민중의 열망을 실현하는 민간인 정부를 구성해야 한다. 민중은 무바라크와 그 일당을 법정에 세우고 그들의 자산을 몰수하고 싶어 한다. 무바라크와 그의 일당은 탄타위와 안난 등 최고군사위원회 장군들이 권력을 잡고 있는 한 절대로 재판을 받지 않을 것이다. 장군들 자신이 무바라크 정권의 일부였고 무바라크 통치 아래 광범하게 퍼진 부패 행위에 깊숙이 연루돼 있기 때문이다.

이집트에서 이런 부패한 무리를 몰아내고 무바라크의 최고군사위원회를 권좌에서 끌어내릴 때까지 혁명을 지속해야 한다. 혁명에 승리를! 혁명 열사 만세!

혁명을 심화시키려는 활동가들의 노력

모든 혁명에서는 이제 막 세상을 변화시킬 자신의 능력을 발견한 민중의 창조적 에너지가 흘러넘친다. 곳곳에서 신생 정당이 탄생하고 정치 지형은 끊임없이 변한다. 그러나 모든 혁명에서는 또한 전략과 전술, 그리고 다른 무엇보다도 지도의 문제가 제기된다. 이집트에서 지금 발전 중인 혁명도 이곳의 혁명적 사회주의자들에게 엄청난 도전을 제기하고 있다.

독재자 호스니 무바라크는 물러났다. 그러나 독재 정부의 유산은 여전히 굳건히 버티고 있다. 지난 몇 주 동안 이집트에서는 연일 노동자와 학생의 시위와 파업이 벌어졌다. 그들은 무바라크와 그 주변 무리가 임명한 부패한 사장과 대학 학장 들을 제거할 것을 요구하고 있다.

이에 대응해 이집트 정부 내각은 모든 파업과 시위를 불법으로 규정하는 명령을 발표했다. 따라서 시급히 답해야 하는 질문이 제시된다. '대중의 에너지를 집중하고 국가 권력에 맞서려면 사회주의자들은 어떤 조직을 건설해야 할까?'

이집트의 혁명적 사회주의자들은 혁명의 확산과 심화에 기여하는 세 가지 서로 다른 조직을 건설하는 데서 주도적 구실을 하고 있다. 그들은 독립 노조 건설 프로젝트의 한복판에 서 있다.

그리고 5만 부의 발행 부수를 자랑하는 주간지 〈혁명 이집트〉를 발간하는 혁명수호민중위원회의 건설에서 핵심적 구실을 하고 있다. 그들은 또한 다른 사회주의자들, 독립 노조 활동가들과 손잡고 민주노동자당을 건설하고 있다. 이집트 사회주의자 두 명이 자신들의 활동을 소개한다.

■ 혁명수호민중위원회의 사예드 압달라흐만

저는 마아디, 바사틴과 다르알살람 지역 혁명수호민중위원회 [이하 민중위원회] 위원입니다. 위원회는 무바라크가 쫓겨나고 며칠 뒤, 일단의 활동가들 — 대부분 좌파입니다 — 에 의해 설립됐습니다. 활동가들은 혁명 이전부터 서로 알고 있었습니다. 우리는 팔레스타인 가자 지구 문제, 이라크 전쟁, 국내의 사회적 쟁점을 놓고 함께 일해 왔습니다.

혁명이 시작된 뒤부터 우리의 주된 고민은 '이 혁명을 어떻게 전진시킬 것인가?'였습니다. 많은 사람은 혁명이 단지 무바라크 제거만을 뜻한다고 생각하는 것 같았습니다. 그러나 우리는 혁명이 그보다 더 근본적인 과정이라고 생각합니다. 그래서 우리는 우리가 사는 지역에서 혁명을 지속할 방법을 찾으려 했습니다.

우리는 무바라크 몰락 이틀 뒤 혁명 열사들을 기리는 큰 집회를 열었습니다. 이것은 또한 '와서 우리와 함께합시다. 민중위원회로서 우리가 앞으로 무엇을 할지 함께 고민해 봅시다' 하는 메시지를 사람들에게 전달하기 위한 것이었습니다. 우리는 음향시스템, 마이크, 작은 탁자 등을 준비했고 모임을 시작했습니다. 주민 200명이 왔습니다. 거리에 서서 정치에 관해 토론하는 것은 정말 좋았습니다. 무바라크 정부 아래 우리는 때때로 대략 30분 동안 짧은 시위를 열었습니다. 너무 짧아서 경찰이 시위를 공격할 여유가 없었습니다. 그러나 지금 우리는 2~3시간 동안 큰 거리 모임을 열고 있습니다.

이 모임은 마치 민중의회 같습니다. 모든 이가 혁명에 관한 자기 생각과 의견을 밝히고 있습니다. 참여자들의 면면을 보면, 참여자 구성이 그 지역의 사회적 성격을 반영함을 알 수 있습니다. 예컨대, 다수의 다르알살람 주민은 소생산자이거나 장인입니다. 정치적으로 조직하기가 아주 힘든 집단이죠. 그들은 보통 작은 작업장을 가지고 있고 그들 자신이 사장인 경우가 많습니다. 지금처럼 국가 경제가 멈춘 때에 반혁명 세력이 이들을 자기 편으로 획득하기 쉬울 것입니다. 그래서 이런 곳에서 정치 작업을 벌이는 것이 매우 중요합니다.

우리가 지금 조직 활동을 벌이는 지역들은 예전에 아무런 정치 활동이 없었던 경우가 많습니다. 거리에서 평범한 사람들이 마이크를 잡고 사람들에게 자기 의견을 밝힐 수 있는 것은 아주 긍정적인 방향으로 일보 전진한 것입니다. 우리는 매주 토요일에 만나 다음 한 주 동안 무엇을 할지 토론합니다. 우리는 다수결이나 때로는 합의를 통해 결정을 내리고 행동합니다. 우리는 작은 사무실에서 모이는데, 모든 위원들이 모이기에는 공간이 너무 작습니다. 대략 20여 명의 남녀 위원들이 매일 활동에 참여합니다. 비정기적으로 참가하는 사람들은 200여 명 정도 됩니다. 우리는 무슬림과 기독교인 간의 단결을 과시하는 시위를 조직했습니다. 또, 경찰이 미니버스 운전사를 살해한 것에 항의하는 행동을 벌여 1000명이 참가했습니다.

사람들은 정치조직에 가입했을지라도 민중위원회에서는 개인 자격으로 활동합니다. 창립 위원들은 좌파 출신이 많은데, 일부는 혁명적 사회주의자들이고 일부는 1970년대 세대의 좌파들입니다. 우리는 사람들에게 우리 생각에 동의하고 활동하길 바란다면 함께하자고 말합니다. 그 사람이 무슬림이든 기독교인이든, 남성이든 여성이든, 젊든 늙었든 전혀 중요하지 않습니다.

우리에게 혁명을 지속한다는 것은 아래로부터의 민주주의를 성취하고, 사람들이 자기 생각을 민주적으로 표현하는 것을 보장하는 정치기구들을 건설하는 것을 뜻합니다. 그런 정치기구들의 실제 사례로는 러시아 혁명의 소비에트, 20세기 다양한 혁명에서 나타난 주민위원회 등이 있습니다. 이론적 수준에서 우리는 이것이 미래에 현실화될 가능성이 있다고 생각합니다.

■ 민주노동자당 창당 모임의 카말 칼릴

노동자들에게는 세 가지 무기가 있습니다. 파업, 독립 노조, 그리고 마지막으로 사회에서 노동자들의 이익을 표현하고 노동자 권력을 조직하기 위한 정당이 필요합니다.

현 정권의 온갖 파업 금지법과 노동자들을 어용 노조에 묶어 두려는 책략에 상관없이 이집트 노동자들은 파업이라는 무기를 사용하고 있습니다. 이집트 노동자들은 2006년부터 파업 금지법을 거슬러 파업권을 행사해 왔습니다. 또, 세무 공무원들과 마할라 방직 노동자들은 독립 노조 건설을 범죄시하는 법들에 연연하지 않고 독립 노조를 건설해 왔습니다.

그러나 이집트 노동자들은 지금까지 정당이라는 무기를 갖지 못했습니다. 지금까지 경제정책이나 민주적 요구에서 노동자들이 원하는 것을 표현하는 정당은 없었습니다. 그 어떤 정당도 계급이나 제국주의 문제에서 노동자의 관점을 표현하려 하지 않았습니다.

이제 우리는 그 방향으로 나아가려 합니다. 우리는 당 강령을 논의해 왔습니다. 우리는 신문을 발행할 것이고 창당위원회를 구성하고 있습니다. 우리는 당원을 모집하고 있고, 강령을 토론할 창당 대회를 열 것입니다. 그러면 사람들은 동의하지 않는 것을 말할 수 있을 것이고, 강령에서 어떤 부분을 삭제할지 결정할 수 있을 것입니다.

민주노동자당에 가입하기를 희망하는 지식인들도 많습니다.

그러나 우리는 수에즈에서 노동자 1000명, 마할라에서 노동자 1000명, 철도에서 노동자 1000명 등 주로 노동자들로 구성된 정당을 건설하고 싶습니다. 우리 강령에 동의한다면 지식인들도 가입할 수 있지만 당 지도부의 70~80퍼센트는 노동자들로 구성돼야 합니다. 노동자들은 한목소리로 자기 의견을 표명할 수 있어야 합니다. 따라서 창당 대회에는 세무 공무원, 마할라 노동자, 대중교통 노동자, 수에즈 운하 노동자, 포트사이드 공단 노동자가 참석할 수 있어야 합니다. 이 모든 노동자 집단은 창당 대회에 선출한 대표를 보낼 수 있어야 합니다.

민주노동자당은 노동자의 정당입니다. 그러나 우리는 농민의 요구도 강령에 반영할 것입니다. 우리는 미래에 농민도 가입시킬 것입니다. 그러면 당 명칭을 '노동자농민당'으로 바꿔야 할 수도 있습니다. 그러나 당분간 우리는 노동자들을 가입시키는 데 집중하려 합니다. 우리는 우선 노동자들에 집중할 것이지만, 혁명수호민중위원회 위원들의 가입도 환영합니다. 1920년으로 거슬러 올라가 생각해 보니, 당시에도 노동자당이 결성됐습니다. 그러나 1924년 이 당이 해산한 뒤로 노동자들은 자기 정당을 갖지 못했습니다. 이것은 역사적 기회입니다.

출처: 〈Socialist Worker〉 2245~2246호(2011.4.2~4.9), 〈레프트21〉 54호.

군부의 제동을 넘어 전진하는 혁명

혁명으로 되찾은 메이데이

이집트 노동자들이 투쟁과 연대의 날로서 메이데이를 되찾았다.

2011년 2월 혁명으로 쫓겨난 친서방 독재자 호스니 무바라크 통치 아래 메이데이는 가짜였다. 친정부 '노조'들은 노동계급을 억압하고 무자비하게 착취하는 무바라크 정권을 찬양하곤 했다.

그러나 이집트 혁명은 이 모든 것을 바꿔 버렸다. 카이로 타흐리르 광장에서 열린 메이데이 시위에 국가, 사장, 심지어 NGO들로부터도 독립적인 신생 노조들의 조합원 수천 명이 참가했다. 이날 참가한 세무공무원노조는 혁명 이전에 결성돼 독립 노조 운동이 발전하는 데서 대단히 중요한 구실을 했다. 버스노조, 철도노조, 우체국노조, 교사노조는 모두 무바라크 타도 후 결성됐다.

이들은 날카로운 사회적 문제를 제기하고 있다. 이집트 방방곡곡에서 노동자들이 임금 인상을 요구하고 있다. 많은 노동자가

한 달에 고작 7만 5000원을 번다. 노동자들은 최저임금이 최소한 이것의 세 배가 돼야 한다고 요구한다. 또, 방방곡곡에서 노동자들은 작업장의 '무바라크 졸개들' — 옛 정권이 임명한 경영자들 — 을 쫓아내자고 요구한다. 이미 몇 곳에서 노동자들은 이 요구를 관철하는 데 성공했다. 카이로를 방문한 영국 노동조합 대표단에게 한 이집트 보건의료 노동자는 어떻게 자기 병원에서 노동자들이 옛 사장에게 도전했고 스스로 경영진을 선출해 정부에 이것을 인정할 것을 요구했는지 설명했다.

카이로에서는 희망과 자유의 분위기를 느낄 수 있다. 그러나 노동자들 앞에는 만만치 않은 장애물이 놓여 있다. 무바라크는 쫓겨났지만 노동자들은 아직 가난하다. 또, 세계경제 위기 때문에 이집트 민중은 국가의 보조를 받을 수 없을 것이다. 공공서비스는 턱없이 부족하다. 한 교사는 지금 학생 수가 90명인 학급을 가르치고 있지만 한때 146명짜리 학급을 가르쳤다고 말했다!

군수품 공장(이집트 장군들이 운영한다)의 한 노동자는 노동자들이 어떻게 가장 기본적인 시민권을 얻기 위해 싸우고 있는지 설명했다. 지금 파업을 벌이면 군사 법정에 회부될 수 있다. 이집트에는 아직 해결되지 않은 중요한 민주주의 문제들이 있다.

군부가 여전히 나라를 통치하고 이집트 혁명의 급진적 세력을 약화시키려 한다. 그러나 이집트 좌파 진영에서 중요한 변화가 일어나고 있다.

대단히 존경받는 활동가인 카말 칼릴이 당원인 민주노동자당도 메이데이 시위에 참가했다. 민주노동자당은 언론에 약 9500만 원을 지불하고 정당 창립 선언을 해야 한다는 등 몇 가지 장애물 때문에 아직 공식 정당으로 인정받지 못했다. 무엇보다 가장 큰 문제는 '계급 기반 정당' 금지 조처다. 물론 이 조처는 자본가 정당의 창당을 막지는 않는다. 노동자 조직 결성을 가로막고 있을 뿐이다.

그럼에도 민주노동자당은 새로운 독립 노조의 핵심 활동가들의 관심을 모으면서 중요한 세력으로 떠오르고 있다. 또, 노동자들이 주도하는 투쟁에 함께하고 싶어 하는 농민들의 지지를 이끌어 내고 있다.

사회주의자들은 사회적·정치적 요구를 제기하면서 이집트 혁명이 노동자들에게 진정한 희망이 되려면 이 혁명이 더 심화해야 한다고 주장하고 있다.

혁명을 멈추려는 군부 vs 군부에 도전하는 시위대

최근 헌병대가 활동가들을 무차별로 고문한 사실이 밝혀지면서 이집트 집권 최고군사위원회에 맞선 저항이 확산되고 있다. 5월 27일에는 대규모 시위가 벌어졌다.

이집트 혁명을 대변하는 주요 인사인 호쌈 엘하말라위는 군사 법정에 출두하라는 통지서를 받았다. 그 직전에 그는 텔레비전에 출연해 활동가 고문에 책임이 있는 고위 장교의 이름을 언급했다. 하말라위는 자신이 체포될 것으로 생각했다. 그러나 그 대신에, 군사재판소는 기존 관행을 깨고 하말라위에게 고문 증거를 제출하라고 요구했다. 군부가 한판 붙자고 나선 것이다.

5월 27일 대규모 시위는 최고군사위원회에 직접 도전한 것이었다. 시위대는 민간 위원회가 군부를 대체해야 한다고 요구했다.

최고군사위원회는 최저임금을 조정하고 팔레스타인 가자 지구로 통하는 라파 국경을 부분적으로 개방하는 등 몇 가지 양보 조처를 취했다. 그러나 활동가들에 대한 야만적 탄압을 병행했다.

그들은 양보 조처가 혁명의 발전을 가로막기를 바랐다. 이집트 군부는 호스니 무바라크 독재 체제에서 가장 중요한 야당 세력이었던 무슬림형제단 지도자들을 동맹으로 삼았다. 무슬림형제단은 사람들에게 5월 27일 시위에 참가하지 말라고 했고 시위 참가자들을 비난했다.

군부는 시위 참가자 수가 적으면 혁명가들을 탄압할 기회로 삼으려 했다. 그러나 이날 시위는 올 1월 혁명이 시작된 후 벌어진 시위들 중에서 가장 규모가 큰 것 중 하나였다.

그러자 무슬림형제단 지도자들은 청년 회원들을 공격하기 시작했다. 무슬림형제단 청년 회원들은 느린 변화 속도와 갈수록 잔인해지는 헌병대에 큰 혼란을 느끼고 있었다. 무슬림형제단 지도자들은 혁명청년동맹에 파견된 무슬림형제단 청년 대표들이 자신들의 명령을 어기고 5월 27일 시위에 참가하자 이들의 대표권을 박탈했다. 혁명청년동맹은 1월 혁명에서 대단히 중요한 구실을 했다. 또, 무슬림형제단 지도자들은 시위대를 비난하지 않았다는 이유로 무슬림형제단 웹사이트의 저명한 편집자를 해고했다.

이집트 군부는 청년 지도자들을 회유하려 했다. 헌병대에 체포된 여성들이 모욕적인 '처녀성 테스트'를 당했다는 사실이 폭로되자 군부는 "1월 25일 혁명에 참가한 모든 청년 단체와 최고군사위원회가 소통"하는 행사를 열겠다고 발표했다.

지금 헌병대는 옛 보안군을 대신하는 탄압 기구로 변신하고 있다. 민간 법정에서 무바라크 정부의 고위 인사들이 벌금을 받고 중형 선고를 받는 동안, 활동가들은 자신들이 무너뜨린 무바라크 정부의 비상계엄령을 근거로 삼아 군사 법정이 자신들을 탄압하는 상황에 처해 있다.

군부는 혁명이 끝났다는 메시지를 보내고 있다. 그러나 5월 27일 시위는 혁명이 여전히 진행 중이란 점을 증명했다.

출처: 〈Socialist Worker〉 2250호(2011.5.7), 2254호(2011.6.4), 〈레프트21〉 56호, 58호.

민주노동자당의 성장

혁명을 중단시키려는 움직임에 저항하다

IMF가 이집트에 마수를 뻗쳤다. IMF는 차관 30억 달러를 이집트에 제공하기로 군사위원회 정부와 합의했다. 국제 금융가들과 이집트 정부는 경제를 안정시켜 이집트에서 최대한 이윤을 뽑아낼 수 있게 만들려 한다.

이집트 활동가인 디나는 재정에 관한 국민의 소리를 듣겠다는 자리에 정부 각료와 함께 IMF와 세계은행 관료들이 동석한 것에 사람들이 어떻게 반응했는지 전했다. "사람들은 분노했습니다. 그리고 물었습니다. '누가 당신들에게 우리 이름으로 돈을 빌릴 권리를 줬단 말인가? 당신들은 과도정부일 뿐이다.'"

이집트 정부 예산을 보면, 정부가 혁명이 민중의 삶을 개선할 것이라는 대중적 기대에 큰 압력을 받고 있음을 알 수 있다. 또한 지배계급이 변화를 제한하고 싶어 한다는 것도 보여 준다. 새로운 최저임금은 매달 700이집트파운드[약 13만 원]로 상향 조정됐다.

그러나 이집트의 혁명적 사회주의자 사메는 이렇게 말했다. "민주노동자당과 민중은 최저임금 1200파운드[약 22만 5000원]를 요구했습니다. 카이로에서 700파운드로는 생계를 유지할 수 없습니다. 열 명이 넘는 식구가 공용 화장실을 써야 하는 값싼 방을 빌리려 해도 다달이 300파운드가 듭니다."

사메는 이집트 혁명을 매수하려는 서방 정부들의 시도를 비판하면서 이 정부들이 해결하기 쉽지 않은 문제에 직면해 있다고 지적했다. "미국 정부는 돈으로 이집트에 대한 영향력을 회복하려 합니다. 그러나 광범한 부정부패 때문에 이 돈은 가장 필요한 사람들에게 가지 못할 것입니다. 따라서 어떤 투자도 자동적으로 저항을 약화시키는 효과를 거둘 수는 없을 것입니다."

이집트 정부는 노동자들에게 파업을 멈춰 경제 재건을 도우라고 요구한다. 그러나 사람들은 이런 주장을 받아들이지 않는다. 오히려 다른 나라에서 이집트 투쟁을 본받는 것에 자부심을 느끼고 있다.

사메는 이집트 혁명가들이 어떻게 활동하고 있는지 설명했다. "우리는 해야 할 일은 많은데 우리의 사회주의 조직은 작은 것 때문에 간극을 느끼고 있습니다. 1990년대와 비교하면 지금 사람들은 사회주의 사상에 좀 더 개방적입니다. 정치적 일반화가 활발히 진행 중입니다. 혁명 이전에 이집트 최대 시위는 팔레스타인 지지 시위였습니다. 이런 반제국주의적 요소는 우리 혁명의 중요한 특징이었습니다."

사람들은 옛 방식으로 돌아가길 바라지 않는다. 지난주 카이로에서는 경찰서에 구금돼 있다 죽은 버스 운전사의 친척들이 경찰서를 불태운 사건이 벌어졌다. 진압경찰이 몰려들었다. 경찰은 샤리아 람시스까지 밀고 들어왔고 거리는 최루가스로 뒤덮였다. 그러나 곧 시위대가 차량을 불태워 도로를 차단했다.

경찰은 운동을 통제하려고 안간힘을 쓰고 있다. 그러나 평범한 사람들은 지난 40년간처럼 무시당하는 것을 거부하면서 매일 싸우고 있다.

이집트 민주노동자당 모임 참관기

민주노동자당 모임에는 남녀노소가 모두 있었다. 참가자 대다수가 이집트 혁명에서 중요한 구실을 한 노동자 활동가였다. 모임은 활력이 넘쳤다. 사람들은 단체의 이름, 작업장 지회를 건설할 필요성 등에 관해 논의했다. 석 달 뒤 치를 선거에 관해서도 논의했다.

이집트 최대 정치조직인 무슬림형제단은 이 선거에서 지지를 확보하려고 노력하고 있다. 최고군사위원회는 이번 선거에서 노동자 조직의 참가를 배제하는 방향으로 기본틀을 짰다. 토론 참가자들은 이번 선거에 관해 다양한 주장을 했다. 어떤 이는 선거를 보이콧하자고 주장했고, 어떤 이는 민주주의와 노동자 권리 확대를 주장하면서 출마하자고 주장했고, 어떤 이는 노동자와 농민의 정치 수준을 높이는 기회로 삼자고 주장했다.

한 활동가는 이렇게 말했다. "우리는 이번 선거를 지배자가 우리에게 주고 싶어 하는 민주주의가 아니라 우리가 정말 원하는 민주주의에 관해 공장과 작업장에서 토론하는 계기로 활용해야 합니다. 우리의 당면 과제는 노동자와 빈민을 정치에 참가시키는 노동자 정당을 건설하는 것입니다."

벽돌 제조업 노조 대표는 이렇게 말했다. "저는 헬완의 앗피흐에서 왔습니다. 그곳에서는 무슬림과 콥트교인* 사이에 종파 간 충돌이 벌어졌습니다. 콥트 교회가 불탔습니다. 그러나 사람들은 더 나은 것을 바랍니다. 저는 다섯 살 때부터 벽돌 공장에서 일하기 시작했습니다. 아직도 그런 사람들이 많습니다. 앗피흐 사람들은 무바라크에 표를 던진 적이 없습니다. 우리는 무바라크를 선출한 적이 없습니다. 그러니 촌사람들이 무조건 반동적이라고 말하지 마십시오. 만약 민주노동자당이 빈민에게 가난과 자선을 뛰어넘는 대안을 보여 줄 수 있다면, 만약 우리가 아동 노동을 과거의

---

* 이집트 토착 기독교. 로마가 이집트를 지배하던 시기에 번성했으나 무슬림의 지배 이후 쇠퇴했다. 현재 이집트 국민의 약 10퍼센트가 콥트교인이다.

유산으로 만들 방법을 제시할 수 있다면, 우리는 농촌 사람들의 지지를 얻을 수 있을 것입니다."

이집트 혁명은 아직 갈 길이 멀다. 그러나 이집트에는 노동자들이 새로운 이집트를 정의로운 사회로 만들 수 있어야 한다고 주장하는 활동가들이 존재한다.

출처: 〈Socialist Worker〉 2255호(2011.6.11), 〈레프트21〉 59~60호.

다시 타오르는 수백만 시위

수백만 명이 다시 광장을 메우다

이집트에서 수백만 명이 거리와 광장을 다시 한 번 가득 채웠다. 그들은 이번에는 집권 최고군사위원회와 잇삼 샤라프 정부에게 정말 책임을 묻겠다고 결의를 다지고 있다.

7월 8일 카이로 타흐리르 광장은 전 대통령 무바라크에 맞서 싸우다가 살해당한 사람들을 위한 정의를 요구하는 100만 인파로 꽉 찼다. 알렉산드리아, 만수라, 수에즈, 마할라 등 이집트의 다른 도시에서도 수십만 명이 행진했다. 광장들에는 농성 텐트가 다시 설치됐고, 초대형 거리 시위가 대중운동에 불을 붙이고 있다.

혁명 순교자와 그 가족을 위한 정의를 요구하려는 것이 대규모 시위가 다시 시작된 직접적 계기였다. 7월 초 수에즈 법원은 시위대를 살해한 혐의를 받는 경찰관 일곱 명을 석방했다. 이것은 소요와 시위가 발생하는 계기가 됐다.

그러나 이렇게 분노가 폭발한 것은 현 이집트 지배자들이 혁명의 요구들을 이행하는 데 철저하게 실패한 것과도 연관이 있다. 사람들은 시위대 살해 책임자 즉각 처벌 외에 최저임금 인상과 빈민을 고려한 새로운 예산안 등도 요구했다.

이집트의 혁명적사회주의자단체에서 활동하는 무스타파 바시우니는 7월 8일 시위에 노동자들도 많이 참가했다고 말했다. "세무공무원노조, 대중교통 노동자와 마할라 방직 공장 노동자가 조직적으로 이번 시위에 참가해 자신들의 현수막을 들고 행진했습니다. 그들은 타흐리르 광장에 있던 약사 노동자와 헬완 철강 노동자 등 다른 노동자 대열과 함께했습니다. 새로 만들어진 독립노조들도 반노조법 폐지, 최저임금 인상과 사회정의를 요구하는 현수막을 들고 행진했습니다. 타흐리르 광장의 시위대와 함께 노동자들은 이집트 육군 총사령관이자 최고군사위원회 의장인 무함마드 후세인 탄타위를 몰아내자고 소리쳤습니다."

7월 12일 현재, 대규모 시위를 벌이자는 호소에 호응해 타흐리르 광장과 다른 도시의 거리로 많은 사람들이 모여들고 있다. 시위 참가자들은 정부 각료와 최고군사위원회 구성원들을 물갈이하겠다는 총리의 발표와 "나라가 일상으로 돌아가야 한다"며 시위대에게 집에 가라고 요구한 최고군사위원회의 성명서에 크게 분노하고 있다.

출처: 〈Socialist Worker〉 2260호(2011.7.16), 〈레프트21〉 61호.

군부에 맞서 혁명의 심화가 요구되다

현지 취재기자 앤 알렉산더의 논평

혁명을 심화시키기 위한 과제

2011년 2월 전 세계인은 이집트 민중이 독재자 호스니 무바라크에 맞서 싸우면서 혁명을 일으키는 것을 지켜봤다.

그런데 지금 대다수 주류 언론은 이집트에서 아무런 변화도 일어나지 않은 것처럼 말한다. 이집트 항쟁을 취재한 BBC 프로듀서 오기 보이체프는 〈가디언〉에 기고한 글에서 이렇게 말했다. "나는 더 나은 나라를 만들려고 목숨을 걸고 싸운 수많은 여성과 남성의 용기를 무시하려는 것은 아니다. 무바라크를 몰아낸 것은 군부 인사들이었다. 무바라크가 물러나지 않으면 모든 군사 지원을 끊겠다는 미국 백악관의 압력에 군부가 굴복한 것이었다."

독재자가 법정에 선 것도 보이체프의 비관적 평가에 아무런 영향을 미치지 않는다. "현재 상황을 경구를 약간 바꿔 말하자면 이렇다. '독재자가 법정에 섰다. 독재자 만세!'"

나도 2월에 카이로에 있었다. 나는 2월 6일 카이로 광장에 설치된 간이 연단 뒤에 서서 구호를 외치고 환호하는 군중을 경의의 눈으로 쳐다봤다. 지금 내 머릿속에는 공항에서 시내로 가는 길에 본 헌병을 가득 태운 트럭들과 타흐리르 광장 진입로에 서 있던 탱크들의 모습이 떠오른다. 당시 나는 이렇게 경고했다. "이집트 혁명은 전진하고 있다. … 그러나 이집트 국가는 아직 건재하다."

그 뒤 일주일도 되지 않아 무바라크가 쫓겨났다. 무언가가 상황을 변화시키면서 민중 항쟁과 국가 사이의 세력균형도 변화시켰다. 미국 정부가 당황한 것도 그 때문이었다. 당시 이집트 혁명이 거리를 넘어 작업장으로 확산되기 시작한 것이다. 타흐리르 광장을 점거한 군중의 구성도 변했다. 파업 중이던 버스 노동자들이 타흐리르 광장에서 독재 정권 타도와 제헌의회 구성을 요구하는 리플릿을 나눠 줬다.

파업 중이던 카스르 알아이니 병원 의사들, 우체국 노동자 대표단, 카이로 대학교 직원 수천 명이 타흐리르 광장 시위에 동참했다. 수에즈 운하 노동자들은 전면 파업에 나섰다. 마할라의 초대형 방직 공장들도 멈췄고, 마할라 노동자들은 장군들이 소유한 이곳의 공장 아홉 개를 점거했다. 이집트 항쟁의 마지막 주부터 이집트 노동계급은 혁명 과정을 직접 결정하는 새로운 구실을 하게 됐다.

이집트 민중 항쟁 때문에 국가 최상층부가 분열했다. 정부 자체의 존립이 위태로웠기 때문에 장군들이 무바라크를 희생시켜야 했다. 지난 6개월 동안 장군들은 1월 25일 시작된 이집트 혁명의 태풍을 잠재우기 위해 노력해 왔다. 그들은 혁명의 압력에 떠밀려 국가기구를 '청산'하고 시위대가 거리를 통제하도록 허용해야 했다.

그러나 동시에, 2월 혁명이 이룩한 성과에 한계가 있다는 점을 인식해야 한다. 무바라크의 장군들은 권력을 놓치지 않았다. 7월에 일어난 사건들을 보면 장군들이 자신감을 조금 회복했고, 심지어 행동에 나설 동맹들을 결집하기 시작했음을 알 수 있다.

7월 초, 항쟁 동안 죽은 혁명 열사들에게 정당한 대우를 하고 핵심 정권 인사들에 대한 재판을 빨리 진행하라고 요구하는 대규모 시위가 일어났다. 당시 시위 참가자들은 최저임금 인상도 요구했다. 카이로 타흐리르 광장에 천막들이 다시 등장했고, 에삼 샤리프 총리는 각료들을 물갈이하고 내무부 장관을 해임했다.

그러나 대중 시위의 동력은 점차 약해졌다. 시위 참가자 수가 줄어들자 7월 23일 장군들이 고용한 깡패들이 시위를 물리적으로 막아 혁명적 시위대에 큰 타격을 입혔다. 타흐리르 광장에서 최고군사위원회 건물로 행진하던 시위대는 깡패들의 기습으로 부상당했다. 7월 29일에는 장군들을 지지하는 살라피 이슬람주의자들이 타흐리르 광장을 가득 메웠다. 그들은 무슬림형제단 지도부를 끌어들여 그동안 거리 시위를 주도했던 세속적 혁명 세력들의 연합에 도전했다. 8월 1일 헌병대는 광장에 남아 있던 시위대와 혁명 순교자 가족들을 폭력적으로 몰아냈다.

이런 일련의 사건들은 이집트 혁명이 이 혁명에 참가한 수많은 사람의 기대를 실현하려면 조직된 노동계급이 혁명운동의 중심에 서야 한다는 것을 잘 보여 줬다. 이집트 투쟁이 시작된 이후 노동자들의 의식과 조직은 크게 성장했다. 그러나 7월의 사건들은 노동자 운동이 앞으로 극복해야 하는 약점도 보여 줬다.

이집트 노동자 운동이 발전하려면 작업장에서 통제권을 확보하기 위한 투쟁, 작업장 사이를 연결하는 조직을 건설하기 위한 투쟁, 그리고 국가를 상대로 노동자들의 요구를 관철하기 위한 투쟁, 이 세 가지 투쟁이 매우 중요하다.

지난 6개월 동안 작업장에서 1000여 건의 파업과 시위가 벌어지면서 노동자들은 많은 것을 얻었다. 부패한 사장 수백 명이 파업 때문에 사임해야 했다. 어떤 곳에서는 노동자들이 훨씬 멀리 나갔다. 3월에 만시예트 알카크리 병원 노동자들은 병원장을 새로 선출했다. 조이아 알함라 병원 노동자들도 8월에 병원장을 선출할 예정이다. 알렉산드리아의 지방 공무원 노동자들은 낙하산을 타고 임명된 장군을 쫓아내고 동료 노동자를 시장으로 선출했다. 이 사례들은 고무적이지만 아직 예외적이다. 물론 이집트 노동자들은 다른 나라보다 작업장 민주주의를 훨씬 더 발전시켰다.

혁명은 갑작스런 도약과 단절로 점철된 복잡하고 불균등한 과정이다. 노동자 의식과 조직도 불균등하게 발전하고 성숙하는 데 시간이 걸린다. 앞으로 몇 달 동안 어떤 일이 일어날지 아무도 정확히 예측할 수 없다. 세계경제 위기가 어떻게 전개될지가 중요한 변수 중 하나다. 특히 경제 위기 때문에 이집트 장군들의 주된 후원자인 미국 정부가 돈을 쏟아부어 사회개혁을 통해 이집트 혁명을 잠재우기가 더 어려울 것이다.

노동자와 빈민은 자기 힘에 의존해야만 지금까지 성취한 것을 지킬 수 있을 것이고 혁명을 심화하고 확대할 수 있을 것이다. 자유주의자와 이슬람주의자를 막론하고 이집트의 모든 주류 정치인들은 작업장의 '혼란'에 경악했고 '생산이라는 바퀴'가 다시 굴러가야 한다고 주장하고 있다.

지금 같은 상황에서는 혁명적 노동자 정당을 건설하는 것이 필요하다. 이집트 혁명 정당이 이 과업을 완수하려면 많은 지지자를 확보해야 할 뿐 아니라 전략적으로 명확해야 한다. 그래야만 수많은 가능성으로 가득한 혁명 과정을 세계 노동계급의 역사적 승리로 이끌 수 있을 것이다.

출처: 〈Socialist Worker〉 2265호(2011.8.20), 〈레프트21〉 63호.

이집트 전역으로 확산되는 노동자 파업 물결

변화의 쓰나미를 몰고 오는 파업 물결

파업과 대중 시위가 날로 번지는 통에 이집트의 군정 통치자들은 진땀을 빼고 있다.

최근 노동부 장관은 마할라알쿠브라의 대공장에서 일하는 섬유 노동자 2만 2000명의 대표자들과 마라톤 협상을 벌였다. 노동부 장관은 절박하게 협상에 매달렸고, 섬유산업 전체로 번질 뻔한 파업을 간신히 피할 수 있었다.

다음 날 시위대 10만 명이 카이로의 타흐리르 광장을 가득 메웠다. 무슬림형제단의 불참에도 아랑곳하지 않고, 시위대는 광장에 모여 "혁명의 진로"를 바로잡자고 외쳤다. 시위대는 다섯 군데 노동계급 지구에서 각자 기도를 마친 후 타흐리르 광장으로 행진해 왔다. 정오에는 수천 명이 광장을 출발해 내무부, 헌법재판소, 국영 텔레비전 방송국, 이스라엘 대사관 쪽으로 행진했다.

그로부터 몇 시간이 지나지 않아, 정부 수반인 무함마드 후세인 탄타위와 그의 동료들은 미국과 이스라엘에서 미친 듯이 걸려오는 전화를 받느라 쩔쩔맸다. 시위대가 이스라엘 대사관을 급습해 대사관 직원들이 대피한 탓이었다. 시위대는 대사관의 문서고를 뒤져 손에 잡히는 대로 창밖으로 내던졌고, 그 서류 뭉치들은 인근의 보안부 건물을 불태운 화재 연기와 뒤섞였다. 보안부 건물에도 시위대가 쳐들어가 불을 지른 것이다. 정치 위기가 심화하자 총리 잇삼 샤라프를 비롯한 내각 전체가 사임하려 했다.

같은 시간, 교사 4만 명이 국회 앞에 모였다. 그들이 손에 쥔 펼침막에는 "우리 요구에 응할 것인지, 올해 학교 문을 닫을 것인지 선택하라"고 씌어 있었다.

장군들은 억압 수단에 의지해 통제력을 되찾으려 했다. 시위대를 체포하려고 새벽 야음을 틈타 급습하는 일이 빈번히 벌어졌고 언론은 거품을 물고 "깡패들"과 "폭도들"을 공격해 댔다. 최고군사위원회는 기존 법을 집행해 파업과 시위에 대응하겠노라고 호언했고, 실탄 사격도 할 수 있다고 경고했다. 그리고 무바라크의 혐오스런 비상계엄령을 되살렸다.

그런데도 파업 물결은 계속 이어졌다. 제당 공장 노동자 2만 6000명가량이 싸움에 동참했다. 같은 날 시빈엘콤의 인도라마 섬유 공장 노동자 수백 명이 주지사 사무실을 점거했다.

아래로부터 시작된 집단행동 덕택에 또다시 민족 해방 투쟁과 사회정의 투쟁이 결합됐다. 그 과정에서 대중은 장군들에 맞서 2월 혁명으로 이룬 민주적 성과를 방어하는 싸움에 나섰다.

이러한 충돌에서 비롯한 내부의 위기 때문에 외부의 위기가 점점 더 커지고 있다. 이스라엘과 미국이 중동 지역에 구축해 온 동맹이 약해지기 시작했다. 이스라엘과 터키 사이의 관계는 심각하게 나빠졌다. 터키의 레제프 타이이프 에르도안 총리는 앞으로 터키 해군이 팔레스타인 가자 지구로 향하는 인도적 구호선을 호위할 것이라고 약속했고 구호선 공격의 책임을 물어 이스라엘 대사를 추방했다. 에르도안 총리와 이집트 장군들이 취한 태도 사이의 격차를 이집트 대중이 놓칠 리 없었다. 타흐리르 광장 시위에서는 에르도안의 사진이 상당히 많이 눈에 띄었다.

그리고 이집트에서 이스라엘 대사를 추방한 것은 탄타위 장군이 아니라 바로 시위대였다. 이스라엘 신문 〈마리브〉의 헤드라인은 "쓰나미가 일기 시작했다"였다. "이집트, 다시 말해 최근까지 중동 지역에서 우리의 가장 중요한 우방이던 나라가 지금 대중 앞에서 비틀거리고 무너지고 있다"고 그 신문은 우려했다.

최근의 노동자 운동의 성장이야말로 이러한 투쟁의 향방을 좌우할 열쇠를 쥐고 있다. 8월에는 철도, 체신, 교육, 섬유 등을 포함한 몇몇 핵심 산업에서 전국적 총파업이나 산별 파업을 조직하려는 질적 변화가 나타났다. 많은 곳에서 파업 없이도 정부한테서 매우 많은 양보를 얻어내고 있고, 그것은 새로운 그룹들이 자신들의 요구를 내걸도록 고무했다.

최근의 파업 물결이 물가 상승 때문에 촉발됐지만, 노동자들의 시야는 월급봉투 두께에 얽매여 있지 않다. 파업을 벌이고 있는 교사들은 교육개혁, 교사들에 의한 교육부 장관 선출, 사립학교 철폐를 바란다. 마할라의 노동자들은 섬유산업의 몰락을 막을 투자를 요구하고 있다.

주요 노동자 그룹들은 파업 운동을 더욱 발전시킬 단체를 만들 방법을 두고 활발하게 논의를 벌이는 중이다. 민주노동자당은 "공허한 약속은 이제 그만"이라는 성명을 발표했는데, 여기에서 총파업 조정위원회를 설립하자고 제안했다. 이러한 주도력이야말로 이집트 노동계급의 어마어마한 힘을 합쳐서 국가에 맞서 싸울 수단으로 바꿀 수 있다. 그것은 무바라크의 장군들에 맞선 전투의 결말을 훨씬 앞당길 수 있다.

경제적 요구와 정치적 요구의 결합

이집트 혁명이 탄력을 받았다. 지난 여름에 시작된 이집트 노동자 파업이 갈수록 강력해지고 있는 것이다. 전 대통령 호스니 무바라크는 피고석에 섰다. 9월 14일 철강 재벌 아흐마드 에즈는 부패 혐의로 10년형을 구형받았다.

이집트의 혁명적 사회주의자 사메 나기브는 이렇게 말했다. "이집트 정부는 양보안을 들고 바쁘게 뛰어다니면서 파업이 시작되는 것을 막으려 합니다."

엘리트 학교인 카이로의 아메리칸 대학을 포함해 각종 학교와 대학교에서 정신없이 파업과 시위가 벌어지고 있다. 아메리칸 대학에서는 파업 중인 교직원들이 학교의 일부를 점거 중인 학생들과 손을 잡았다. 이곳에서 노동자와 학생은 임금, 노동계약 조건, 등록금뿐 아니라 경영진의 부패와 여전히 대학에서 자리를 차지하고 있는 국가안보국 요원 문제 해결을 주요 요구로 제시하고 싸우고 있다. 투쟁의 요구 중 하나는 대학 캠퍼스 내 건물의 옥상에서 타흐리르 광장의 시위대를 향해 총을 쏘는 모습이 포착된 저격수에 관해 조사하라는 것이다.

최고군사위원회가 파업을 불법으로 규정했지만 이집트 전역에서 비슷한 투쟁이 계속 일어나고 있다. 독립 노조가 이제 막 현장에 뿌리를 내리고 조직되고 있기 때문에 이런 투쟁의 상당수는 지역에 국한돼 있다.

이집트 노동자 운동의 전국적 연결망은 아직 허술하다. 그러나 어떤 노동자 집단은 지역을 뛰어넘는 투쟁을 벌였다. 1951년 이래 최초의 전국적 교사 파업이 여전히 진행 중이다. 파업 교사 들은 상급자들의 공격과 보안군의 위협에 시달리고 있다. 교사들의 요구는 사회 곳곳에 자리 잡은 '무바라크의 졸개들'을 제거하고 싶다는 모든 이집트 노동자의 소망을 반영하고 있다.

교사들은 임금과 노동조건 개선뿐 아니라 옛 집권당의 유력 인사인 현 교육부 장관의 퇴진도 요구한다. 파업 노동자인 파이움은 이렇게 말했다. "저는 28년 동안 교사로 일해 왔습니다. 그러나 한 달에 1000이집트파운드[약 19만 원]도 벌지 못합니다. 교육부에는 엄청난 연봉을 받는 '컨설턴트'들이 가득하지만 교사들은 빈털터리입니다. 교사들의 삶이 이렇게 힘든데 누군가는 10만 이집트파운드[약 1900만 원]를 받는다는 것은 말이 되질 않습니다."

교사들은 교육재정이 최소한 국내총생산의 6.5퍼센트가 돼야 한다고 요구한다. 그들은 학교 건설 계획과 학급 정원을 30명 이하로 줄이는 계획을 요구한다. 현재 많은 학급의 학생 수가 60명이 넘는다. 심지어 그 두 배인 경우도 있다.

또, 이집트 북부 제당 공장들에서는 노동자 수천 명이 임금 인상, 노동조건 개선, 무바라크 시절에 임명된 사장의 해임을 요구하면서 파업을 벌이고 있다. 한 대중 집회에서 파업 노동자들은 이렇게 소리쳤다. "정부가 무너질 때까지 무기한 파업을 벌이자." 그들은 또한 팔레스타인 상황과 서방 제국주의의 구실에 관해 토론했다.

이런 투쟁들을 서로 연결하는 끈은 경제적 요구와 정치적 요구의 결합이다. 기초 생활 조건을 개선하려는 노력이 군사정부에 대한 도전과 함께 진행되고 있다. 노동자들은 변화가 너무 느리고 아직도 많은 옛 정권 인사가 권력을 쥐고 있는 것에 분노하고 있다.

이집트 혁명은 몇 가지 경제적 개선을 요구하는 것으로 축소되지 않았다. 오히려 노동계급 투쟁이 모든 전선에서 혁명을 전진시키고 있다. 나기브는 사회주의자들이 이런 투쟁들을 서로 연결하는 도전에 직면해 있다고 말했다. "때로는 수천 명, 때로는 수십만 명이 매주 파업을 벌이고 있습니다. 우리는 총파업 조정위원회를 건설하기 위해 투쟁하고 있습니다. 이것은 모든 노동자의 힘을 결합하는 파업 투쟁들을 준비하는 데 필요합니다."

교사들의 전국적 파업

파업이 연이어 일어나면서 이집트 혁명이 빠르게 심화되고 있다.

공립학교 교사들은 파업을 벌이면서 "요구가 관철되지 않으면 올해 수업은 없다"는 구호를 외쳤다. 이집트의 학교 약 4만 6000개에 150만 명이 고용돼 있다. 9월 17일 나일강 삼각주의 도시 전역에서 온 교사 수만 명이 카이로의 정부 청사 앞에서 시위를 벌였다. 교사들이 분노한 이유는 교육부 장관과 정부가 교사들의 임금과 처우를 개선하겠다고 약속해 놓고 번번이 이를 어겼기 때문이다. 적지 않은 교사들이 임금이 너무 낮아서 부업으로 서빙을 하거나 택시 운전을 한다.

오전부터 도착한 교사 대표들은 카이로 중심부 행진을 거쳐 시위에 합류했다. 이집트 북부의 모든 주요 도시에서 대표들이 파견됐다. 교사들은 열 시간 동안 타흐리르 광장 인근 카스르 알아이니 거리의 정부 청사를 에워쌌다. 이들은 도로에 바리케이드를 쌓고 낮 동안 시내 대부분을 봉쇄했다.

시위대는 무바라크 정권에 맞서 타흐리르 광장에서 외쳤던 구호들을 다시 외쳤다. "교사들은 교육부 장관 퇴진을 요구한다. 장관은 퇴진하라!" 정부 관리는 대표 다섯 명을 뽑으면 장관과 만나는 자리를 마련해 주겠노라고 제안했지만, 시위대는 이를 거부하고 "장관이 이 자리로 와 우리 모두 앞에서 약속하라"고 외쳤다.

80퍼센트에 가까운 교사들이 파업 중이며 일부 지역에서는 모든 교사가 파업에 참가했다. 교사처럼 국가에 고용된 노동자들이 집단행동에 나서는 것은 무바라크 체제에서는 상상도 할 수 없는 일이었다. 이제는 파업이 곳곳에서 일어나고 있다. 새로운 부문의 노동자들이 독립 노조를 세우고 있다.

정부 관리들과 이집트 언론들은 무바라크가 제거됐으니 혁명이 끝났다고 주장한다. '질서'가 회복돼야 선거를 치르고 새로 선출된 정부가 민중의 이해를 반영할 수 있다고 주장한다. 그러나 수많은 민중은 거짓말도 약속 파기도 더는 참기 힘들다. 새로 얻은 자유 덕분에 민중은 집단행동에 나섰고, 중요한 요구들이 관철된 경우는 흔히 이런 행동 덕분이었다. 이집트 정부는 파업 노동자들에게 '비상계엄령'을 적용하겠다고 위협하지만 노동자들은 그런 위협을 물리칠 힘이 있다.

새로운 단계로 도약하는 이집트 혁명

버스들이 바리케이드처럼 여러분의 나라 정부 청사 주변을 빙 둘렀고 버스 노동자 1000명이 총리 관저 앞에서 임금과 노동조건을 개선하고 대중교통 투자를 늘리라고 요구하면서 농성을 벌이고 있다고 생각해 보자.

지난주 이집트에서는 대중교통부 노동자들이 파업을 벌이면서 실제로 이런 광경이 펼쳐졌다. 버스 노동자들은 대중교통부가 노동자들의 기본급을 최소한 200퍼센트 인상해야 한다고 요구했다. 현재 버스 노동자들의 월급은 너무나 적다. 노동자들은 또한 대중교통 투자를 늘리고 무바라크 정부에서 임명된 부패한 관리들을 해임하라고 요구했다. 협상 과정에서 노동부 장관 아흐마드 알보라이는 노동자 대표 중 하나인 푸아드 살리흐가 현 정부 정책이 무바라크 시절과 하나도 다를 바 없다고 비판하자 여러 번 자리를 박차고 나가기도 했다.

한번은 살리흐가 장관한테 다음과 같이 말했다. "우리는 30년 동안 무바라크 체제를 견뎠소. 그리고 그들은 도둑떼에 지나지 않았소. 그런데 장관 나리, 우리더러 다시 한 번 참으라굽쇼! 농담이 지나치십니다 그려." 알보라이는 경비를 불러 살리흐를 협상장에서 내쫓으라고 말했다. 그러나 다른 사람들이 둘을 말리면서 사태를 진정시키자 이번에는 알보라이가 자리를 박차고 나갔다.

9월 27일 발표된 협상안의 내용을 보면 공공운수청과 재무부는 임금·수당 인상과 노동조건 개선을 바라는 노동자들의 요구를 합의된 일정대로 검토해 보겠다고 말한 것뿐이었다. 협상단이 집회로 복귀하자 파업 노동자 다수가 그 협상안에 반대했다. 노동자들은 요구가 받아들여지지 않으면 파업을 계속하겠다고 밝혔다.

버스 노동자들의 연대 파업에서 핵심적 구실을 한 혁명적사회주의자단체는 9월 28일 발표한 성명에서 이렇게 주장했다. "노동자들이 결정해야 한다. 노동자의 요구가 수용되기 전에 파업을 멈추라고 강요할 권리는 아무에게도 없다. 파업 노동자들이 이미 1차 승리를 거뒀다. 노동자와 대화하기를 거부하고 그들을 위협하던 관료들이 이제는 직접 대화하고 협상하면서 양보하지 않을 수 없게 된 것이다. 이제 최종 승리를 거둘 날도 얼마 남지 않았다."

결국 10월 1일 이집트 정부 장관들은 파업 노동자들의 요구를 들어주겠다고 발표했다. 그러나 그다음 날 노동자들은 대중교통부가 약속한 임금을 지급할 돈이 없다는 사실을 발견했고, 노동조건을 더 악화시키려 한다는 것을 발견했다. 노동자 수천 명이 정부에 항의하기 위해 타흐리르 광장 근처의 카스르 알아이니 거리에 모였다.

운수 노동자들은 이집트에서 가장 강력한 노동자들 중 하나다. 이집트처럼 중앙집권화된 나라에서 운수 노동자 파업은 순식간에 엄청난 파장을 낳는다. 운수 부문 내 노동자들의 연대 행동은 이집트 독립 노조 운동에서 갈수록 중요해지고 있다.

이집트의 집권 최고군사위원회는 버스 노동자들의 전면파업, 농성과 함께 또 다른 기층의 압력을 받기 시작했다. 9월 30일 민주적 권리를 억압하는 비상계엄령과 군부의 탄압에 반대하는 행동에 이집트 전역에서 수십만 명이 참가했다. 수만 명이 '혁명의 부활'을 요구하며 집회 중인 타흐리르 광장에 노동자 대표단도 함께했다. 그들은 "빵, 자유, 사회정의", "군부독재 물러나라" 등의 구호를 외쳤다.

출처: 〈Socialist Worker〉 2269호~2272호(2011.9.17~10.8), 〈레프트21〉 65~66호.

각개격파를 위한 이간질을 뚫고 전진하는 혁명

이간질로 혁명을 파괴하려는 이집트 군부

10월 8일 밤 이집트 카이로에서는 적어도 스물세 명이 목숨을 잃었다. 군대와 경찰이 국영 방송사 건물 앞에서 학살을 벌였다.

콥트교인들은 반대 종파들이 교회를 공격하는 것을 처벌하라며 슈브라의 노동계급 거주지에서 출발해 카이로 시내의 마스페로 거리로 평화행진을 하고 있었다.

세계의 언론사들은 '충돌'이 벌어졌다고 보도했다. 그러나 진실은 정부 당국이 행진을 실탄으로 잔인하게 진압하고 냉혹하게도 군 장갑차로 시위대를 들이받았다는 것이다. 또, 군대는 두 텔레비전 방송국에 들이닥쳐 방송을 중단시키고 공격 장면이 담긴 보도를 막으려 했다.

이집트 국영 텔레비전 방송사는 종단 간의 갈등을 부추겨 왔다. 근거도 없이 기독교인들이 무장한 채 군대를 공격했다고 보도했다. 또, '국민'이 거리로 나서서 군대를 '보호'해야 한다고 촉구했다. 곤봉과 칼로 무장한 폭력배들이 이것에 호응해 시위대를 공격했다.

그러나 시위대는 언론이 묘사한 것과 달리 기독교인들로만 이뤄지지 않았다. 많은 무슬림도 시위에 참여했고 경찰과 군대에 맞서 싸웠다. 어느 무슬림 성직자는 마스페로 거리로 행진하는 콥트교 시위대의 선두에서 십자가를 진 채 '10월 6일 다리'를 건넜다. 시위대는 반복해서 외쳤다. "무슬림과 기독교인이 … 손을 잡았다." 그리고 무바라크 시절 국방부 장관을 지내다 이제는 이집트를 지배하는 육군 참모총장 탄타위를 비난했다. 이 기사를 쓰는 동안, 군대는 오전 2시에서 7시까지 카이로 시내 통금을 선포했다. 그러나 시위는 그치지 않을 것이다.

이집트에서 콥트교인들은 지금도 차별에 시달리지만 현 정권에 맞선 투쟁에서 무슬림들과 함께하고 있다. 혁명이 일어나기 2주 전에 카이로와 알렉산드리아는 콥트교인들의 시위로 들끓었다. 이들은 종단 간 공격을 비판하면서 무바라크에 맞선 단결을 촉구했다. 그 뒤 많은 기독교인들이 교회의 태도와는 반대로 무슬림 형제자매와 함께 '1월 봉기'에 합세했다.

콥트교인들에 대한 지금의 공격은 군부의 장군들이 가난한 이집트인들을 분열시키고 서로 맞서게 하려는 시도의 일환이다. 그러나 다행히도 무슬림 시위대가 콥트교인들과 함께하고 있다.

지난 몇 달 동안, 파업 노동자를 군사 법정에 세우는 파업금지법이 있는데도 50만 명이 훨씬 넘는 교사, 의사, 대중교통 노동자 등이 파업에 나섰다. 이러한 아래로부터의 투쟁들이 종단 간 갈등을 부추기는 시도에 맞설 수 있는 가장 강력한 무기다.

종단 갈등 조장에 맞선 최고의 무기 — 파업을 통한 단결

새롭게 시작된 대중적 파업 물결 때문에, 11월 말로 계획된 하원의원 선거를 통해 '안정과 질서'를 되찾으려던 최고군사위원회의 희망이 허물어지고 있다. 우편 노동자, 교사, 제당 노동자, 대학교직원, 버스 운전사, 공항 직원, 의사, 수자원관개부를 비롯한 여러 부처의 노동자들이 파업에 참여했다. 경제적 요구와 모든 작업장에 침투해 있던 무바라크 국가기구의 기관들을 해체하라는 요구는 파업 물결을 일으킨 쌍두마차였다.

최고군사위원회는 자포자기의 심정으로 양보하면서 파업을 무마하려 했고 일부는 성공했다. 마할라알쿠브라의 거대 방적 공장에서 일하는 노동자 2만 2000명의 파업 위협을 무마한 것이 대표적 사례다. 그럼에도 9월 말에서 10월 중순 사이에 노동자 50만 명이 파업을 벌였다. 새로운 노동자 집단이 투쟁에 돌입했다. 교사들의 파업은 1951년 이래 일어난 최초의 전국 파업이었다. 교사 파업은 소도시와 촌락에까지 파업 물결을 전도하는 구실을 했다.

많은 이집트인들이 처음에는 군대가 혁명의 요구들 — 충분한 임금 지급, 임의 체포와 임의 재판 폐지, 무바라크 집권기 고위 관료 제거 — 을 실현해 주리라고 기대했다. 그러나 약속은 지켜지지 않았고 점점 더 많은 노동자들이 더는 기다리지 않으려 한다. 예컨대, 지난 6월 재무부 장관이 최저임금을 700이집트파운드[약 13만 원]로 인상하겠다고 발표했지만 아직 실현되지 않았다. 많은 노동자와 노동 운동가들은 최저임금을 1200이집트파운드[약 22만 5000원]로 책정하라고 요구하고 있다. 파업 교사들이 호소해 열린 어느 집회의 제목은 '이제 유예기간은 끝났다'였다.

아래로부터 대중운동이 성장하면서 무슬림형제단 내부의 균열이 커지고 있다. 예컨대, 교사들은 역사적으로 무슬림형제단의 창립과 발전에서 중심축이었다(무슬림형제단의 창립자인 하산 알바나가 교사였다). 지난 10월 초 카이로의 정부 청사 앞에서 시위를 벌인 교사 수만 명 중 다수가 무슬림형제단 지지자였다.

19년 만에 처음으로 자유 경선으로 치러진 의사협회 선거에서 지난 30년 동안 유지하던 무슬림형제단의 의사협회 전국위원회 독점이 무너졌다. 좌파가 지지한 독립적 후보들은 특히 주 단위 의사협회 선거에서 좋은 결과를 얻었는데, 혁명의 핵심 지역인 카이로, 알렉산드리아, 수에즈, 이스마일리아에서 특히 좋은 결과를 얻었다.

이렇게 아래로부터 점증하는 압력에 직면한 군부, 또는 적어도 그 일부는 당근에서 채찍으로 정책을 전환했고, 지난 10월 카이로에서 열린 콥트교인들의 집회를 공격하고 종단주의적 혐오를 조장하려 했다. 이 공격으로 적어도 스물세 명이 사망하는 끔찍한 결과가 발생했고 이집트의 꽤 많은 콥트교인들이 급진화됐다. 이것은 국가의 탄압에 직면해 종단 내부의 삶으로 후퇴했던 과거로부터 변화한 것이다. 파업 물결은 이집트 전역의 작업장에서 무슬림과 콥트교인을 단결시키며 그 자체로 종단주의의 불을 지피려던 시도를 막아내는 중요한 방책이 됐다.

경제 상황이 악화되면서 최고군사위원회가 노동자들에게 그럴듯한 양보를 하기가 어려워지고 있다. 실제로 경제는 거의 확실히 축소되고 있다. 어떤 추정치를 보면 이집트 경제는 연 5~7퍼센트 성장해야 해마다 새로 노동시장에 진입하는 70만 명을 흡수할 수 있다고 한다.

해외직접투자 붕괴와 자본도피도 외화보유고를 축내면서 이집트의 국제수지 악화에 일조했다. 외화보유고는 2010년 9월의 3분의 1 수준으로 떨어졌다. 이런 상황 탓에 갑작스러운 경제 위기가 오면 정권이 기초식품을 충분히 수입하지 못하게 될지도 모른다는 걱정이 커지고 있다. 장군들에게는 상상도 하기 싫은 끔찍한 일이다. 인플레이션은 여전히 8퍼센트 수준이고, 이는 노동자들의 임금 인상 요구를 자극하고 있다.

최고군사위원회가 양보를 하더라도 너무 보잘것없어서 사람들의 분노만 돋우고 자신의 취약성만 드러낼 가능성이 높다. 탄압은 사람들을 더 급진화시키기만 할 뿐이고 혁명을 파괴할 만큼의 규모는 되지 못할 것이다. 장군들은 혁명을 파괴하려고 전면전을 벌이다가 군대가 계급선을 따라 쪼개질까 봐 두려워한다. 그들은 이 때문에 2월에 무바라크를 버릴 수밖에 없었다.

혁명은 여전히 진행 중이다.

출처: 〈Socialist Worker〉 2273호(2011.10.15), 《Socialist Review》 2011년 11월호, 〈레프트21〉 66호, 68호.

불붙은 반군부 시위, 다시 타흐리르 광장으로!

　11월 19일 시작된 대규모 반군부 시위가 카이로, 알렉산드리아, 수에즈 등 전국으로 확산되며 며칠째 계속되고 있다. 이 시위에 대한 군부의 유혈 진압으로 나흘 만에 수십 명이 사망했다. 군부는 최루탄과 고무탄과 곤봉 등을 사용해 시위대를 무차별 공격했고, 타흐리르 광장 인근 병원에 근무하는 의사들에 따르면 실탄 총상을 입은 사람들도 다수 있었다고 한다.

　광란의 학살에도 시위가 계속 확산되자 21일 내각이 총사퇴 의사를 밝혔고, 22일에는 최고군사위원회 탄타위 사령관이 대통령 선거 일정을 내년 6월 말로 앞당기겠다고 발표했다. 군부는 그동안 내년 말이나 2013년 초까지 권력을 이양하겠다고 밝혀 왔다. 그러나 시위대는 탄타위의 말을 믿지 못하겠다며 군부의 즉각 퇴진을 요구하고 있다.

이집트 사회주의자가 전하는 현지 투쟁 소식

수많은 사람들이 이집트 전국의 광장들을 가득 메웠다. 거리에 나선 사람들의 수는 어마어마하다. 이집트 제2의 도시인 알렉산드리아가 크게 들끓고 있고, 수많은 학생들이 행진을 벌였다. 사람이 매우 드문 아스완 같은 남부 도시들에서도 대규모 시위가 벌어졌다.

여기 타흐리르 광장에 모인 사람들은 대부분 젊은이와 노동계급이다. 광장 곳곳에 바리케이드가 쳐 있다. 경찰이 광장에 진입하려 시도하지만 매번 저항에 밀려 되돌아가고 있다. 경찰은 인근의 내무부 청사를 보호하고 있을 뿐이다. 지금 경찰이 할 수 있는 일은 그것뿐이다. 그러나 거기조차 시위대의 계속된 공격을 받고 있다.

무엇을 해야 할지를 두고 최고군사위원회는 분열했다. 한때 군대가 타흐리르 광장에 들어와 극단적 폭력을 휘둘렀다. 그리고 나서는 갑자기 돌아서서 후퇴했다. 군부의 일부는 분명히 전력을 다해 우리를 진압하려 한다. 광장 둘레 곳곳에서 군의 광장 진입을 막으려는 격렬한 싸움이 벌어졌다. 그러나 군부의 다른 일부는 그렇게 하는 것이 군대의 결속을 깨뜨릴 것이라고 생각한다.

지금 우리에게 가해지는 공격은 일찍이 보지 못한 잔인한 것이다. 타흐리르 광장에서만 지금까지 33명이 살해됐다. 도처에서 사람들이 죽어 가고 있다. 군대는 시체를 거리에 함부로 내동댕이치고 있다. 파시스트와 다름없는 짓을 벌이고 있는 것이다. 2000명 이상이 부상했고 그 가운데 많은 사람이 중상을 입었다.

　경찰과 군대는 끔찍이 지독한 최루가스를 사용하고 있다. 이 새로운 최루가스는 그들이 전에 사용하던 것과 완전히 다른 것이다. 이 가스는 호흡곤란, 구역질, 방향감각 상실을 일으킨다. 경찰과 군대는 이 최루가스를 어마어마하게 사용하고 있고 그 때문에 흰 연기가 거대한 구름을 이룰 정도다. 이 가스를 피하지 못하고 들이마신 사람들은 정신을 잃고 숨이 막히는 고통을 겪는다. 위험하기 짝이 없는 일이 벌어지고 있다.

　그러나 그런 폭력은 효과를 보지 못하고 있다. 사람들은 매우 놀라운 용기와 힘을 보여 주고 있다. 우리는 1월 29일의 싸움에서 한쪽 눈을 잃은 아흐마드 하라라라는 사람을 알고 있다. 아흐마드는 한쪽 눈에 그 날짜가 쓰인 안대를 하고 다녔다. 이번 일요일 타흐리르 광장 싸움에서 그는 다른 한쪽 눈마저 잃었다. 아흐마드는 이제 11월 20일이라고 쓰인 두 번째 안대를 했다. 그리고 그는 오늘 밤 여전히 우리와 함께 광장에 있다.

　혁명이 새로운 단계에 접어들고 있다. 그러나 긴 싸움이 될 것이고, 어떤 일이 벌어질지 예상할 수 없는 상황이다. 혁명 초기 때처럼 타흐리르 광장에 거대한 군중이 모여 있다. 그리고 군중의 혁명적 분노는 1월보다 훨씬 거대하다.

군부는 오판을 했다. 이 모든 것이 경찰의 도발 때문에 시작됐다. 그러한 경찰의 도발은 거대한 반발을 불러일으켰다. 이제 보안 경찰은 광장을 되찾을 만한 힘이 없는 듯이 보인다. 그들이 광장을 장악하려면 대규모 학살을 자행해야 할 것이고 그것은 더 큰 분노를 불러일으킬 것이다. 아마도 이것은 형편없이 계획된 반혁명일 것이다. 역사 속 다른 혁명들에서는 흔히 반혁명 시도가 혁명에 박차를 가하곤 한다. 그것이 바로 여기에서 벌어지고 있는 일이다.

사람들은 군부가 총선 이후에도 권력을 놓치 않을 것이라는 주장에 대해 최근까지도 긴가민가했다. 이제 사람들은 그것을 그 어느 때보다 분명히 이해하고 있다. 사람들은 군부야말로 우리의 적이라는 사실을 이해한다. 이집트 사람들은 단순히 군부의 수장인 탄타위의 퇴진만을 원하는 게 아니다. 사람들은 이제 탄타위에게 그가 이집트 사람들한테 저지른 범죄의 죗값을 묻고 싶어 한다.

거리에는 분노가 가득하며 내각 총사퇴만으로는 이것을 가라앉힐 수 없다. 다양한 정치 지도자들이 사람들을 무마시키려고 광장에 왔지만 군부에 반대하지 않은 전력 때문에 배신자로 간주

됐다. 그들은 사람들한테 에워싸여 두들겨 맞았다.

이 혁명은 경제 위기를 배경으로 일어나고 있다. 군부 정권은 심각한 경제적 곤란을 겪고 있다. 정부의 외화보유고가 바닥났는데, 관광객들은 떠나 버렸기 때문이다. 물가가 오르고 있지만 임금은 여전히 입에 풀칠할 정도밖에 안 된다. 이런 상황이 노동자 투쟁에 기름을 끼얹고 있다. 또다시 커다란 파업 물결이 일어날 것이 확실하다.

앞으로 며칠, 몇 주에 걸쳐 노동자 운동이 중요한 구실을 할 것이다. 자신감이 늘어서뿐 아니라 경제 위기의 영향 탓에 노동자들이 반격에 나섰고 새로운 독립 노조를 세웠다. 새로운 독립 노조연맹은 최근의 시위를 전적으로 지지하는 강력한 성명을 발표했다.

정치투쟁은 노동자 운동에 영향을 미치고 경제투쟁에 새로운 자신감을 불어넣을 수 있다. 그 결과 이러한 경제투쟁이 거리의 운동을 강화할 수 있다. 정권이 양보할 때마다 새로이 싸우려는 의지는 더욱 늘어난다. 우리 혁명적사회주의자단체는 노동자들 속에서 선동하고 있고 이 정권을 끝장낼 전국적 총파업을 호소하고 있다. 노동자들에게 전하는 우리의 메시지는 단순하다. "여러분이 처음에 혁명을 구했습니다. 여러분은 지금 또다시 혁명을 구할 수 있습니다."

유혈 탄압에 나선 군사정권

이집트 국가의 존재 이유는 무엇인가? 민중한테 봉사하기 위해 존재하는가 아니면 군부 엘리트의 이익을 위해 존재하는가? 이것이 바로 지금 이집트 대중이 맞닥뜨리고 있는 질문이다.

지금 이집트를 통치하고 있는 장군들은 자신들의 특권을 지키기로 결심했다. 자유선거를 약속했으면서도 장군들은 경제와 대외 정책에 대한 통제권을 놓지 않으려 골몰하고 있다. 사실 장군들은 이집트를 전과 마찬가지로, 다시 말해 무바라크 정권 때 하던 대로 다스리길 원한다.

11월 중순 타흐리르 광장에서 벌어진 살인 만행은 군부 지배자들이 어떻게 나아가고자 하는지 보여 줬다. 그들은 더 많은 변화를 원하는 사람들한테 치명적 폭력을 사용할 것이다. 11월 28일로 예정된 선거는 혼란에 빠질 듯하다. 그 투표에서 신뢰할 만한 결과가 나올 것이라고 보는 이집트 사람은 거의 없다. 이것이 장군들이 의도하는 바인가? 장군들은 선거가 시작되기도 전에 그것을 망가뜨리길 원하는가?

군부는 거의 60년 동안 권력을 쥐고 있었다. 이 권력을 움직이는 것은 특권과 부를 누리는 장교들이다. 그들은 무바라크 시대에 벌어진 부패에서 이득을 얻었다. 장군들한테 진정한 민주적 변화란 상상도 할 수 없는 일이다. 그들은 사람들, 특히 무바라크를 무너뜨린 활동가들을 두려워하기도 하고 경멸하기도 한다. 2월에 엄청난 시위와 총파업에 직면해서야, 장군들은 마지못해 무바라크의 퇴진을 받아들였다. 이제 장군들은 새로운 무바라크가 됐다. 그들은 민중을 위해서는 아무것도 하지 않는 체제를 지키는 수비수들이다.

대중운동은 새롭고 급진적인 요구들을 내놓고 있다. 대중은 군부가 권력을 포기해야 하고 민중이 자기 미래를 결정하고 혁명은 계속돼야 한다고 주장한다. 이집트의 사회주의자들은 총파업을 벌여 거리의 운동과 작업장의 투쟁을 결합하자고 호소하고 있다. 2월과 마찬가지로, 이것이야말로 앞으로의 변화에서 핵심적 구실을 할 것이고 직접민주주의의 새로운 형태를 발전시킬 것이다.

최근의 위기는 또한 많은 기성 정당의 한계도 폭로했다. 장군들에 반대하는 시위를 마지못해 지지한 무슬림형제단은 그 이상의 행동은 지지하지 않을 것이라고 말한다. 분노한 시위대는 무슬림형제단이 변화를 바라는 투쟁을 저버렸다고 말한다. 월요일에 시위대는 무슬림형제단이 만든 자유정의당의 지도자인 무함마드 엘벨타기를 타흐리르 광장에서 쫓아냈다.

노동자들의 투쟁이 결정적이다

이집트 혁명은 전 세계 수많은 사람들을 고무했다. 2월에 무바라크가 몰락한 이후, 수십 년 동안의 독재가 끝나고 이집트 사회 모든 곳에서 혁명 과정이 진행됐다.

최초로 독립적이고 합법적인 노조들이 생겨났다. 보건의료 노동자들이 병원들을 접수했다. 노동자들은 경영자들을 쫓아내고 새로 선출했다. 학생과 교사는 수업 내용을 싹 바꿨다. 지역마다 혁명위원회가 만들어졌다.

그러나 수많은 사람들이 여전히 빈곤에 시달리고 있다. 보안경찰 기구가 온전히 살아 있다. 저항을 계속한 사람들은 투옥되고, 구타와 고문을 당했다. 여성 시위자는 처녀성 검사를 받아야 했다. 무바라크가 몰락한 뒤 권력을 쥔 장군들은 옛 정권의 수단들을 이용해 반대 운동을 억압하고 있다.

장군들이 총선 이후에도 자신들의 권력을 내놓지 않으려 한다는 점이 분명해지자, 사람들이 거대한 저항에 나섰다. 이번 저항에는 무바라크 몰락 후 가장 많은 사람들이 참가했다. 군부의 통치를 받아들였던 사람들이 이제는 정권의 실체를 깨닫고 있다.

지금은 혁명의 중요한 고비다. 최근의 투쟁은 혁명을 새로운 국면으로 접어들게 할 잠재력이 있다. 노동자 운동의 구실이 중요할 것이다. 무바라크에게 최후의 일격을 가한 것도 노동자 총파업이었다. 조직 노동자의 힘이 최근의 대중 시위와 단단히 결합하면 장군들도 물러나게 할 수 있다.

서방 지배자들은 이집트 민중의 저항에 기겁을 하고 있다. 미국은 "모두가 자제"하며 선거를 진행해야 한다고 말했다. 영국 보수당 정권의 외무부 장관 윌리엄 헤이그는 "아무 편도 들지 않을 것"이라고 했다. 그러나 보통 사람들은 총질을 하는 무장 군인들에게 돌멩이만으로 맞서고 있다.

서방 지배자들은 수십 년 동안 무바라크를 떠받쳤다. 튀니지와 이집트에서 혁명이 일어난 후에 이 지배자들은 자신들이 보통 사람들을 지지한다고 말해야 했다. 그들은 독재자 카다피에 맞선 투쟁을 돕기 위해 리비아에 개입한다고 주장했다. 그러나 서방 지배자들은 중동의 독재자들을 계속 지원하고 있고 이집트 군부를 비판하지 않는다. 그리고 리비아에서도 자신들과 거래할 정권을 수립하는 데만 관심이 있을 뿐이다. 서방 지배자들은 정의와 보통 사람들의 권익은 조금도 신경 쓰지 않는다.

전 세계 활동가들은 혁명의 미래를 지키려고 투쟁하는 이집트 민중과 연대해야 한다. 자기 나라 정부에 이집트 군사정권과 모든 거래를 끊으라고 요구해야 한다. 그러나 결국 혁명의 미래는 수많은 평범한 이집트인들의 행동에 달려 있다. 이집트 민중은 더 나은 세상을 위해 엄청난 희생을 할 각오가 돼 있음을 보여 줬다. 이집트 민중의 투쟁은 바로 우리의 투쟁이다.

이집트 혁명적사회주의자단체의 성명서
"군부는 즉각 퇴진하라"

혁명가들이 타흐리르 광장으로 돌아왔다. 다시 한 번 광장은 분노한 청년들로 가득 찼다. 이집트인들은 1월에 혁명가들을 살해한 자들이 처벌받지 않는 것에, 자유와 사회정의가 실현되지 않는 것에 분노하고 있다. 이 청년들의 삶은 오랫동안 군사법원에 의해 파괴돼 왔다. 그중에는 최고군사위원회와 내무부 똘마니들의 명령을 받은 저격수들의 총격으로 한쪽 눈을 잃은 사람들도 있다. 언제나 정권에 충성해 온 언론들은 청년들을 비난했다.

사회 긴장이 고조되자 정부는 깡패와 군사법원을 동원해 시위대와 파업 노동자들을 공격했다. 노동자들은 법원의 사유화 철회 결정을 환영하며 사유화된 기업들의 재국유화를 바랐지만, 정부는 이 염원을 철저히 무시했다. 또, 정부는 옛 무바라크 정당 인사들의 선거 참가 금지를 명한 법원 결정을 무시했다. 현 이집트 정부는 자신이 무바라크 정권과 연속선상에 있음을 명백히 밝힌 것이다.

청년들의 희망은 무너졌고 그들은 경찰서와 감옥에서 고문받는 신세로 돌아갔다. 혁명 열사들의 수는 계속 늘었다.

그들은 단지 선거와 새 헌법을 위해 싸운 것이 아니다. 그들은 헌법 2조를 고치거나 국회의원 배지를 얻으려고 싸운 것이 아니다. 타흐리르 광장에서, 알렉산드리아에서, 수에즈에서, 기타 여덟 개 주에서 목숨을 걸고 싸운 이집트 혁명 지지자들은 권력과 부를 놓고 아귀다툼을 벌이고 있는 이집트 엘리트들과 다르다. 이 투쟁의 불길을 일으킨 것은 이집트의 빈민과 혁명가들이었다. 그들은 체제를 전복하고 자유와 존엄이 보장되는 삶을 살려는 강력한 의지를 가지고 있다.

그렇기 때문에 이집트의 혁명가들은 정치 세력들이 밀실 협상을 통해 만든 정부 구성 계획 이상의 것을 요구한다.

이집트 혁명가들은 혁명 과정을 최고군사위원회에 위임한 적도, 장군들이 혁명을 가로채는 것에 동의한 적도 없다. 이집트 혁명가들은 최고군사위원회에 이집트를 통치할 권한을 준 적이 없다. 그것은 무바라크였다. 또, 이집트 혁명가들은 2009년 무바라크가 계엄령을 연장한 것에 동의한 적이 없다.

헌법 개정안은 이집트의 평범한 사람들을 배제한 채 작성됐고 국민투표에 부쳐졌다. 최고군사위원회가 작성자를 선정했고 개정 과정을 지휘했다. 그러나 최고군사위원회는 그렇게 탄생한 헌법조차 지킬 생각이 없다. 오늘날 우리는 1971년 헌법에 의해 통치

받고 있는 것이나 다름없다. 어떤 형태의 투표도 없이 공화국 대통령의 권한이 최고군사위원회의 손으로 넘어갔으니 말이다.

이것은 선출되지 않았고 아무에게도 책임지지 않는 자들이 밀실에서 작성한 의미 없는 문서들에 기초를 두고 있는, 파산한 헌법 아래 통치되는 파산한 체제다. 또, 이것은 군사법원이나 총과 칼을 사용하고 장갑차로 사람들을 깔아뭉개는 억압 정권이다.

2011년 2월 11일에 이집트 민중은 강제로 무바라크를 권좌에서 밀어내 승리를 쟁취했다. 민중은 그 자리를 군부의 새로운 무바라크들이 대신하기를 바라지 않았다. 그들은 완전히 새로운 정권을 바랐다.

우리 혁명은 끝나지 않았다. 최고군사위원회는 집권하자마자 민중을 굴복시키려 했다. 최고군사위원회는 이집트를 1월 25일 이전으로 되돌리려 했다. 처음에 그들은 혁명가들의 편인 척했지만 곧 무자비한 탄압을 자행했다. 민중은 군부와 민간 정권과 자본가 계급이 혁명과 혁명의 염원을 훔치려고 똘똘 뭉쳤다는 점을 깨달았다.

우리는 마스페로 학살[10월 9일 군부가 콥트교도 시위대를 공격한 사건]이 군부와 민간 정권과 자본가 계급의 동맹이 자행할 수 있는 최악의 만행이라고 생각했다. 그러나 11월 18일부터 그들이 혁명가들에게 저지른 짓을 보면서 그들이 사용할 수 있는 폭력에는 한계가 없다는 점을 깨달았다. 그들은 거리에서 사람들을 질질 끌고 다니다 살해하고는 시체를 한곳에 쌓았다.

우리 이집트 혁명적 사회주의자들은 시위 첫날부터 타흐리르 광장에 머물면서 거리와 광장을 가득 메운 용감한 이집트 혁명가들에게 1월 25일의 교훈을 상기하고 우리의 '해방 광장'으로 모든 세력을 결집하자고 호소했다. 그들만이 혁명을 말할 자격이 있다.

우리는, 혁명은 승리할 수밖에 없다. 우리는 시간이 얼마나 걸리든 혁명가들을 살해한 너희 살인마들을 처벌할 것이다.

혁명 열사 만세!

혁명 만세!

민중에게 권력을!

출처: 〈Socialist Worker〉 2278(2011.11.21), 〈레프트21〉 69호.

이집트 혁명의 제2막

필립 마플릿

독재자의 몰락과 함께 이집트 혁명의 제1막은 끝났다. 제2막은 훨씬 복잡한 과정이며 이집트인들은 독재의 문제와 씨름하고 있다. 자신들이 새로이 얻은 자유를 어떻게 공고히 하고 확장할 것인가? 어떻게 변화에 계속 가속도를 붙일 것인가? 일상생활의 난제들은 어떻게 풀 것인가? 군부 통치에 어떻게 맞설 것인가?

세 핵심 부문에서 집단행동이 매우 빠르게 진행 중이다. 무바라크를 제거해야 한다고 군부 지도자들이 결정적으로 결심하게 만든 2월 초의 파업들 이래 노동자 운동이 전진해 왔다. 모든 산업부문이 이러한 노동자 운동의 영향을 받고 있다. 노동자들과 노조원들이 임금, 노동계약, 연금, 노동조건, 노조 권리, 복지, 노동자들을 괴롭히는 부패한 경영진과 같은 긴급한 문제들을 해결하려고 수많은 투쟁을 벌이고 있다.

국가의 지원을 받는 기존 이집트노총은 무바라크 정권의 하수인이었다. 그래서 싸우는 노동자들은 14개 노조를 모아 이집트독립노조연맹EITUF을 만들었다. 독립노조연맹은 타흐리르 광장에서 열린 메이데이 기념식의 주요 참가 단체 중 하나였다. 이날 노동자들은 60년 만에 처음으로 경찰 간섭 없이 공개적 대중 집회를 열었고, 이는 1월 25일에 혁명이 시작된 이래 이집트가 얼마나 멀리 왔는지를 보여 줬다.

불균등

그럼에도 산업 투쟁의 속도는 여전히 불균등하다. 카이로 활동가들은 2월에는 500건의 산업 투쟁이 있었지만 3월에는 200건만 발생했다고 지적했다. 그러나 4월에 파업 건수가 다시 올라갔고 5월에는 전국의 의사들이 처음으로 파업을 벌이는 등 새로운 발전이 있었다. 의사들은 사회정의를 내세우며 철저한 보건 서비스 개혁을 요구했다. 전에는 대개 보수적 전문직 단체였던 의사협회가 대중 정서에 깊이 영향을 받은 것이다. 의사들은 임금 인상뿐 아니라 보건 예산을 현재의 3.5퍼센트에서 15퍼센트로 늘릴 것을 요구하며 무기한 파업을 벌였다.

전국의사파업위원회의 무함마드 사피크는 이렇게 말했다. "의료는 사치가 아닙니다. 인간의 기본적 권리죠. 우리는 특히 가난하고 소외된 환자들을 위해 이번 파업을 했습니다." 몇 시간이 지

나지 않아 총리와 재무부 장관이 의사 대표와 만났고 파업의 주
요 요구들을 수용했다. 이것은 모든 이집트인들에게 큰 힘이 됐
다. 무바라크 정권은 모든 분야에서 공공 지출을 줄이는 데 몰두
했다. 의사 파업은 노동자들이 혁명 과정에서 자신감을 드높일 실
질적 성과를 얻으면서도 그것을 어떻게 공익과 결합할 수 있는지
보여 줬다.

농촌에서는 혁명이 시작된 이래 10만 건 이상의 사유지 '침해'
가 있었다. 이런 '침해'는 주로 농민이 벌인 것이었다. 농민은 1950
년대와 1960년대의 개혁으로 분배받았다가 [1990년대 이후] 옛 식민
지 시대의 지주 가문에게 도로 빼앗긴 토지를 되찾으려고 한다
(지주들은 1997년 무바라크 정부가 통과시킨 토지개혁 이전의 토
지 소유자들의 권리를 인정한 법률을 이용했다). 폭력적으로 퇴
거 명령을 집행한 경찰의 비호를 받으며 당시 지주들은 수많은 농
민과 그 가족을 몰아내는 데 성공했다. 인권토지센터의 보고서
를 보면, 지난 10년간 약 500만 명이 빈곤층으로 전락했고, 해마
다 평균 100명이 토지 분쟁 과정에서 숨지고 1000명이 부상하고
3000명이 체포됐다. 그들 대다수는 50년 동안 자기 가족이 부쳐
온 땅뙈기를 되찾으려고 싸운 농민이었다.

독립 농민조합이 설립돼 토지 수복 등의 집단행동을 지원하는
것은 새로운 발전이다. 5월에 농민 투쟁의 역사적 중심지인 캄쉬
시 마을에서 새로운 이집트농민조합의 탄생을 알리는 농민 대회

가 열렸다. 농민조합의 목표 가운데 하나는 기층 농민이 운영하는 전국적 협동조합 운동을 건설하는 것이다.

전국의 도시와 마을에서 주민 행동 모임이 나타났다. 혁명수호 민중위원회들은 원래 올 2월 타흐리르 광장의 활동가들을 공격한 사복 경찰과 깡패로부터 지역사회를 보호하려고 만들어진 것이었다. 그 뒤 민중위원회는 부패한 공무원 추방, 교육·보건·상하수도 등의 공공서비스 개혁, 교통 정리와 같은 지역 문제들을 해결하는 데 앞장섰다. 이 위원회들의 전국적 협의 기구가 4월에 타흐리르 광장에서 처음으로 만들어졌다. 민중위원회의 신문인 〈혁명 이집트〉는 이집트의 다양한 아래로부터의 투쟁들을 단결시키자며 이렇게 주장했다.

"이집트 혁명에서 그리고 튀지니 혁명이 절정에 다다랐을 때 감동적이었던 것은 여러 날 동안 사람들이 단결하고 뭉친 것이었다. … 사람들은 정권 퇴진이라는 명확하고 구체적인 요구를 내걸고 단결했다. 혁명 이전에 사람들을 분열시켰던 모든 차이와 구별이 말끔히 사라지고 오직 한 가지 차이, 다시 말해 정복자와 피정복자, 억압자와 피억압자, 통치자와 피통치자 사이의 차이만이 남았다. [사람들을 분열시켰던] 차이들은 투쟁 속에서, 그리고 희생을 무릅쓰고 자유, 정의, 그리고 남성과 여성, 콥트교인과 무슬림, 젊은이와 노인 사이의 상호 존중을 지키려고 싸우는 과정에서 사라졌다. 우리의 혁명은 아직 시작 단계이며, 혁명의 요구 가운데 많은 것을 아직 이루지 못했다. 이러한 요구들을 이루려면 우리가 [타흐리르] 광장에 모였듯이 단결해야 한다."

　이러한 발전들은 혁명이 전진하고 있음을 보여 준다. 이 과정에서 경제적 요구와 정치적 요구가 결합하고, 민주적 요구들이 제기되고, 권력자들에 도전하는 움직임이 나타나고 있다. 그래서 최고 군사위원회를 통해 이집트를 통치하는 군부 인사들은 애초 무바라크 정권의 핵심 인물들을 처벌하는 데 반대했지만 대중운동의 활기 탓에 그들의 책임을 묻지 않을 수 없었다. 무바라크 정권 핵심 인사들은 투옥됐고, 혁명 활동가들을 탄압한 것과 불법 축재 등에 관해 조사받았다.

　불과 몇 달 전만 해도 무바라크 가문은 21세기의 파라오 왕조를 만들 것처럼 보였다. 그러나 지금 전직 대통령 본인은 가택 연금됐고, 그의 처 수잔은 구속된 뒤 수백만 달러를 반납해야 했고, 아들인 가말과 알라는 투라 감옥에 수감됐다. 그 감옥은 예전에 무바라크 정권이 수천 명의 정치범을 가뒀던 곳이다. 무바라크 가족의 측근 일부(전직 장관들, 부동산 개발업자들, 산업과 농업 분야 기업의 사장들)는 광대한 국유지를 헐값에 팔아 치운 부당 거래에 연루된 혐의로 기소됐다. 그러나 무바라크의 특권 네트워크에서 이득을 누린 자들 대다수가 여전히 구속되지 않았다. 또, 국가의 억압 기구들이 대부분 파괴되지 않았다. 이것은 혁명이 어떻게 나아가야 할지에 관한 문제를 제기한다.

무바라크의 졸개들

(장군들이 세운) 총리 샤라프와 최고군사위원회는 무바라크 정권의 정책을 충실히 계승했다. 그들은 경제정책이 바뀌지 않을 것이라고 말했다. 그러나 지난 30년간 추진된 강력한 신자유주의 정책 탓에 불평등이 엄청나게 늘고 토지 등을 둘러싼 분쟁이 늘었다. 그들은 또한 미국이나 이스라엘과 밀접하게 협력하는 등 현재 대외 정책을 지지한다고 말했다. 미국과 이스라엘과의 협의 아래 이집트 군대는 가자 지구의 팔레스타인 주민들을 감시해 왔다.

최고군사위원회의 구성원들은 한 명도 빠짐없이 모두 무바라크가 임명한 자들이다. 그들 다수는 무바라크의 아들 주위에 몰려든 부패한 사업가들처럼 자기 지위를 이용해 막대한 재산을 쌓지는 않았지만 봉급, 주택, 휴가, 교육, 해외여행 등에서 막대한 특권을 누리며 독재에 충성했다. 그들은 예외 없이 미국이 훈련하고 무장시킨 장교단을 거쳤다. 그들은 미국 정보기관과 한패였고 미국이 전 세계에서 잡아들인 테러 용의자들을 이집트로 보내 거리낌 없이 고문할 수 있게 해 주는 '변칙 인도引渡' 작전을 거들었다.

2월에 아래로부터 엄청난 압력에 직면해(또, 징집 군대의 충성을 유지할 수 없다는 두려움 속에서) 장군들은 무바라크를 제거했다. 그들은 저항의 권리와 독립적 정당과 노조를 결성할 권리와 같은 자유도 부분적으로 허용했다. 그러나 이러한 변화들에조차 많은 제약이 가해지고 최고군사위원회는 선거제도를 제한적으로 개혁하고 [군부가] 선거 과정을 엄격히 통제하는 내용을 담은 헌법 개정안을 서둘러 국민투표에 부쳤다.

현재 그들은 억압과 포용을 병행하는 전략을 추진하고 있다. 최고군사위원회는 무바라크가 1981년에 도입한 악명 높은 비상 계엄령을 그대로 유지했다. 대중운동의 핵심 요구가 바로 계엄 해제인데도 말이다. 3월에 샤라프는 경제활동을 '방해'하거나 그것에 어떤 식으로든 영향을 미치는 시위와 점거 행위를 범죄화하는 포고령을 발표하고, 그런 행위를 선동하는 사람들을 엄격하게 처벌하라고 지시했다. 그 직후 군대가 타흐리르 광장의 시위대를 공격했고, 적어도 두 명이 죽었다. 5월에는 경찰과 군대가 카이로 주재 이스라엘 대사관으로 행진하던 시위대에 발포했다. 이들은 팔레스타인 사람들과 연대해 나크바 데이* 기념 시위를 벌이는 중이었다. 두 사람 이상이 사망하고 많은 사람들이 심한 부상을 입었다.

좌파의 관점에서 보면 정부의 이러한 공격은 억압 전략이 새롭고 위험한 국면으로 접어들었음을 보여 주는 것이다. 이집트의 혁명적사회주의자단체는 장관과 장군 들이 이스라엘 대사관 밖의 시위대를 공격하면서 공공연하게 이스라엘을 편들었다고 비판했

---

* 나크바는 아랍어로 '재앙'이라는 뜻. 팔레스타인 사람들이 이스라엘에 의해 강제 추방된 날.

다. 과거 무바라크는 툭하면 이스라엘과 타협했다. 혁명적사회주의자단체는 이런 점에서 "샤라프와 군부가 무바라크의 후계자들임이 분명하다"고 지적했다.

팔레스타인에 대한 정부의 수치스런 태도를 두고 앞으로 더 격렬한 시위가 벌어질 것이다. 동시에 이집트 사람들은 일상생활을 짓누르는 수많은 문제들로 고통받고 있다. 관광이 줄면서 실업이 급증했고, 수십만 명의 이집트 노동자들이 리비아 내전을 피해 돌아왔다. 기본 식료품 가격이 여섯 달 동안 30퍼센트가 넘게 올랐다. 일자리, 적절한 임금, 빵과 깨끗한 식수를 요구하는 사람들을 군대가 강제 진압할 수 있을까? 만약 그런 일이 벌어진다면, 경제적이고 사회적인 문제들이 더 광범한 정치적 질문들 — 지금 이집트를 통치하는 자는 누구인가? 무엇이 그들에게 권력을 줬는가? 어떻게 하면 그들에게 책임을 물을 수 있을까? — 과 결합하는 과정이 더 심화될 수밖에 없을 것이다.

특수한 관계

이런 의문들은 아직도 많은 이집트 사람들이 군대가 전체 사회와 특수한 관계를 맺고 있다고 믿는 탓에 명료하게 제기되지 않았다. 1월과 2월에 타흐리르 광장에서 운동이 한창일 때 활동가들은 "군대와 민중은 한편"이라고 말했다. 이것은 군대가 시위대 공격을 삼가야 한다는 요청이기도 했지만 군대가 진보적 성격을 지닌

기관이라는 이집트인들의 보편적 믿음을 반영한 것이기도 했다. 1952년에 가말 압델 나세르가 이끄는 자유장교단 운동이 쿠데타를 일으켜 친영 왕정을 제거했다. 2년 후에 그들은 영국 군대를 몰아냈고, 1956년 수에즈 사태 때는 놀라운 승리를 거뒀다. 당시 이집트는 영국, 프랑스, 이스라엘이 연합한 침략군을 물리쳤다.

1950년대와 1960년대 동안 나세르와 군 장교들이 이끈 급진적 민족주의 정부는 토지개혁을 수행하고, 완전고용을 이루고, 이집트 최초의 복지 시스템을 제공했다. 그들은 팔레스타인과 아랍의 대의를 옹호했고, 이 덕분에 이집트는 중동 전체에서 반제국주의 투쟁의 초점이 됐다. 많은 이집트인은 흔히 향수 어린 시선으로 나세르 집권기를 군대가 민중의 이익을 대변하던 경제·사회적 진보의 시기로 본다.

그러나 나세르는 사실 대중의 정치 참여를 싫어한 매우 엘리트주의적인 정치 지도자였다. 나세르는 좌파를 탄압하고, 수많은 노동자와 농민 활동가들을 감옥에 처넣고, 노조 간부들을 말 잘 듣는 이집트노총으로 포섭했다. 그는 갈수록 소수의 군대 내 충성파에 권력을 집중시켰고 이들은 러시아를 본뜬 국가자본주의 체제를 통치했다. 1960년대 말에 이집트인들 대부분의 생활 조건이 크게 악화하자 노동자와 학생 들이 변화를 요구했다. 예전에 공산주의자였고 자유장교단을 공격해 유명해진 안와르 압델 말리크는 자유장교단이 민중을 배신했다고 주장했다. 그는 이집트가 "한 무리의 탐욕스러운 관료들"의 손아귀에 떨어졌고, 그들은 민중을 그저 "노동력을 공급하는" 존재로 볼 뿐이라고 지적했다.

이것이 바로 1970년에 사다트 대통령이 물려받은 체제였다. 사다트는 나세르가 만들어 낸 매우 중앙집권화된 시스템을 이용해 새로운 경제정책들을 도입했다. 그는 시장을 채택하고 이집트를 친미 국가로 만들었다. 1981년에 사다트를 계승한 무바라크는 이런 정책을 더 멀리 밀고 나갔다. 무바라크는 군대를 핵심 억압 기구로 유지하면서 숨 막히는 경찰국가를 만들었고 이를 이용해 자기 지지자들의 배를 불렸다. 이처럼 나세르 정권과 무바라크 정권 사이에는 연속성이 존재한다. 그러나 두 정권 사이에는 차이도 있어서, 많은 이집트인들은 군대가 아직 급진적 변화, 민족 독립, 사회 개혁과 결부돼 있었던 시절을 그리워한다.

이집트 최고군사위원회의 구성원들은 중동 전역의 왕과 대통령 들을 지탱하는 제국주의 네트워크의 일부다. 그러한 네트워크는 팔레스타인과 아랍 대중의 분노를 거스르며 이스라엘을 보호한다. 최고군사위원회의 장군들은 혁명을 성공시킨 이집트 사람들과 아무런 공통점이 없다. 최고군사위원회는 구체제의 일부인 것이다. 대중운동을 억누르려는 장군들의 시도는 이러한 현실을 점점 더 분명하게 드러낼 것이다.

그러나 나세르가 시작하고 이후 사다트와 무바라크 모두 이용한 포섭 전략이 어떤 형태를 띨지는 아직 불확실하다. 포섭은 나세르가 많은 노조 간부와 저명한 공산주의자 들을 국가에 얽어맨 매우 효과적인 방법이었다. 그들에게 이집트 노총의 고위직을 제공함으로써 나세르는 군대와 작업장을 매개하는 관료 체제를 만들었고, 자유장교단이 권력을 잡기 전 이집트 정치에서 가장 역동적인 세력이었던 노동자 운동을 질식시켰다.

노동조합

무바라크가 몰락한 지 채 며칠이 지나지 않아 국제노동기구ILO와 국제노동조합연맹의 대표들이 이집트의 새로운 독립 노조들의 간부들을 만나려고 카이로에 나타났다. 이후에도 새로운 노조들을 이와 같은 국제 노조 관료 기구와 그들의 보수적 어젠다에 동참시키려는 많은 접촉이 있었다. 이집트의 현재 통치자들은 노조 지도부를 길들여 노동자들의 투지를 약화시키려 한다. 노동자들이 갈수록 혁명운동의 가장 역동적인 부분이 되고 있기 때문이다. 독립 노조의 활동가들은 자기 지도자들을 돈, 해외여행, 명망가 지위를 통해 매수하려는 시도를 눈에 불을 켜고 감시해야 한다. 물론 진정한 아래로부터의 국제 연대 활동은 여전히 필요하다.

이집트 장군들은 혁명의 속도를 힘으로 줄일 수 없다면 아마도 그 에너지를 포섭하고 대중운동이 이미 쟁취한 민주적 공간을 조금씩 줄이는 방식으로 제한하려 할 수 있다. 장군들과 그 고문들은 가을 선거 직전의 짧은 선거운동에서 기성 정당들이 유리한 위치를 차지하기를 바란다. 수십 년 동안 무슬림형제단은 합법과 비합법 사이의 어슴푸레한 영역에서 활동하며, 유일한 전국적 야당의 지위를 유지했다. 공개적으로 활동할 자유를 얻은 지금, 무슬림형제단은 장군들과 타협할 것으로 보이며 군대를 국가 '질서'의 보증인으로 지지함으로써 이집트를 무바라크와 그의 친구들한테 갖다 바쳤던 바로 그 신자유주의 정책들을 사실상 지지할 것으로 보인다.

장군들은 현재의 변화 과정을 멈추고 싶어 한다. 사업가들, 지주들, 미국에 있는 무바라크의 오랜 동맹들과 손잡은 장군들은 약간의 정치 개혁으로 대중운동을 만족시킨 후 이집트를 '정상상태'로 되돌리려 한다. 이것은 새로 얻은 자유를 확장하고자 하는 노동자, 농민, 거리 활동가 들과의 대결을 가져올 것이다. 노동자와 민중은 일상생활의 당면한 문제를 해결하기 위해서라도 그런 자유가 필요하다. 좌파들은 작업장 모임, 독립 노조, 주민위원회와 함께 일하면서 구질서가 주도권을 쥐지 못하고 반혁명 의제가 발전하지 못하게 막을 임무가 있다. 좌파의 가장 중요한 임무는 바로 지역 작업장의 노동자 조직의 힘을 극대화할 수 있도록 가장 전투적인 노동자들을 독립적 정당으로 결집하는 것이다.

이집트에서는 대중운동이 여전히 주도권을 쥐고 있다. 그러나 혁명이 전개될수록 이러한 이점을 활용하는 것이 무엇보다 중요하다.

이집트 민주노동자당

　새로운 정당인 민주노동자당은 이집트 전국의 노동자 활동가들을 모으는 것을 목표로 한다. 이 당은 무바라크가 몰락한 지 몇 주 지나지 않아 창설됐고, 주로 카이로와 나일강 유역에서 활동가 수백 명을 획득했다.

　지도적 회원인 카말 칼릴은 이렇게 말했다. "우리는 서류 속에만 존재하는 정당을 원하지 않습니다. 우리는 공장과 직장에 뿌리내린 정당을 원합니다. 파업하는 이집트 노동자들은 자신들을 대변하고 자기들의 이익을 보호하는 것을 목표로 삼는 정당을 만들라고 요구해 왔습니다."

　섬유 노동자, 세무 공무원 노동자, 시멘트 공장 노동자, 철도 노동자, 간호사, 대중교통 기관에 고용된 버스 기사·승무원·정비공·기술자 등 노동자 수백 명이 입당했다. 민주노동자당의 핵심 요구는 월 최저임금을 1200이집트파운드[약 22만 5000원]로 상향 조정하는 것이다. 또한, 무바라크 정권 시절 민간 기업가들에게 팔린 국영 산업들의 재국유화, 노동자들을 괴롭히는 부패한 경영진의 축출, 이스라엘과의 경제 관계 중단 등을 요구하고 있다.

출처: 《Socialist Review》 2011년 6월호.

이슬람주의자들이 혁명의 전진을 가로막는가?

필립 마플릿

이슬람주의자들이 2011년 7월 29일 타흐리르 광장에서 첫 대규모 시위를 벌였을 때 유럽과 미국 언론들은 상투적으로 반응했다. 그들은 이슬람주의 활동가들이 혁명을 '가로채'려고 나섰고, 곧 세속 활동가들을 압도할 것이라고 주장했다. 이 언론들은 무슬림이 인구의 다수인 곳에서 급진적 변화는 불가능하다고 말하고 싶은 것이다.

이슬람주의자의 부상과 그것이 세속 활동가들에게 미치는 영향에 관해 떠들어대는 서방 호사가들의 논조에서는 '거봐 내가 뭐랬어' 하며 기뻐하는 기색을 느낄 수 있다. 예컨대, 주간지 〈타임〉은 이 시위를 두고 "무서운 광경"이라고 말했고, 〈워싱턴 포스트〉는 "이집트 혁명을 시작한 자유주의자들을 벌벌 떨게 만드는 것이 목표인 힘의 과시"라고 주장했다.

미국의 보수적 싱크탱크인 허드슨 연구소는 그것이 불가피한 변화라고 주장했다. "이제 살라피주의자들과 무슬림형제단 지지자들이 반무바라크 혁명을 촉발한 페이스북 사용자들을 대체했다. … 이집트가 이란, 하마스, 이슬람지하드 등과 동맹 관계를 맺고 이슬람주의 공화국으로 변하는 것은 시간문제일 뿐이다." 이런 관점에서 보면, 이집트 혁명은 곧 끝날 것이고 이집트인들의 미래는 어둡다. "이슬람 정권 아래 민주주의, 타협과 실용주의는 존재하지 않는다."

7월 29일 시위에 관한 서방의 논평들은 '아랍/무슬림의 특수성'에 관한 케케묵은 이론을 답습하고 있다. 이 이론은 중동의 문화가 진보적 변화를 가로막으며 이 지역 사람들은 왕이나 족장, 독재자의 통치를 받는 것이 더 어울린다는 것이다. 이 독재자들은 서방과 계속 협력할 것이다.

대중 시위, 파업, 민주개혁에 대한 요구로 점철된 이집트 혁명은 이런 보수적 공식을 깼다. 그래서 서방 정치기구와 언론은 타흐리르 광장에 모인 이슬람주의자들을 보면서 좋아한 것이다. 그렇다면 이슬람주의자들의 시위는 얼마나 중요한 사건인가? 여기에 참가한 이슬람주의자들은 누구이며, 이들과 혁명은 어떤 관련이 있는가? 또 이들의 부상은 무바라크를 제거한 급진적 활동가들에게 어떤 영향을 미칠 것인가?

이슬람주의자들의 모순과 약점

7월 29일 이슬람주의자들의 시위는 규모가 상당히 컸다. 타흐리르 광장은 버스를 대절해 온 이슬람주의 단체 지지자들로 가득 찼다. 이들이 외친 구호는 1월 25일 혁명가들이 외친 것과 달랐다. 이들은 사회정의를 요구하거나, 구정권 인사들의 제거, 일자리나 최저임금 인상을 요구하지 않았다. 이들은 "이집트는 이슬람 국가다" 하고 외쳤고 샤리아(이슬람 율법)의 즉각적 도입을 요구했다. 또, 연사들은 최고군사위원회의 장군들을 찬양했고 국가적 단결과 신속한 선거 실시를 요구했다. 이슬람주의 단체들은 11월에 열릴 것으로 예상되는 총선에서 과반 의석을 확보하기를 기대한다.

일부 세속 활동가들은 이것을 보고 충격을 받았다. 그러나 일부 다른 활동가들은 충격받기는커녕 오히려 이집트 이슬람주의 조직들의 장구한 역사와 조직 역량을 볼 때 이렇게 늦게서야 전국적으로 지지자들을 결집한 것이 놀랍다고 지적했다. 이슬람주의자들은 무바라크가 몰락한 지 여섯 달이 지나서야 공개 활동을 펴기 시작한 것이다. 또, 7월 29일 시위에 참가한 이슬람주의자들은 서로 목표가 다른 이질적 집단이었다. 이들은 이집트를 '이슬람주의 공화국'으로 만들려고 하나로 똘똘 뭉쳐 있지 않다. 이슬람주의자들은 불안정한 연합이며 그중 일부는 혁명운동의 영향을 크게 받고 있다.

7월 시위에서 타흐리르 광장을 가득 메운 사람들은 주로 아직 혁명의 영향을 별로 받지 않은 촌락이나 지역 소도시에서 왔다. 또, 이날은 전국 시위였지만 카이로 밖의 다른 곳의 시위는 규모가 크지 않았다. 1월 이후 대중 투쟁이 치열했던 공업 도시들 — 수에즈, 마할라알쿠브라, 시빈엘콤, 이스마일리아 — 에서 이슬람주의자들의 집회 규모는 작았다. 흔히 이슬람주의자들의 근거지로 여겨지는 알렉산드리아에서 7월 29일 시위 참가자 규모는 1만 명이었다. 이것은 혁명 당시 벌어진 다른 시위들에 비하면 매우 작은 규모였다.

7월 시위에는 살라피주의자, 지하드주의자, 무슬림형제단 등 세 이슬람주의 경향들이 참가했다. 이들은 이데올로기적·인적·조직적으로 서로 연관돼 있다. 동시에, 그들의 정치적 목표는 서로 다르며, 활동가들의 지지를 얻으려고 서로 경쟁한다.

원래 이날 시위를 처음 제안한 것은 살라피주의자들의 네트워크였다. 살라피주의자들은 최근까지 주로 신앙과 개인적 행동의 문제에 초점을 맞춰 온 독실한 무슬림 집단이다. 여기에 매우 잘 조직되고 고도로 정치적인 조직인 지하드주의자들이 결합했다. 지하드주의 조직은 무바라크 정권 아래 활동을 금지당했다가 최근 다시 등장했다. 무슬림형제단은 시위 직전에 참가를 결정했다. 무슬림형제단은 오랜 정치 활동의 역사를 가진 대중조직이지만, 지도부는 시위 참가 여부를 놓고 몇 주 동안 고민하다가 시위 전

날에야 참가를 결정했다. 이들이 주저한 것은 이슬람주의 운동의 불안정성과 이집트 혁명이 이 운동의 지지자들에게 미친 영향을 잘 보여 줬다.

이슬람주의자들은 1월 이집트 혁명 발발 이전에 벌어진 다양한 투쟁에서 주도적 구실을 하지 않았다. 2000년부터 팔레스타인 연대 운동, 이라크 침략 반대 운동, 민주 변화를 바라는 운동, 노동권 쟁취와 노동조건 향상을 요구하는 운동 등 다양한 운동이 점점 더 효과적으로 정권에 도전하기 시작했다. 주로 세속 활동가들이 이 운동을 주도했다.

이런 다양한 운동이 저항을 벌일 수 있는 공간을 열어 줬지만 이슬람주의자들은 공개 활동을 거의 하지 않았다. 지하드 운동은 심하게 탄압받았고 투옥된 운동 지도자들은 기존 견해를 버리고 정권에 도전하기를 중단했고 지지자들에게도 이것을 알렸다. 무슬림형제단은 간헐적으로 반전 운동과 민주화 운동에 참가했고, 선거에 입후보(불법 조직이었기 때문에 '무소속' 후보로)했다. 그러나 대중 시위 규모가 커지자 무슬림형제단은 뒤로 한발 물러섰고, 심각한 내부 논쟁을 겪은 2010년에는 공개 활동 수위를 더 낮추겠다고 발표했다. 당시 한 이집트 언론은 "무슬림형제단의 정치 사업이 위기에 빠졌다"고 평가했다.

이런 상황에서 살라피주의자들이 성장했다. 주로 코란 연구나 종교의식에 몰두하고 예언자 무함마드 본받기에 힘쓰는 독실한 무슬림들인 살라피주의자들은 오랫동안 저명한 이맘*, 모스크나 이슬람 재단을 중심으로 결집해 왔다. 그들은 사우디아라비아의 후원과 무바라크 정권의 승인 덕분에 자유롭게 활동할 수 있었다. 2006년 이집트 정부는 기도, 코란 낭독과 살라피 성직자들의 연설을 방영하는 방송국의 설립을 허용했다. 방송의 주요 내용은 이슬람의 중요 문서를 보수적(혹은 '엄격하게')으로 해석한 것이었고 명확한 정치적 목표가 없었다. 이 덕분에 정권의 지원을 받을 수 있었다. 2009년에 이르면 살라피 방송국은 열두 개로 늘었다. 이집트 소설가 알라 알아스와니는 이 방송국들이 "군대와 종교를 동시에 이용해 통치하는 독재자에게 크리스마스 선물이나 다름없었다"고 평가했다.

이집트 혁명의 힘은 거리와 작업장의 대중 행동에 있었다. 혁명의 지도자들은 지난 10년 동안 다양한 운동에서 중요한 구실을 한 세속 활동가들이었다. 혁명적 청년들의 연합은 무슬림과 기독교의 단결을 찬양했고, 종교적 요소가 혁명에 끼어드는 것을 의식적으로 거부했다. 혁명 과정에서 이슬람주의자들은 독자적 경향으로 활동하지 못했다.

2011년 1월 혁명운동이 시작됐을 때, 무슬림형제단은 시위를 지지하지 않았다. 시위 규모가 커지고 무슬림형제단 회원들이 혁

---

* 이슬람 교단의 지도자.

명에 뛰어들자 무슬림형제단 지도부는 마지못해 지지를 표명했다. 혁명이 발전하면서 무슬림형제단 회원과 지지자 수십만 명이 시위와 작업장 행동에 참가하자 조직 내에서 긴장이 첨예해졌다. 최근 많은 수의 무슬림형제단 청년 활동가들이 조직에서 떨어져 나와 정당을 결성했다. 그들은 "혁명의 정신을 표현"하기 위해 정당을 결성한다고 발표했다. 무슬림형제단의 일부 주요 인사들도 독자적으로 모임을 결성한 뒤 조직에서 축출당했다. 무슬림형제단의 역사적 지도자인 모네임 아부 엘포투는 다가올 대선에서 후보로 출마하겠다고 발표한 뒤 마찬가지로 축출당했다.

무슬림형제단은 7월 29일 시위를 앞두고 다시 한 번 어려움을 겪었다. 살라피주의자들은 알누르 등의 새로운 정당들을 결성하면서 이전의 '정적주의'quietism에서 탈피해 정치 활동에 뛰어들었다. 다시 말해, 살라피주의자들이 전통적으로 무슬림형제단이 점해 온 정치 공간에 뛰어든 것이다. 지하드주의자들도 마찬가지였다. 올 3월 최고군사위원회는 사다트 암살에 연루된 혐의로 투옥됐던 아부드 엘조모르와 타렉 엘조모르(둘은 사촌 관계다)를 석방했다. 또 다른 지하드 그룹인 가마앗 이슬라미야Gama'at Islamiyya도 재등장해 카이로 중심가에서 소규모 시위를 벌였다.

7월 29일 이슬람주의자들의 타흐리르 광장 시위에는 이렇게 서로 경쟁하는 다양한 이슬람주의 경향들이 참가한 것이다. 이 날 시위는 이슬람주의자들의 존재만이 아니라 이들이 처한 문제와 모순도 보여 줬다. 이슬람주의자들은 혁명에 굼뜨게 반응했다. 대중운동은 이슬람주의자들이 원하는 방식의 변화가 아니다. 특히 무슬림형제단은 혁명운동을 이해하는 데 어려움을 겪었다.

이슬람주의 공화국을 만들고 싶어 하는 '근본주의자들'이 이집트 혁명을 주도한 거리 활동가와 노동 투사 들을 대체하고 있다는 주장은 사실이 아니다. 오히려 산업 투쟁이 다시 커지고 있고, 무바라크 공개재판은 혁명을 시작한 사람들에게 큰 힘을 줬다.

이집트군 장군들은 이슬람주의자들의 시위를 보면서 안도의 한숨을 내쉬었을 것이다. 엄청난 압력을 받고 있던 장군들은 거리에서 익숙한 구호가 들려오자 기뻤을 것이다. 선거가 다가올수록 최고군사위원회는 이슬람주의자들에게 더 많은 활동 공간을 열어 줄 것이다. 이슬람주의자들이 많은 의석을 차지하고 급진적 세력을 견제하는 구실을 하기를 바라면서 말이다.

그러나 장군들에게 이슬람주의자들은 믿을 만한 동맹이 아니다. 장군들은 평생 동안 무슬림형제단과 지하드주의자들을 공격해 왔다. 거리와 작업장의 혁명은 여전히 진행 중이고, 장군들은 여전히 곤경에 처해 있다.

출처: 《Socialist Review》 2011년 9월호.

II
중동
민중의
반란

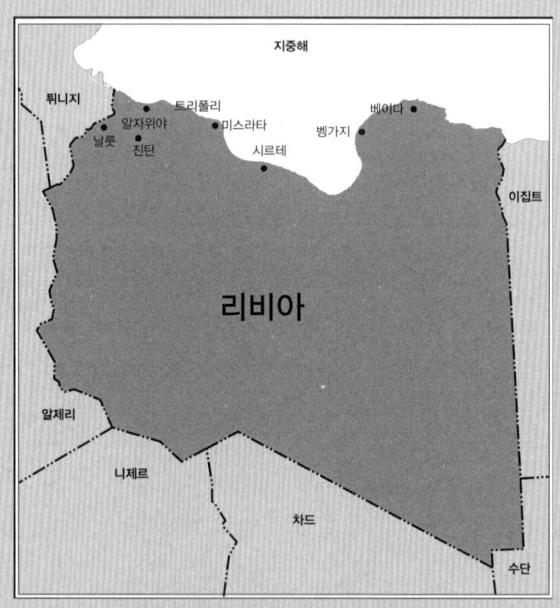

지중해

튀니지

트리폴리

알자위야

날룻

진탄

미스라타

시르테

벵가지

베어디

리비아

이집트

알제리

니제르

차드

수단

3장
리비아 혁명과
제국주의

리비아 혁명 일지

1월 16일 카다피, 인접 국가 튀니지의 독재자인 벤 알리의 몰락을 보고 사태의 심각성을 느끼다. 튀니지 혁명가들을 비난하는 장문의 성명 발표.

2월 15일 리비아 동부의 벵가지에서 저항이 일어나면서 리비아가 중동과 북아프리카 전역으로 확산되는 혁명 물결에 휩싸이다. 카다피 정권, 가혹한 반격에 나서다.

2월 17일 리비아에서 열린 첫 번째 '분노의 날'에 네 도시에서 집회가 열리다. 군대가 발포해 230여 명 사망.

2월 18일 무장 반란이 시작되자 카다피군이 급격히 수세에 몰리다. 이후 며칠 동안 주요 대도시에서 혁명위원회들이 등장해 식량 배급과 치안 조직.

2월 21일 전투기 조종사 두 명이 시위대 공격을 거부하고 말타에 착륙. 카다피군에서 대량 탈주 발생. 탱크에서 벗어날 수 없도록 손이 묶인 채 탑승한 군인들이 탱크와 함께 전소된 채 발견. 2월 말이 되자 트리폴리를 제외한 모든 대도시를 반군이 점령. 트리폴리에서도 대중 시위 발생.

3월 3일 버락 오바마가 카다피 퇴진 요구. 사흘 뒤 영국 '외교관들'이 리비아에 밀입국한 뒤 반군에 잡혀 추방당하다.

3월 5일 혁명 세력들의 협력을 목표로 임시 과도국가위원회가 결성되다.

3월 6일 카다피가 야만적 반격에 나서다. 카다피군이 신속하게 반군을 벵가지로 몰아내다.

3월 8일 오바마와 영국 총리 데이비드 캐머런이 리비아에 대한 '전면적인' 군사적 옵션을 검토. 미국과 독일은 유엔이 비행금지구역을 선포하는 것에 반대. 프랑스 총리 사르코지는 공습 주장.

3월 15일 카다피군이 벵가지 재공세 시작.

3월 17일 유엔 안보리가 '민간인 보호'를 위해 '필요한 모든 수단'을 승인하는 것을 10 대 5로 가결.

3월 19일 2003년 이라크 침공 이후 최대 규모 공습 시작. 전쟁이 교착 국면에 빠지고 반군은 이제 나토의 공군력에 의지.

7월 17일 미국이 과도국가위원회를 리비아의 공식 정부로 인정.

7월 27일 영국도 과도국가위원회를 인정.

8월 22일 반군이 트리폴리로 진격하면서 카다피 몰락의 서막이 오르다.

10월 20일 카다피의 고향이자 최후 은신처였던 시르테가 반군에 함락되고 카다피는 체포 후 총살되다.

혁명 물결에 휩싸인 리비아

악랄한 독재에 맞서 일어선 리비아 민중

리비아에서 시위대가 정권의 잔혹한 탄압에 직면하면서 혁명이 절체절명의 기로에 서 있다. 리비아 독재자 무아마르 카다피는 중동 반란의 물결에 과감하고 잔인하게 대응하기로 결정했다. 그러나 리비아 민중은 항쟁으로 응수하고 있다. 수만 명이 죽음을 각오하고 거리로 몰려나왔다. 리비아 기간산업인 석유산업 노동자들은 항의 파업에 돌입했고 다른 부문의 노동자들도 뒤를 따르고 있다.

카다피는 전투기와 군함을 동원해 도시와 거주지를 폭격하는 등 최후의 발악을 하고 있다. 그는 몸서리칠 만큼 끔찍한 만행을 저질렀다. 심지어 시위대를 향해 발포하기를 거부했다가 처형된 사병들의 무덤이 발견되기도 했다.

그러나 이런 탄압은 카다피 정부의 몰락을 재촉하고 있다. 리비아 외교관들이 혁명에 합류했다. 전 세계 리비아 대사관 직원들이 대사관을 박차고 나와 시위를 벌였다.

리비아 제2의 도시인 벵가지에서는 대규모 장례 행렬이 분노한 대중 시위로 변했다. 시위 참가자들은 경찰을 무장해제하고 국가 안보국 건물에 불을 질렀다. 시위대는 라디오 방송국을 점령했다. 그들은 혁명을 지지하는 방송을 했다. "오늘 우리는 승리했습니다. 우리는 무엇을 얻었습니까? 우리는 자유, 권리, 존엄성을 얻었습니다. 민중은 리비아를 되찾고 있습니다."

인접한 도시인 베이다에서도 반란이 일어났다는 소문이 파다하다. 리비아의 지중해 연안 지역에서도 혁명이 일어났다.

종교 지도자와 부족 지도자 들은 지지자들을 향해 반카다피 봉기를 일으키자고 호소했다. 한 종교 지도자는 모든 리비아인에게 항쟁에 함께하자고 호소했다. 그러나 동시에 "정권의 건물들"을 제외한 공공 재산과 민간 재산은 파괴하지 말라고 당부했다.

카다피의 용병들은 사람들을 무차별로 학살하고 있다. 그러나 일부 경찰과 군부대는 혁명 편으로 넘어오고 있다.

시위대와 징병 군인 들이 학살당한 벵가지에서는 수만 명이 거리를 가득 메웠다. 몽둥이, 돌멩이와 노획한 총 몇 정으로 무장한 시위대는 군사기지와 국가안보국 건물에 있는 중무장한 용병과 정권 충성파 들을 포위했다. 국가안보국이 먼저 무릎을 꿇었다.

바로 그때 카다피의 엘리트 특공부대원들이 건물 밖에 도착했다. 이 부대 지휘관은 자기 부대가 혁명에 가담하기로 결정했다고 발표했다. 사람들은 환호성을 질렀다. 이 부대원들은 무장한 민간인들과 힘을 합쳐 기지를 접수했다. 벵가지 혁명이 중요한 전투에서 승리를 거둔 것이었다.

리비아 혁명이 과연 승리할지는 아직 알 수 없다. 그러나 리비아 혁명은 가장 악독한 독재자 치하에서도 저항 정신이 세상을 바꿀 수 있음을 보여 줬다.

카다피는 누구인가?

무아마르 카다피는 40년 동안 리비아를 통치했다. 그는 아랍 세계에서도 가장 오랫동안 권좌를 지켰다. 동시에, 카다피는 서방 정부가 언제나 거래할 수 있는 자였다.

1969년 쿠데타로 권력을 잡았을 때, 카다피는 자신을 이집트의 가말 압델 나세르 같은 진보적 지도자로 내세웠다. 1950년대와 1960년대에 아랍 세계는 나세르가 급진 개혁을 도입하고 서방 제국주의에 굴복하기를 거부한 것에 열광했다.

카다피는 이른바 '사회주의 공화국'을 내세웠지만 그의 체제는 사실 '줄서기'와 부패가 만연한 체제였다. 그는 새로 발견된 대형 유전을 이용해 부족들을 매수하고 잔인하게 반대파를 탄압했다.

카다피가 자금을 제공한 레바논과 팔레스타인 조직들은 부패, 범죄행위와 잔인함으로 악명이 높았다.

과거에 미국과 영국 정부가 카다피와 갈등을 빚은 것은 그의 국내 정책 때문이 아니다. 그가 서방에 타협하지 않았기 때문이다. 미국 대통령 로널드 레이건은 1986년 카다피를 암살하려고 전폭기를 파견했다. 전폭기가 쏜 미사일은 카다피를 맞추지 못했고 트리폴리의 주거지에 떨어져 무고한 시민 100명의 목숨을 앗아갔다.

미국은 1986년 스코틀랜드 로커비에서 발생한 팬암 항공기 폭발 사고를 포함해 카다피가 테러 사건들의 배후에 있다고 비판했다. 레이건은 카다피를 "미친 개"라고 비난하고 리비아에 대한 전 세계적 경제제재를 시작했다.

그러나 카다피는 애초에 있지도 않은 것으로 드러난 대량살상무기 계획을 '폐기'한 대가로 서방과의 냉랭한 관계에서 벗어날 수 있었다. 그는 로커비 폭발 사건으로 고통받은 유가족들에게 보상금도 지급했고 이 폭발 사건의 범인으로 누명을 쓴 압델바셋 알 메그라히에 대한 잘못된 판결도 순순히 받아들였다.

2004년 당시 영국 총리 블레어는 석유 기업 경영자들을 대동하고 리비아를 방문해 카다피와 "사막의 만남"을 갖고 대규모 사업을 벌일 계획을 논의했다. 당시 미국 정부는 카다피의 굴복을 이라크 전쟁이 낳은 대표적 순효과로 선전했다. 블레어와 회담한 다음부터 서방 진영은 카다피를 "미친 개"가 아니라 "지역의 실력자"로 부르기 시작했다. 유럽 정부 지도자들은 앞다퉈 그를 환영했다. 카다피, 그의 아들들과 측근 인사들은 엄청난 부를 쌓아 올렸다.

그러나 이런 국교 정상화 과정에서 카다피 치하에 살고 있던 평범한 사람들은 잊혀졌다. 서방 정부들은 카다피에 대한 태도를 다시 한 번 바꿀 수도 있다. 그러나 예전과 마찬가지로, 그들은 리비아 민중의 운명에는 별 관심이 없다.

리비아에서 새로운 형태의 민주주의가 탄생하다

리비아 제2의 도시이자 리비아 혁명의 탄생지인 벵가지에서는 혁명 과정에서 탄생한 혁명위원회가 공식 기구로 탈바꿈했다. 이 위원회는 항쟁 지도부, 존경받는 지역 인사들과 반란을 일으킨 군부대 등으로 구성돼 있다

위원회는 국가의 모든 기능 — 감옥, 군대, 경찰, 재판소 등 — 을 대중 통제 아래 뒀다. 위원회는 필요를 기준으로 식량을 분배하고 기업들이 방기한 이주 노동자 수천 명의 복지를 책임지고 있다. 또, 텔레비전과 라디오 방송국을 운영하고 첫 혁명 신문을 발행했다. 노동자위원회는 발전소, 항구, 공항 같은 중요한 공공시설들을 운영하고 있다.

벵가지 혁명위원회는 전국적 혁명 기구인 전국위원회를 결성해

리비아 전역에서 우후죽순처럼 나타난 민중위원회들을 서로 연결하려 하고 있다.

그러나 옛 정권에서 이탈한 자들이 이런 위원회들의 정당성에 도전하고 있다. 옛 법무부 장관인 무스타파 무함마드 압둘 잘릴은 벵가지에 나타나 자신의 통제를 받는 '임시정부'의 결성을 선언했다. 그는 카다피 정부 아래 체결된 석유 개발 계약과 기타 권리를 가지고 미국, 유럽, 국제 기업들과 거래하려는 리비아 외교관과 기타 인사 들을 거느리고 있다.

혁명위원회들은 잘릴의 선언에 크게 분개했고 그의 '임시정부'가 아무런 정당성이 없다고 선언했다. 혁명위원회는 카다피 정부 자산 동결과 '용병 전투기들'의 비행을 중단시키는 것을 제외한 모든 외국 군대 개입에 반대한다고 발표했다.

이런 위원회들은 리비아 전체를 민중 통제 아래 둠으로써 혁명을 심화시킬 가능성을 가지고 있다.

카다피는 리비아인들 자신이 몰아낼 수 있다

리비아 혁명이 중대 기로에 서 있다. 이번 항쟁은 아랍 세계를 휩쓰는 반란의 물결을 심화시키고 급진화시키고 있다. 그러나 리비아 혁명은 서방 개입으로 좌초될 위기에 처해 있다.

2월 17일 시작된 리비아 반란은 중요한 승리를 거뒀다. 그러나 이 반란은 카다피 정권에 충성하는 중무장한 세력과 치열한 전투를 벌이는 국면으로 들어섰다. 튀니지와 이집트에서는 민중운동의 힘으로 독재자들을 몰아낼 수 있었다. 그러나 현재 리비아에서는 군대와 기타 국가기구들이 여전히 존속해 있고 몇 가지 양보를 제시하면서 자기 생존을 도모하고 있다.

카다피 정권의 힘은 단순히 잔혹한 탄압만이 아니라 카다피가 나눠 준 떡고물 — 석유 판매금에서 나온 — 에서 혜택을 입은 사람들의 지지에서도 나온다. 역사적으로 카다피 정권은 부족들 사이의 경쟁 관계를 이용해 정권의 안정을 도모해 왔다. 그러나 도시화가 그런 전통적 관계들을 약화시키자 정권은 일부 국민에게 정부 사업과 석유 사업에서 이득을 취하게 하면서 지지 기반을 만들었다. 이런 사람들은 짭짤한 보수, 안정된 일자리, 교육과 의료를 보장받았다. 이들은 주로 카다피의 고향인 시르테와 수도 트리폴리에서 살고 있다.

국가 안보 기구에서 일한 자들은 보복을 두려워한다. 그들은 사람들을 모욕하고 억압했다. 이처럼 카다피 정권에 가까운 사람들은 이번 혁명이 자신이 가진 것을 앗아갈까 두려워한다. 그래서 그들은 현존 체제를 방어하려고 나섰다.

평화로운 시위대를 상대로 끔찍한 폭력이 자행되자 반란을 일으킨 사람들은 전국적 항쟁에 나섰다. 카다피는 저항 세력을 가리켜 "성급하고", "분별력이 없는" 사람들이라고 비난했다. 저항 세력이 무작정 달려드는 폭도라는 것이다.

그러나 저항 세력은 카다피 정권을 몰아내려는 단호한 의지를 가지고 있다. 청년 저항 세력은 징집된 사병들을 설득해 반정부 진영으로 끌어들였다. 또, 카다피의 무자비하고 잘 훈련된 군대와 전투를 벌였고, 온갖 어려움을 극복하고 중요한 승리들을 쟁취했다.

열혈 친정부 인사들은 자신들이 통제하는 지역에서 반격을 시작했고 잔인하게 사람들을 탄압했다.

이제 리비아 혁명은 서방 정부 개입이라는 새로운 위험에 직면했다. 서방 정부들은 반란의 확산을 억제하려 한다. 그들은 리비아의 광대한 석유 자원을 서방 기업들이 개발할 수 있다면 리비아의 분단을 받아들일 생각이다.

카다피의 살인마들 아래서 고통받는 도시와 마을에서는 도움을 요청하는 목소리가 들리기도 한다. 이것은 이들이 너무나 불리한 처지에서 친카다피 세력과 전투를 벌이고 있기 때문이다.

이런 끔찍한 탄압이 자행되는 상황에서 외부 개입에 반대하는 것은 사람들의 고통에 냉담한 것으로 오해되기 쉽다. 그러나 서방 정부의 개입은 엄청난 대가를 수반한다.

비행금지구역은 엄청난 공군 화력을 동원해야 설정할 수 있다. 그것은 징집된 사병들을 집중적으로 공격할 것이고, 이들을 친정부 입장으로 몰아갈 것이다. 또, 서방 열강들은 아무런 거리

낌 없이 카다피와 거래를 할 수도 있다. 이미 지금까지 그래 왔지 않은가.

서방의 개입은 혁명의 전진을 방해하는 걸림돌이 될 것이고 친정부 세력을 무찌르기 어렵게 만들 것이다. 서방 정부들은 동부의 혁명 세력이 다른 지역으로 진출하지 말아야 한다고 요구하고 있다. 만약 그렇게 된다면 카다피 정부는 서부 지역에 있는 저항 세력의 몇몇 핵심 근거지들 ─ 공업 도시 미스라타, 석유 생산지 알자위야, 수도 트리폴리 등 ─ 을 분쇄할 수 있을 것이다. 이들 지역의 노동계급 거주지들은 이번 반란의 중심지였다.

서방 정부들은 리비아 전투가 교착상태에 빠지고 저항 세력이 갈수록 자신들에게 의존하게 되기를 바란다. 만약 리비아 혁명의 발전이 늦춰지고 저항 세력이 리비아 서부에서 항쟁을 벌이기를 포기한다면, 저항 세력이 리비아의 분단을 받아들여야 한다는 압력도 강해질 것이다.

서방 정부가 개입을 시도하면서 이번 혁명의 발생지인 벵가지의 혁명 지도부 내에서도 분열이 생겨났다. 이번 반란 과정에서 탄생한 혁명 지도부는 리비아 곳곳에서 파견된 대표들로 구성된 임시 전국위원회를 만들었다. 그러나 지도부 중에는 과거 카다피 정권의 거물들이 포함돼 있다. 전국위원회는 이미 타협을 하고 있다. 전국위원회가 발표한 초기 선언문들을 보면, 카다피가 서명한 모든 국제 협정들을 준수하겠다고 적혀 있다.

만약 리비아 혁명이 서방 제국주의와 동맹한다면 리비아인들과 그 밖의 아랍 세계 민중의 지지를 잃게 될 것이다. 서방 정부가 개입하면 카다피가 제국주의 위협을 강조하면서 혁명을 고립시키기가 더 쉬워질 것이다. 유엔은 전국위원회의 반대에 아랑곳하지 않고 카다피 정부와 협상을 시작할 '중재자'를 임명했다.

그러나 지금까지 리비아 혁명은 사람들의 기대를 뛰어넘는 성취를 거뒀다. 용감한 비무장 청년들은 끈기 있게 전투를 벌였고, 놀라운 힘을 보여 줬다. 서방 정부들은 이들의 투쟁을 억제하려고 필사적으로 노력하고 있다. 그러나 리비아의 운명을 결정하는 것은 외부 열강들이 아니라 리비아의 혁명가들이다.

출처: 〈Socialist Worker〉 2240~2242호(2011.2.26~3.12), 〈레프트21〉 51~52호.

서방 개입, 누구를 위한 것인가?

서방의 리비아 폭격 — 혁명을 보호하는 인도주의적 개입?

서방 열강은 리비아에 군사개입을 하면서 자신들이 리비아 혁명을 보호하는 '인도주의적 개입'을 하고 있다고 주장한다.

2월 17일 시작된 무아마르 카다피에 맞선 항쟁은 여전히 수많은 사람에게 영감을 주고 있다. 카다피는 민간인을 공격하고 시위대를 향해 공중폭격을 감행하고 사람들을 대량 구속하고 사형을 집행했다. 많은 리비아인이 고통에 빠졌고 혹시 서방 개입이 자신들의 목숨을 구해 주지 않을까 하는 기대를 품게 됐다.

그러나 서방 정부가 보호하려는 이익은 리비아 혁명의 이익과 어긋난다. 서방 정부는 중립적 세력이 아니다. 그들은 이 기회를 활용해 이 지역에서 자기 영향력을 재확인하려 한다. 서방 지배계급들은 튀니지의 벤 알리와 이집트의 무바라크 등 자기 동맹들을 날려 버린 이 지역 민중 혁명에 큰 충격을 받았다.

만약 서방 정부가 정말 독재자에 맞선 민중 혁명을 지지한다면, 왜 그들은 모든 혁명을 지지하지 않는가? 왜 사우디아라비아·바레인·예멘 정부가 민중운동을 억압하는 것에 도전하지 않는가? 이스라엘은 이번 주에 가자 지구를 또 공격했다. 그러나 서방 정부는 단 한 번도 이스라엘을 상대로 비행금지구역을 설정한 적이 없다.

서방 제국주의의 위선은 매우 명백하다. 서방 정부는 사우디아라비아와 이스라엘 등은 자신들의 동맹이기 때문에 제 맘대로 행동하도록 놔둔다. 벤 알리와 무바라크는 물러나기 직전까지 서방 정부의 지지를 받았다.

서방 정부는 아랍연맹의 지지를 근거로 자신의 개입을 정당화한다. 그러나 아랍연맹은 현 혁명이 몰아내려는 독재자들로 구성돼 있다. 그들은 서방 제국주의의 충성스런 동맹으로 자국 민중운동을 무자비하게 탄압해 왔다. 서방 폭격의 실상이 명백히 드러나면서 이 동맹은 분열하고 있다. 공습이 시작된 첫날, 아랍연맹 사무총장 암르 무사는 이렇게 불평했다. "지금 리비아에서 벌어지는 일은 비행금지구역을 설정한다는 목표와 어긋나는 것이다. 우리가 요구한 것은 민간인 보호지 더 많은 민간인을 폭격의 대상으로 만들라는 것이 아니었다."

서방 개입의 목표는 무고한 민간인을 보호하거나 혁명을 전진시키는 것이 아니다. 서방 정부는 과거에 카다피 정부와 맺은 계약을 지키려는 것이다. 서방 정부는 애초부터 리비아 혁명의 목표 달성을 어렵게 만들었다. 리비아 혁명 과정에서 탄생한 과도국가위원회는 항쟁 초기에 몇 가지 기본적 요구를 제시했다. 과도국가위원회를 인정할 것, 무기와 필수품 구매를 위해 카다피 정부의 동결된 자금을 사용할 수 있게 해 줄 것, 용병 조종사들에 의한 공격을 중단시켜 줄 것. 그러나 서방 정부는 이 중 어느 것도 받아들이지 않았다. 그들은 심지어 '이슬람주의 테러리스트들'의 손에 떨어질 수 있다며 무기 판매도 거부했다.

오히려 서방 열강들은 리비아 혁명 세력에 자신들의 요구를 제시했다. 서방 정부들은 미래의 리비아 정부가 자신들이 전에 카다피와 맺은 모든 계약 — 석유 개발 계약도 포함해서 — 을 준수할 것을 요구했다. 또, '이슬람주의' 운동을 엄격히 억압하는 정책을 지속할 것과 아프리카인들의 남유럽 유입을 막는 방파제 구실을 계속할 것도 요구했다. 서방 정부는 리비아 혁명에 공갈 협박을 한 것이다.

'인도주의적 개입'의 역사는 끔찍하다. 1990년대 발칸 전쟁을 통해 탄생한 인도주의적 개입론은 아프가니스탄과 이라크 침략을 정당화하는 논리로 사용됐다. 서방 군대는 이라크와 아프가니스탄을 여전히 점령하고 있다. 아프가니스탄 점령은 10년째 지속되고 있다.

서방 지배자들은 중동과 북아프리카를 휩쓴 대중운동 물결을 보면서 큰 충격에 빠졌다. 이제 서방 지배자들은 리비아 개입을 이용해 이 지역에 대한 영향력을 재확인하고 정당성을 확보하려 한다. 서방 열강이 리비아에서 신속하게 손을 뗀다는 보장은 없다. 심지어 리비아를 분단시킬 위험도 있다.

리비아 혁명은 아직 실패하지 않았다. 그러나 리비아 혁명 세력은 서방의 압력에 타협을 강요받고 있다. 자유를 쟁취하고 빈곤과 억압을 종식시키려는 열망이 여전히 강하다. 장기적으로 봤을 때 아래로부터의 운동이야말로 이 지역 민중의 밝은 미래를 보장해 줄 수 있다.

알렉스 캘리니코스 논평

좌파가 서방의 리비아 개입을 지지해야 할까?

서방이 리비아에 개입한 것을 두고 진정한 좌파 내에서도 얼마간 분열이 일어났다. 놀랄 일이 아니다. 아랍 세계만 살펴봐도, 무아마르 카다피를 혐오하는 광범한 여론에 혁명에 대한 지지가 더해지면서 서방의 무력 행사에 반대하기가 무척 어렵게 됐다.

누구보다 세련되게 서방 개입을 옹호하는 주장을 펴는 이는 내 오랜 친구인 질베르 아슈카르*다. 그는 서방 제국주의에 한결같이

---

* 질베르 아슈카르는 레바논계 프랑스인 사회주의자로 현재 런던 대학교 아시아아프리카 대학 국제관계학 교수다. 아슈카르는 프랑스 반자본주의신당(NPA)의 당원이기도 하다.

반대해 왔지만, 이번에는 반제국주의자들이 불가피하게 타협해야 할 때라고 주장한다.

혁명가들이 때때로 제국주의 열강의 도움을 받을 준비가 돼 있었다는 아슈카르의 주장은 맞다. 1917년 10월 러시아 혁명 직후, 독일 군대의 침략으로 갓 출범한 소비에트 공화국의 존립이 위태로워지자 혁명 러시아는 영국과 프랑스의 도움을 받았다. 이때 레닌은 볼셰비키 중앙위원회에 이렇게 자신의 뜻을 전했다. "영국과 프랑스라는 두 제국주의 강도한테서 감자와 무기를 받는 것에 찬성하는 쪽에 내 한 표를 더해 주시오."

카다피가 어떤 점에서는 '진보적'이고 벵가지의 혁명 지도부가 알카에다를 지지한다는 좌파 일부의 주장을 아슈카르가 받아들이지 않는 것 또한 옳다.

그런데 질베르는 이렇게 되묻는다. "좌파에 속한다는 사람들이 민중운동의 보호 요청을, 그것이 비록 경찰인 척하며 강도질 하는 제국주의의 도움을 받는 것이라 하더라도 간단히 무시할 수 있단 말인가? 더구나, 민중운동이 요청한 방식의 보호로는 제국주의자들이 그 나라를 마음대로 주무르지 못할 것인데도 말이다."

바로 이 지점에서 나는 역겨움을 느끼기 시작했다. 아슈카르가 또한 미국, 프랑스, 영국 정부가 벵가지에서 벌어질 대학살을 막아야 한다는 여론의 압력에 밀려 개입했다고 말할 때 그 역겨움은 더했다.

이 말을 프랑스의 우파 '철학자'인 베르나르 앙리레비의 다음과 같은 말과 비교해 보라. 그는 지난 일요일자 〈옵서버〉에서 자신이 니콜라 사르코지 대통령을 설득해 서방 개입을 요구하게 했노라고 자랑했다. "이번 사태에서 중요한 것은 드부아 댕제랑스[인권을 심하게 침해한 경우 주권을 박탈할 수 있는 권리]가 인정됐다는 점이다."

프랑스에서 'BHL'로 불리는 역겹기 그지없는 인물인 앙리레비가 중요하게 여기는 것은 개입의 정치학이다. 그는 이번 개입이야말로 이라크 재앙 이후 힘을 잃은 사상, 즉 전 영국 총리 토니 블레어가 옹호했던 사상에 대한 지지를 다시금 다질 기회라고 본다. 다시 말해 서방 열강은 자신들의 규칙을 침해한다고 여겨지는 나라들을 공격할 권리가 있다는 사상 말이다.

그러나 최소한 미국 정부의 경우, 이것이 리비아에 개입하는 가장 중요한 이유는 아니다. 아슈카르는 카다피가 서방 기업의 리비아 석유 개발을 더는 허용하려 들지 않았을 것이라는 주장을 논박한다. 나는 석유가 개입의 주된 이유가 아니라는 점에 동의한다. 미국이 아랍 혁명 물결 앞에 부랴부랴 뛰어든 이유는 그것이 중동에서 자신의 지배 체제를 무너뜨릴 위협이 되기 때문이다.

〈파이낸셜 타임스〉에 실린 한 백악관 고문의 인터뷰는 바로 이런 점을 확인해 준다. "리비아는 우리가 중동에서 가장 관심을 적게 두는 곳입니다." 그는 미국 제5함대의 주둔지이자 석유가 풍부한 양대 국가인 사우디아라비아와 이란 사이의 줄다리기에 휘말려 위태로운 한 섬나라 왕국을 가리키며 이렇게 덧붙였다. "우리가 가장 커다란 관심을 두는 곳은 바레인입니다."

사우디아라비아 군대가 조직한 바레인에서의 탄압은 사우디아라비아와 걸프 지역의 다른 독재국가 지배자들이 혁명의 파고를 되돌리려 한다는 점을 잘 보여 준다. 오바마 정부는 바레인과 예멘에서 벌어진 탄압을 강력히 비판했다. 오바마 정부는 이 혁명들을 이용해 아랍 사회들을 더 안정된 신자유주의 노선에 따라 개혁하려 한다. 미국은 카다피와 대결하는 모양을 취하면서 아랍의 혁명들과 관계를 맺고, 이 혁명들의 정치에 영향을 미치려 한다.

앙리레비는 자신이 벵가지의 혁명가들 모임에서 연설했고 서방 지도자들에게 지원을 요청하도록 그들을 설득했다고 주장했다. 이것은 허풍이다. 그러나 이것은 서방이 혁명을 자신의 영향 아래 두려고 엄청난 노력을 기울이고 있음을 보여 주는 사례다.

아슈카르와 앙리레비가 모두 이용한 마지막 주장이 남았다. 바로 서방 개입이 벵가지에서 벌어질 대학살을 막았다는 것이다. 슬픈 사실은 대학살이 자본주의의 만성적 특징이라는 점이다. 애석하게도, 혁명적 좌파는 그런 학살을 막기에는 아직 역부족이다. 우리가 더 강해지기 전까지는, 적어도 무엇이 중요한지에 관해 정치적으로 명확한 견해를 내놓을 수 있어야 할 것이다.

나토에 대한 리비아인들의 의심이 커지다

전투가 질질 끌면서 지속되자 서방 개입에 대한 환대가 깊은 의심으로 바뀌고 있다. 리비아 혁명가들은 카다피의 독재에 맞서 투쟁하고 있을 뿐 아니라, 민족자결권을 위해서도 투쟁하고 있다.

나토는 카다피 정권 주요 근거지인 시르테에서 반군을 버렸다. 나토가 '공중 지원'을 돌연 중단하면서 반군은 카다피군의 반격에 노출됐다. '공중 지원'이 중단된 것은 폭격 비행단 책임자가 바뀌었기 때문이다. 나토는 전장에서 싸우고 있는 사람들의 처지는 전혀 고려하지 않았다. 반군은 시르테에서 후퇴하면서 이렇게 성토했다. "신을 믿었을 때 우리는 승리에 승리를 거듭했다. 나토를 믿자 우리는 계속 지고 있다."

혁명 초기에 반군은 권총과 확성기를 들고 전투에 임했다. 그들이 승리한 것은 카다피 군대가 붕괴하고 이탈자들이 속출한 덕분이었다. 그러나 나토 폭격이 시작되자 카다피군에서 이탈자 발생이 중단됐다. 또, 투쟁이 갈수록 군사력을 겨루는 쪽으로 변했다.

비록 서방 개입 때문에 리비아 혁명이 위기에 처했지만 리비아 일부 지역에서는 (나토 전투기의 도움 없이) 혁명 세력이 전진하고 있다. 주로 노동계급 주거지에서 활동하는 트리폴리 혁명가들은 카다피군 초소에 대한 소규모 공격들을 감행했다.

〈가디언〉은 트리폴리에서 비밀리에 활동하는 한 반군과 인터뷰했다. 그는 자기 그룹이 트리폴리 전역의 초소들을 공격해 카다피 진영 민병대를 사살하고 무기를 확보했다고 말했다. 카다피 정부는 밤에 트리폴리에서 들리는 총성은 축하용이라고 주장했다. 그러나 반군은 "매일 밤 공격이 진행된다"고 말했다.

반군은 종종 초소 경비를 서던 '소년들'을 설득해 초소에서 이탈하도록 만들 때도 있다고 말했다. "그들은 하룻밤 경비를 서고 겨우 40디나르[약 3만 6000원]를 받습니다. 그들은 더는 이 더러운 짓을 하지 못하겠다고 불평을 토합니다."

혁명은 또한 서부 산악 지대를 통해 튀니지 혁명과 접촉함으로써 활력을 얻고 있다. 반군은 서부 산악 지대의 최대 도시인 진탄과 날릇 — 베르베르족이 주로 거주한다 — 에서 카다피군을 격퇴했다. 카다피 정부는 베르베르족을 차별해 왔다. 리비아 베르베르족은 튀니지 베르베르족의 지원을 받고 있다. 카다피 정부는 이 지역 산악 전투에서 어려움을 겪고 있다. 이탈한 조직된 육군을 상대로 싸우기 때문이다. 또, 산길을 이용하면 정부 초소를 통과하지 않고 튀니지로 이동할 수 있다.

일부 유럽연합 국가들은 '지원'을 구실로 모종의 군대를 리비아 핵심 산업 도시인 미스라타에 파견하는 것을 고려하고 있다. 이 나라 정부들은 파견부대가 전투병 구실을 하진 않을 것이라고 주장한다. 그러나 아직 그 어떤 반군도 서방 지상군 파병을 받아들이려 하지 않는다.

리비아 혁명가들은 10년 이상 사용하지 않은 탱크 등 녹슨 군장비를 보수하고 있다. 그들은 노후한 로켓 발사대와 기타 무기들을 합쳐 트럭에 설치한다. 지금 과도국가위원회는 항쟁 속에서 등장한 지도자와 옛 카다피 정부 인사들로 분열해 있는데, 서방이 약간의 무기를 친서방 인사들에게 제공하면서 항쟁 지도자들은 주변화됐다.

나토는 반군이 카다피의 해외 동결 자금을 이용하고 무기를 구매하는 것을 아직도 허용하지 않고 있다. 반군은 이것이 나토가 리비아 분단을 낳을 휴전협정이나 외국군 파병을 정당화할 구실을 만들기 위한 것이 아닌지 우려하고 있다. 어느 쪽이든 리비아인들과 리비아 혁명에 재앙이기는 마찬가지다. 리비아인들은 지금 서방의 통제 시도를 물리치면서, 동시에 카다피 정부에 맞선 항쟁을 벌여야 하는 처지다.

리비아 혁명의 미래는 이 지역을 휩쓰는 혁명 물결에 참가하는 사람들과 직결돼 있다. 서방의 개입이 혁명을 도울 것이란 생각은 위험한 환상이다.

서방의 임무는 리비아 혁명 가로채기

지금 서방의 리비아 개입은 원래 임무에서 '이탈'한 것이 아니다.

지금 벌어지고 있는 일은 서방의 원래 임무가 '폭로'된 것이다. 이런 모순이 미스라타 전투에서 드러났다. 미국이 카다피 정권 표적들에 대한 공격을 강화하고 친카다피 세력이 이에 맞서 폭격을 늘리면서, 이 전쟁은 갈수록 참혹해지고 있다. 미국의 막강한 화력으로 반군이 쉽게 이길 수 있게 되기는커녕 엄청난 손실을 입고 있다.

서방 폭격을 승인한 유엔의 원래 결의안은 시민을 보호하기 위해 "필요한 모든 수단"을 사용한다고 규정하고 있다. 당시 많은 리비아인은 절망적 상황에서 카다피의 공격에 맞설 수 있도록 도와달라고 서방에 요청했다. 그래서 전 세계 많은 사람들이 유엔의 결의를 지지하며 이를 액면 그대로 받아들였다. 이번에야말로 서방이 정말로 옳은 일을 하려 한다고 말이다. 그러나 '인도주의적' 동기는 언제나 진짜 임무를 숨기는 구실을 한다.

이번 개입이 위선이라는 것은 다른 잔혹한 독재자들이 대규모 민주화 운동을 억압한 것에 대해서는 서방이 손가락 하나 까딱하지 않은 것에서 잘 드러났다. 시민 보호가 주된 목표가 아니라는 또 다른 증거는 미국의 무인폭격기 프레데터가 지난주 리비아에 도착했다는 것이다. 이 무인폭격기는 스물네 시간 언제든지 근거리 표적에 헬파이어 미사일을 퍼부을 수 있다.

영국 외무부 장관 윌리엄 헤이그는 이미 서방 특수부대원과 미국 CIA 요원들이 우글거리는 벵가지에 '군 연락 자문팀'을 보냈다. 영국군이 리비아에서 작전을 펼칠 것이라는 이번 발표는 "군대가 땅을 밟을 일"은 결코 없다는 것이 거짓말이었음을 확인해 준다.

헤이그는 "시민을 더 잘 보호하기 위한 방법과 인도적 지원품을 배분하고 의료 지원을 할 최선의 방법에 대해 [리비아 과도국가위원회를] 지원하고 자문"해 줄 개인들을 추가로 보낼 것이라고 말했다. 그러나 이런 말에 속아서는 안 된다. 서방 개입은 식량과 의약품을 어려운 사람들에게 전달해 주려는 것이 아니다. 야만적 독재자에 맞선 반군의 도전을 돕기 위한 것도 아니다.

미 공화당 정치인 존 매케인의 말은 이 점을 잘 보여 준다. 매케인은 벵가지를 하루 동안 방문해 반군을 격려했다. 그는 카다피에 대해 이렇게 말했다. "카다피는 팬암103기를 폭파했고 그의 손에는 미국인들의 피가 묻어 있습니다." 그러나 리비아 정부는 리비아인 압델바셋 알메그라히에게 폭파범 누명을 씌운 서방 정부들의 결정을 이미 수용한 바 있다. 또, 매케인은 자신이 불과 2년 전 트리폴리에서 다른 미 상원 의원들과 함께 카다피를 접견한 사실은 언급하지 않았다. 당시 매케인 일행은 카다피에게 군수 장비를 팔 계획이었다. 매케인은 나중에 "흥미로운 사람과의 흥미로운 만남"이었다고 술회했다.

매케인은 최근 미국이 리비아에 개입한 것을 소련의 아프가니스탄 점령에 대응해 미국 정부가 아프가니스탄인들을 무장시킨 사례에 비교했다. 그러나 30년 뒤 미국은 지금 아프가니스탄에서 자신이 과거 무장시키고 지원했던 바로 그 사람들을 상대로 전쟁을 벌이고 있다. 이것은 서방 정부들이 자기 이익에 최선이라고 판단하면 쉽게 편을 바꿀 수 있음을 말해 준다.

현재 서방 정부들은 카다피에 도전하는 사람들에게 구애하고 있다. 그러나 이는 자기 이익을 위해 리비아 혁명을 낚아채려는 냉혹한 의도에서 나온 것이다. 이 지역은 서방에게 전략적으로 매우 중요하다. 서방 정부들은 이집트와 튀니지라는 미국의 두 우방이 혁명으로 무너지자 걱정이 태산이었다. 현재 서방은 리비아 개입을 자신들이 이 지역에서 주도권을 다시 쥘 기회로 여긴다. 서방은 진보 세력의 편에 있는 것처럼 보이면서 전 세계 어디에든 개입할 권리를 다시 주장하고 싶어 한다.

만일 나토군이 카다피를 무찌른다면, 나토는 누가 카다피를 대신할지를 결정하려 들 것이다. 그러나 무자비한 공격을 받으면서도 엄청난 용기와 활력을 보여 준 리비아인들이 미군 없이 이긴다면, 그것은 리비아인의 승리, 리비아인만의 승리가 될 것이다.

이집트와 튀니지는 기층의 혁명이 서방과 그 꼭두각시 정권들에 도전할 수 있음을 보여 줬다. 이런 혁명을 통해서만 리비아인들은 스스로 미래를 만들어 갈 힘을 얻을 수 있다. 그래야 서방 제국주의가 벌여 놓은 거대한 체스판의 말이 되지 않을 수 있다.

출처: 〈Socialist Worker〉 2244~2245호(2011.3.26~4.2), 2248~2249호 (2011.4.23~4.30), 〈레프트21〉 53호, 55~56호.

카다피 사후, 리비아는 어디로?

카다피 정권의 몰락 … 리비아에 해방이 올 것인가?

카다피의 42년 독재가 최후의 순간에 직면했다. 반란군은 수도 트리폴리로 행진하면서 카다피 정권을 상징하는 깃발을 내렸다. 언론 보도를 보면, 수도의 시민들은 반란군 대열을 환영했다.

카다피의 몰락은 축하할 일이다. 그는 올 들어 세 번째 무너진 아랍 독재자가 될 것이다. 그러나 현재 리비아 반정부 투쟁의 성격은 이 투쟁에 영감을 준 튀니지나 이집트 혁명과는 상당히 다르다. 서구 열강들이 리비아 투쟁을 이용했기 때문이다.

2월 민중 혁명은 스스로의 힘으로 카다피를 몰아낼 뻔했지만 리비아 정부군의 반격에 밀려 후퇴해야 했다. 정부군의 잔인한 공격 속에 반군이 벵가지에서 대량 학살을 당할 수 있다는 우려 때문에 많은 리비아인이 '국제 지원'을 요청했다. 어떤 이는 비행금지구역 설정을 요구했다. 이것이 생명을 구하는 '중립적 방법'이라고 생각했기 때문이다.

그러나 유엔은 단순히 비행금지구역을 선포하는 것에서 멈추지 않았다. 유엔은 '민간인 보호'를 명분으로 대규모 군사개입을 결의했다. 튀니지와 이집트의 독재자 친구를 잃은 서방 열강들은 리비아 사태를 이용해 중동 지역에서 자신의 영향력을 되찾으려 했다.

이렇게 제국주의 열강들이 리비아 반란을 가로챘고, 반란 세력이 서방 정부들의 요구를 수용하도록 강요했다. 서방 정부들은 벵가지의 반군 정부가 과거 리비아 정부와 서방이 맺은 모든 무역협정과 석유 개발 계약을 준수할 것을 요구했다.

3월 19일부터 지금까지 나토는 총 8500회 이상의 폭격 작전을 수행했다. 서방 열강 지도자들은 리비아 군사작전이 최신판 "인도주의적 개입"이며, 자신들의 개입이 리비아에 민주주의를 가져다 줬다고 떠들어 댈 것이다.

그러나 서방 열강들이 리비아에 개입한 것은 인도주의적 목표를 성취하기 위해서가 아니었다. 서방 지도자들이 정말로 민주주의와 자유를 신봉한다면 왜 바레인과 예멘과 사우디아라비아의 반란 운동은 지지하지 않는가? 대답은 간단하다. 독재자들이 '친서방'인 한, 서방 지도자들은 이 독재자들과 손잡고 일하는 것을 주저하지 않는다. 그들은 리비아에서 반란이 일어나기 전까지는 카다피와도 잘 협력했다. 그들은 예전에 카다피를 "미친 개"라고 비난했지만 나중에 태도를 바꿨다. 2004년 당시 영국 총리 토니 블레어는 카다피를 동맹으로 받아들였다.

누가 카다피를 계승하든지 한 가지는 확실하다. 서방 정부들은 서방의 이익을 보호하는 리비아 정부가 들어서도록 개입할 것이다. 카다피 정부의 몰락 덕분에 서방 지배자들은 중동에서 추락한 위신을 회복하고 좀 더 자신감을 가지고 다른 곳에 개입하려들 수도 있다.

그러나 카다피의 몰락은 모순된 효과를 낳을 것이다. 수십 년 동안 나라를 통치한 독재자가 무너지는 광경은 시리아의 알아사드 반대 투쟁을 포함해 다른 곳의 저항에 영감을 줄 수 있다. 만약 아랍 지역에 퍼진 저항 정신이 더 강해진다면, 지금 카다피의 몰락을 환영하는 세계 지도자들은 근본적으로 반제국주의적 성격을 가진 운동에 의해 자신들의 이익이 위협받는 상황에 처하게 될 수 있다.

리비아 새 '합법' 정부의 난점

서방은 과도국가위원회를 리비아의 합법 정부로 승인했다. 그러나 이 위원회는 모든 반정부 세력의 지지를 얻지는 못한다. 최근 미스라타의 반정부 세력이 과도국가위원회 인정을 거부했고 트리폴리로 진격한 반군의 일부 역시 마찬가지다.

봉기 초기에는 지방의 혁명적 장교들이 위원회를 주도했다. 그런데 카다피 정부에서 부역하다가 이탈한 사람들이 벵가지로 몰려들면서 이들과 장교들 사이에 갈등이 커졌다. 서방은 혁명의 주도권을 쥐고 싶었기 때문에 이탈자들을 부추겼다. 나토가 폭격을 시작하면서 과도국가위원회는 이탈자들의 차지가 됐다. 이들이 서방과 '협력'할 수 있어 보였기 때문이다.

과도국가위원회 지도자 무스타파 압둘 잘릴은 2007~11년 카다피 정부에서 법무부 장관을 지냈다. 지난달 그는 과도국가위원회 무장 세력들의 지휘자가 다른 반군에 살해당하자 집행위원회 전체를 교체했다. 다른 지도자 칼리파 헤프타는 리비아군이 1980년 차드를 침공했을 당시 대령을 지낸 자다. 그는 20년 넘게 미국 버지니아 주에서 살다 올해 초에 돌연 리비아에 나타났다.

심층 분석

환희 속에 감춰진 문제들 — 리비아의 앞날은?
사이먼 아사프

무아마르 카다피의 마지막 순간이 담긴 혼란스러운 비디오와 사진이 보도됐을 때, 대중은 크게 기뻐했다. 그러나 깊은 불안감도 동시에 생겨났다. 리비아 혁명은 서방 열강한테 승리를 빚졌다. 그러나 나라를 서방에게 넘기려고 이 혁명을 시작한 것은 아니었다.

우리는 카다피를 애도하지 않는다. 카다피를 법정에 세웠다면 좋았을 테지만, 그는 많은 비밀을 안고 저승길로 가 버렸다. 그런 비밀 가운데는 카다피와 서방이 맺은 많은 더러운 거래의 세세한 내역들도 있을 것이다.

그러나 많은 사람에게 그의 죽음은 수많은 목숨을 앗아간 전쟁이 끝났다는 것을 의미했다. 카다피는 자기가 박해하던 사람들의 손에 죽었다. 모든 독재자의 운명이 이래야 한다. 2011년 2월 15일 카다피군이 평화로운 시위대에 발포했을 때 카다피 자신의 운명은 이미 결정됐다. 이 시위는 이집트와 튀니지 혁명에 고무된 청년들이 조직했다. 시위대는 리비아 제2의 도시 벵가지의 법원 청사 바깥에 리비아판 타흐리르 광장을 만들었다.

벵가지에서 반란이 일어났고, 사람들은 보안군을 제압하고 진압군을 자기 편으로 끌어들였다. 벵가지의 성공은 전국적 반란을 촉발했다. 공업 도시 미스라타에서 반란이 일어났고, 수도 서쪽의 자위야도 합세했다. 오랫동안 억압받아 온 서부 산악 지대의 베르베르인들도 반란을 일으켰다. 수도 트리폴리에서도 청년 수천 명이 벵가지의 요청에 화답해 거리에 나섰다. 청년들은 용맹했지만 중무장한 친정부 세력을 이길 수는 없었다. 그들의 반란은 실패했다. 많은 사람들이 튀니지로 도피하고 지하로 숨었다.

카다피 정권은 여전히 지지 기반이 있었다. 카다피 정권은 지지자들을 동원해 무기를 나눠 주고 군대에서 반대 세력을 숙청했다. 사병과 장교 수백 명이 살해됐고, 정부의 핵심 인사들도 살해됐다. 수많은 민간인이 체포됐다. 이들은 대부분 나중에 살해됐다.

카다피의 반혁명으로 아랍 정권들이 폭력에 기대어 살아남을 수 있을 것처럼 보였다. 이러한 잔인한 공격 탓에 평화적 운동이 무장봉기로 발전했다. 그것은 불균형한 전투였다. 트리폴리 서쪽 근교 자위야의 수비대는 탱크 4대와 적은 무기만 보유하고 있었다. 정권은 탱크 50대와 중무장 전투병 수백 명을 보냈다. 동쪽에서는 혁명군이 미스라타와 트리폴리를 구하려고 진격했다. 빈약하게 무장하고 군사훈련도 제대로 받지 못한 혁명군은 카다피의 요새인 시르테 외곽에서 매복에 걸렸다. 벵가지까지 밀리는 기나긴 후퇴가 시작됐다.

카다피군이 반란이 일어난 도시에 접근했을 때, 카다피는 "우리는 어떠한 자비와 동정도 베풀지 않을 것이다" 하고 선언했다. 혁명의 미래가 암울해 보였다. 청년 혁명가들의 애초 바람은 무시됐다. 외국의 개입을 모두 거부한다는 요구를 포함해서 말이다.

그러고 나서 서방이 들어왔다. 나토의 전투기들이 카다피의 공세를 저지했다. 주사위는 이미 던져졌고, 서방 열강들은 이제 혁명을 가로채려 했다. 그 과정은 옛 정권의 고위 이탈자들이 혁명에 합류하면서 시작됐다. 반란의 초기 지도자들이 세운 과도국가위원회가 이 이탈자들의 통제를 받게 됐다. 새 지도부는 서방 열강의 지원을 기대했다. 서방은 군사적·재정적·정치적 지원을 약속했다. 그러나 그 대가는 매우 컸다.

대중은 서방에 모든 것을 내어 주는 것 외에 다른 도리가 없다고 느꼈다. 그것은 공갈이었다.

나토의 공습이 시작되기 직전에도, 벵가지의 청년 혁명가들은 여전히 서방의 개입을 반대했다. 그러나 그들은 타협할 수밖에 없었다. 결국 혁명가들은 나토의 전투기와 그것에 딸린 조건들을 모두 받아들였다. 그러나 '지상군' 투입은 결코 양보하지 않았다. 그것은 그들이 거둔 작지만 중요한 승리가 될 터였다.

그러나 서방의 군 장교들이 몰려왔다. 카타르의 특수부대 등도 몰려들었다. 나토 공습의 효과를 과소평가해서는 안 된다. 전투기의 공습으로 정부군은 괴멸됐다. 그러나 지상의 전투가 결정적으로 중요했다. 전투는 대부분 무장한 시민들이 담당했다. 전쟁의 초점이 트리폴리 남부의 미스라타와 서부 산악 지대로 옮겨 갔다. 많은 사람들이 나라가 분할로 가고 있다고 생각하고 있었지만, 이런 상황은 서부 산악 지대의 반란군이 튀니지 접경지대를 장악한 여름 무렵 바뀌었다. 트리폴리 등지의 서부 도시들에서 탄압을 피해 피신했던 많은 리비아인들이 다시 국경을 넘어와 전투에 참가했다.

8월 20일, 트리폴리에서 다시 반란이 일어났다. 이번에는 반군이 그 도시로 몰려들었다. 대중의 구실은 최후의 전투에서 결정적이었다. 반란의 시작을 알렸던 대중 시위가 결정타를 날릴 참이었다. 정권의 마지막 요소들이 몰락하는 것은 시간문제였다.

그러나 이 승리는 서방의 지원을 받는 새 정부와 리비아가 안고 있는 심각한 문제들을 감추고 있다. 옛 질서의 많은 부분을 그대로 두는 것이 바로 새 정부가 '서방과 맺은' 계약 조건이다. 여기에는 석유 계약, 이슬람주의자들을 통제하겠다는 약속, 유럽의 남부 국경을 사하라 이남의 이주민한테서 '확보'하겠다는 약속 등이 포함된다. 서방 열강은 리비아에서는 "옛 정권 인물들을 몰아내는 일"이 없을 것이라고, 즉 이라크와는 달리 옛 정권의 인물들이 자기 자리를 지킬 것이라고 선언했다.

그러나 미스라타 군사위원회는 이미 트리폴리의 과도정부가 내리는 모든 강압적 요구들을 거부하고 있다. 옛 체제를 살짝만 바꿔서 재활용하려는 시도 또한 이슬람주의자들의 반대를 받았다. 반군의 핵심 군사 지도자들 상당수가 이슬람주의자들이다. 반란에 참가한 많은 세력들이 과도국가위원회가 새 정부를 마음대로 구성한 것을 비난하며 이제는 과도국가위원회에 등을 돌리고 있다.

이 승리는 모순으로 가득 차 있다. '인도주의적 개입' 정책이 되살아났고, 이제 "유연한 군사력"이라 불린다. 카다피의 몰락은 아랍 혁명 전체의 환영을 받았다. 예멘, 이집트, 시리아에서 사람들이 승리를 축하했다. 반군의 깃발이 아랍 세계 곳곳의 시위 현장에서 펄럭이고 있고, 리비아 혁명은 여전히 아랍의 봄의 일부로 여겨진다.

혁명은 슬로건을 외치는 것만으로 끝나는 것이 아니다. 혁명은 수많은 사람들이 직접적이고 능동적으로 참여해 공동의 운명을 결정하고 새로운 사회질서를 창출하는 과정이다. 전쟁 동안 리비아에 강요된 제약들은 혁명의 성공을 위해 모든 것을 희생한 사람들의 열망과 커다란 마찰을 빚을 것이다.

리비아에서 벌어진 반란은 혁명의 모든 특징을 보여 줬다. 그러나 내전으로 나라가 기진맥진해 있다. 새로운 리비아의 정치에서 사라진 요소는 혁명 초기의 성공을 이끌었던 청년 활동가들이다. 그들이 리비아의 새로운 질서에 어떻게 대응할지는 알 수 없다. 그러나 아랍 혁명이 끝나려면 아직 멀었다는 점은 분명하다.

출처: 〈Socialist Worker〉 2265~2266호(2011.8.20~8.27), 2275호(2011.10.29), 〈레프트21〉 63~64호, 68호.

4장
중동 전역으로
확산된 반란

확산되는 중동 민중의 반란

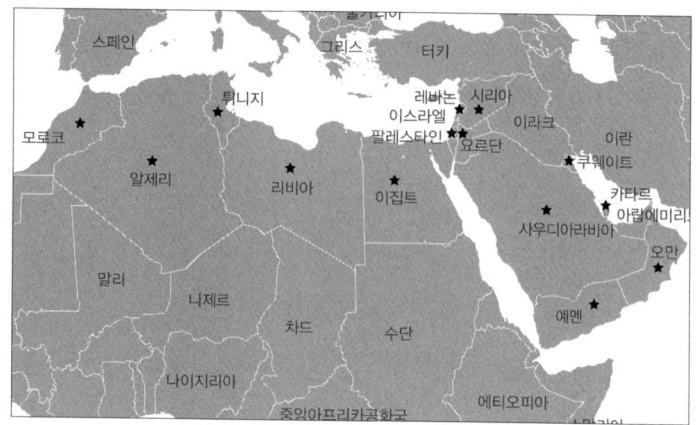

2010년 12월 튀니지에서 시작된 작은 저항은 독재자 두 명을 무너뜨리고 중동과 북아프리카를 휩쓰는 대중 투쟁 물결로 확산됐다. 2010년 12월 17일 노점상인 무함마드 부아지지는 경찰이 야채를 판매하지 못하게 막자 분신했다. 그의 죽음은 튀니지 보통 사람들이 쌓아 온 분노과 고통을 분출하는 계기가 됐다.

당시 튀니지 정부는 23년 동안 집권한 독재 정부였고 많은 사람은 그 정부에 감히 저항할 수 있을 거라고 생각하지 않았다. 그러나 갑자기 곳곳에서 저항이 일어났다. 노동자들은 파업을 시작했다. 경찰의 곤봉과 최루탄 세례를 맞으면서도 사람들은 "우리는 두렵지 않다"고 외치며 거리를 지켰다. 결국 2011년 1월 14일 독재자 벤 알리는 망명했다. 수십 년 만에 중동 독재자가 대중 항쟁으로 쫓겨난 것이다.

중동 지역 민중은 평범한 사람들에게 어떤 힘이 있는지 깨달았다. 그들은 자기 정부에 맞서 싸우기 시작했다. 중동 지역에서 가장 강력한 노동계급이 있는 이집트에서는 친미 독재자 호스니 무바라크에 맞선 대중투쟁이 벌어졌다. 무바라크는 국가 보안군을 동원해 이 반란을 분쇄하려 했다. 무바라크의 깡패들은 시위대를 위협했다. 그러나 시위 참가자들은 물러서지 않고 혁명의 중심지인 타흐리르 광장에서 자신들을 몰아내려는 공격에 맞서 싸웠다. 무바라크는 권좌를 지키려 발버둥 쳤지만 18일간의 항쟁으로 쫓겨났고 전 세계 민중은 환호했다.

튀니지와 이집트에서 모두 노동자 투쟁이 중요했다. 이집트에서는 노조 활동가들이 대규모 시위를 호소했다. 노동자 수십만 명이 파업을 벌이자 무바라크는 더는 버틸 수 없었다.

전 세계 지배자들은 깜짝 놀랐다. 그들은 대중운동이 독재자들을 쫓아내는 것을 보면서 자기 미래를 걱정하기 시작했다.

투쟁 물결은 아무도 예상치 못한 곳에 도달했다. 오만, 쿠웨이트, 카타르에서 그동안 보기 힘들었던 시위가 벌어졌다. 모로코, 예멘, 알제리, 요르단과 레바논 등 중동의 거의 모든 나라에서 불만이 폭발했다. 일부 지배자들은 양보 정책으로 불만을 잠재우려 필사적으로 노력했다. 그들은 임금을 올렸고 식량가 상승에 제동을 걸었고 일자리 창출을 약속했다. 동시에 폭력적으로 시위를 진압했다. 서방 정부의 지원 덕분에 이런 폭력적 탄압이 가능했다.

서방 군수 업체들이 시위 진압에 쓰일 최루탄, 총알, 탱크와 총을 중동 독재자들에게 팔았다. 서방 정부들은 이런 판매를 승인했다. 무기 거래는 계속되고 있다. 이런 방식으로 서방 정부들은 중동에서 일어난 모든 투쟁에 개입해 왔다. 리비아에서는 이른바 '비행금지구역'을 설정한다는 명목으로 좀 더 노골적이고 직접적으로 개입하기로 마음먹었다.

데이비드 캐머런, 니콜라 사르코지, 버락 오바마는 자기들이 생명을 구하려고 리비아에 개입한다고 주장했다. 그러나 사실은 이 지역에 대한 서방 열강의 통제를 재확립하려고 필사적으로 노력하고 있는 것이다.

서방 열강들은 자신들이 지원한 두 독재 정권이 몰락하는 것을 지켜볼 수밖에 없었다. 그들은 똑같은 일이 또 일어나거나 민중이 '덜 탄탄한' 정부와 대결하는 것을 바라지 않는다. 서방 정부의 개입 때문에, 리비아 민중은 혁명에서 승리하기가 더 힘들어질 것이다. 그러나 서방 개입이 혁명의 승리를 불가능하게 하지는 못한다.

2011년 3월에 중동 항쟁은 잔인한 탄압으로 몇 차례 후퇴했다. 바레인에서는 사우디아라비아가 보낸 군대가 시위대를 공격했다. 예멘에서는 군대가 수많은 사람들을 학살하고 부상을 입혔다. 그러나 저항은 계속됐고 새로운 곳에서 투쟁이 터져 나왔다.

시리아에서 수천 명이 "민중은 뼈에 사무치게 자유를 바란다"고 외쳤고, 3월 19일 살해된 시위 참가자들의 장례식에서 혁명을 요구했다. 시위대가 학살된 예멘에서는 3월 20일에 수도 사나에서 수만 명이 행진했다. 예멘 대통령은 내각 전체를 해임했고 고위 장군들이 반정부 세력으로 넘어갔다. 같은 날 모로코에서는 수천 명이 부패 척결과 시민권을 요구하며 시위를 벌였다. 이라크에서는 5000명이 바레인 정부와 사우디아라비아 파병군의 탄압을 받는 바레인인들의 저항을 지지하는 시위를 벌였다.

중동에서 지속되는 반란은 몇 가지 중요한 점을 보여 준다. 첫째, 평범한 보통 사람, 특히 노동자들이 엄청난 잠재력을 가지고 있다는 점이다. 튀니지와 이집트의 사례는 국가가 아무리 잘 무장하고 자원을 아무리 많이 가져도 대중 저항을 언제나 억누를 수는 없다는 점을 보여 줬다. 둘째, 동시에 지배자들은 권좌를 지키기 위해서라면 수단과 방법을 가리지 않음을 증명했다.

마지막으로, 중동 반란은 혁명이 하나의 과정임을 보여 줬다. 반란은 아직 끝나지 않았다. 투쟁이 계속되고 있다. 어느 날은 투쟁이 급격히 전진했다가 며칠 뒤에는 급격히 후퇴할 수 있다. 그러나 운동이 후퇴할 때도 투쟁은 멈추지 않는다. 사회주의자들에게 중요한 것은 반란의 교훈을 배우고 그것을 확산시키는 것이다.

출처: 〈socialist Worker〉 2244호(2011.3.26), 〈레프트21〉 53호.

예멘

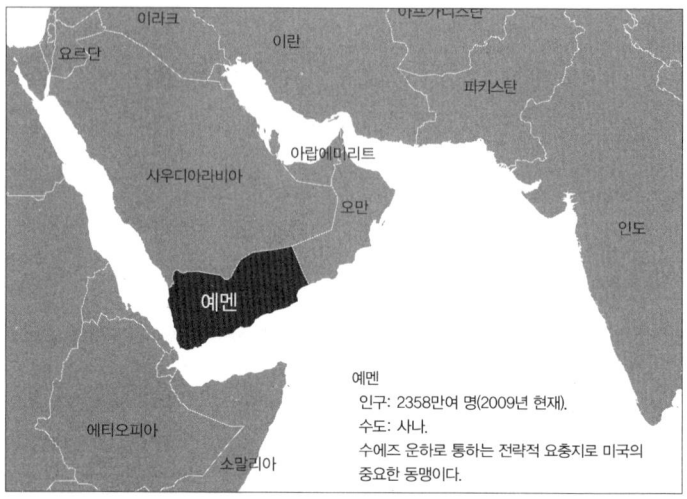

예멘
인구: 2358만여 명(2009년 현재).
수도: 사나.
수에즈 운하로 통하는 전략적 요충지로 미국의
중요한 동맹이다.

독재자의 하야를 요구하는 예멘 민중

예멘 민중이 독재자 알리 압둘라 살레의 하야를 요구하며 거리로 나섰다. 30여 년간 권좌를 유지한 살레는 이에 대응해 자신이 2013년 물러날 것이고 대통령 후계자로 의심받고 있는 자신의 아들에게 권좌를 넘기지도 않겠다고 발표했다.

그러나 살레의 보안군과 깡패들은 계속 시위대를 공격하고 있다. 2011년 2월 20일 남부 도시 아덴에서 경찰은 열일곱 살 소년을 살해했다. 그는 이번 시위가 시작된 후 아홉 번째 희생자다.

홍해와 아덴 만 입구에 있는 예멘은 수에즈 운하에 진입할 때 지나가는 전략적 요충지다. 미국 정부는 살레를 중동의 중요한 동맹으로 여긴다. 최근 예멘의 시위 물결은 다른 중동 국가의 저항 운동에서 영감을 얻었지만, 살레 정권은 전부터 저항에 부딪혀 왔다. 2010년 예멘 남부에서 수백만 명이 독립을 요구하며 시위를 벌였다. 이 시위는 폭력적으로 진압됐다.

1990년 이전에 예멘은 남예멘과 북예멘으로 분리돼 있었다. 당시 미국 정부는 북예멘을 지원했고 남예멘은 러시아의 영향권 안에 있었다. 냉전이 종식되면서 둘은 통일됐지만 1994년에 내전이 발생했다. 그 결과로 사나에 기반을 둔 북예멘 정부가 남예멘을 지배하게 됐다.

지금 벌어지는 항쟁의 중요한 특징은 저항의 움직임이 예멘 남부에 한정돼 있지 않다는 것이다. 시위는 사나에서도 벌어지고 있다. 즉, 살레의 부패하고 잔인한 정권이 사상 최대의 위기에 빠져 있다.

정부군의 학살에도 계속되는 저항

예멘 대통령 알리 압둘라 살레에 맞선 저항이 예멘을 뒤흔들고 있다. 살레의 보안군은 저항운동을 진압하려 한다.

4월 4일에 예멘 수도 남부에 있는 타이즈 시에서 시위 참가자들이 정부 건물 하나를 접수하려 했다. 경찰이 발포해 열두 명이 죽고 서른 명이 다쳤다. 그 전날에는 정부군이 시위대를 공격해 수백 명이 다쳤다. 한 목격자는 타이즈 시 사건을 "학살"이었다고 전했다.

후다이다에서는 수백 명이 대통령궁으로 행진했는데, 경찰이 발포해 쉰 명이 다쳤다. 4월 3일 예멘 남부인 아덴에서는 시민불복종 운동이 벌어져 거리가 텅 비었다. 시위 참가자 수천 명은 사나 대학교 근처에서 텐트를 치고 농성을 벌였다.

한편, 정부와 군의 핵심 인사들이 대거 사임하면서 살레는 더 큰 압력을 받게 됐다. 3월 18일 시위대 쉰두 명이 죽은 후 많은 이가 사임했다. 정부 저격수들이 이날의 시위대 학살에 책임이 있다.

시위대의 압력 때문에 살레는 2013년에 사임할 것이고 민주적 개혁을 추진하겠다고 한다. 그러나 운동은 이 발표에 만족하지 않고 즉각 사임할 것을 요구하고 있다. 살레는 저항 세력이 "점거, 도로 봉쇄, 암살을 중단하고 일부 군부대가 반란에 가담하길 중단해야" 개혁을 논의할 수 있다고 말해 사람들의 공분을 샀다.

살레 정부를 '테러와의 전쟁'의 중요한 동맹으로 여겨 온 미국 정부는 지금까지 살레의 사임을 요구하지 않고 있다. 미국 정부는 저항이 확산돼 이 지역에서 자신의 입지가 더 약해질까 봐 걱정한다. 그래서 예멘 정부에 '점진적 이행'을 요구하는 것이 최선이라고 생각한다.

여성도 저항에 나서다

4월 17일 수십만 명이 예멘 방방곡곡에서 시위를 벌였다. 예멘 대통령 살레는 이슬람 관습에 따라 여성이 시위에 참가해서는 안 된다고 말했다. 이에 맞서, 여성 수천 명이 남성과 함께 반정부 구호를 외치며 행진했다. 여성은 예멘 민주화 운동에서 중요한 구실을 해 왔다. 반정부 운동이 처음 시작됐을 때 여학생들은 대학에서 반정부 행동을 조직하는 데 결정적 구실을 했다.

미국과 이 지역 독재자들은 튀니지와 이집트 혁명을 보면서 소스라치게 놀랐다. 지금 걸프협력회의GCC는 예멘의 권력 이양을 주장한다. GCC는 이 지역 정부들로 구성돼 있고, 사우디아라비아가 가장 강력한 영향력을 행사한다. GCC는 살레가 물러나길 바라지만 현 정권이 권력을 계속 유지하기를 바란다.

미국 정부는 예멘을 '테러와의 전쟁'의 전진기지 중 하나로 사용해 왔다. 미국 정부는 최근 예멘 정부에 많은 돈을 지원했고 해병대를 보내 예멘 보안군을 훈련시켰다. 또, 미국 정부의 무인 폭격기가 예멘인들을 공격했다.

그러나 예멘의 저항이 다시 힘을 얻으면서 중동의 혁명운동이 여전히 심화되고 있음을 보여 주고 있다.

독재자 살레가 달아나다

6월 5일 알리 압둘라 살레 대통령이 병원 치료를 받아야 한다는 핑계를 대며 사우디아라비아로 도망치자 예멘 거리는 축하 인파로 넘쳤다. 사람들은 수도 사나의 중심가인 대학 광장에 모여 "민중이 정권을 물리쳤다"고 외쳤다. 시위대는 그 광장을 '변화의 광장'으로 바꿔 부르며 2월부터 점거 농성을 해 왔다.

33년 동안이나 예멘을 통치해 온 살레는 6월 3일 대통령궁이 공격받았을 때 부상했다. 그의 핵심 측근들도 크게 다쳤다. 살레 정권 인사들은 대통령의 부상이 대수롭지 않다고 우겼다. 그러나 6월 5일 아침이 되자 살레가 수술을 받으러 떠났노라고 발표했다. 살레 지지자들은 아직도 살레가 "며칠 안에" 돌아올 것이라고 말하지만, 그럴 가능성은 점점 낮아지고 있다.

"광장은 축하 인파로 그득했습니다. 아마 그 때문에라도 독재자는 쉽게 돌아오지 못할 겁니다" 하고 영국에 거주하는 예멘 활동가인 아부바크르 알샤마히는 말했다. "내 친척들은 바로 변화의 광장으로 달려가 환호했다고 합니다. 총소리가 축포소리로 바뀐 것을 누구도 부정할 수 없지요."

그러나 알샤마히는 살레 일가가 많이 도망쳤지만 일부는 남아 있다고 걱정한다. 예컨대 중앙 보안군은 아직도 살레의 큰조카인

야흐야가 지휘하고 있다. 알샤마히는 "어떤 방식이든 살레가 영원히 떠났다는 공식 발표가 있어야 할 텐데, 그때야말로 진심으로 축하할 수 있을 겁니다" 하고 덧붙였다.

사람들 대부분이 현재 정세를 이렇듯 불확실하게 보고 있다. 예멘에 반란이 일어난 후 전국에서 대규모 시위가 벌어졌고, 변화의 광장에 농성장이 차려졌다. 예멘의 운동은 튀니지와 이집트 혁명에 고무받아 자신감을 얻었다. 이 운동으로 예멘의 지배자들은 크게 동요했다. 예멘은 세계에서 가장 가난한 나라 가운데 하나고, 실업률이 35퍼센트에 이른다. 남부 지방에서 벌어진 파업이 북부 지방으로 번지기 시작했고, 토요일에는 사나의 항공사 노동자들이 파업을 했다. 이러한 대중 파업이야말로 반란에서 핵심 고리 구실을 했다.

운동은 또한 예멘 북부의 유력 부족 지도자들의 지지를 이끌어 냈는데, 그들은 예전에 살레를 지지했던 사람들이다. 5월 22일, 하시드 부족연맹의 중무장 대원 1만여 명이 사나에 들어왔고, 그들과 살레에게 충성을 바치는 세력 사이에 시가전이 벌어졌다. 부족 무장대가 주요 정부 청사 여러 곳을 장악했고, 살레편 군인들, 특히 정예 공화국수비대 여단마저 돌아섰다.

서방 언론과 정부 들은 이제 예멘에 "권력 공백"이 생겼다거나, 예멘이 "파산한 국가"라고 주장한다. 이것은 전혀 놀랍지 않은 일이다. 살레 정권은 수십 년 동안 서방 정부들의 후원을 받았다.

서방 정부들은 살레에게 돈과 무기와 군사훈련 등을 제공했다. 많은 서방 사람들은 또한 살레가 물러나면 알카에다의 영향력이 커질 거라고 주장한다. 이번 주 〈더 선〉은 심지어 예멘을 "새로운 알카에다 공화국"이라고 부르기까지 했다.

그러나 예멘의 운동은 아래에서 시작한 대중적 반란이다. 이 점은 중동과 아프리카의 다른 나라들과 마찬가지다. 실제 위험은 예멘의 저항운동이 살레 퇴진 후에 멈추는 것이다. 그러나 아부바크르 알샤마히는 운동이 멈추지 않을 것이라며 이렇게 말했다. "예멘 사람들은 매우 고집이 셉니다. 그들은 800명이 죽어 나가는데도 물러서지 않았습니다. '정상'상태로 되돌아가도록 놔두지 않을 겁니다. 민중은 변화를 바라고 있습니다."

돌아온 살레와 다시 불붙는 저항

예멘 독재자 살레가 복귀하면서 수도 사나에서는 저항이 다시 불붙기 시작했다. 살레는 지난 9월 23일 사우디아라비아에서 예멘으로 전격 복귀했다. 그는 6월 암살 기도에서 살아남은 후 치료차 사우디아라비아로 도피했다. 많은 예멘 활동가는 그가 돌아오지 않을 것이라고 생각했다.

살레는 9월 25일 텔레비전 방송에 출연해 자신이 곧 사임할 것이고 선거 일정을 정하겠다고 발표했다. [그러나] 반정부 시위 참가자들은 살레가 또다시 시간 끌기 작전을 펴고 있다고 생각한다. 활동가들은 살레 정권이 즉각 물러나야 한다고 요구한다. 그들은 지난 1월 '아랍의 봄'이 시작됐을 때부터 수도 사나 중심가에 있는 '변화의 광장'에서 농성을 벌여 왔다.

영국 런던에 거주하는 예멘 활동가인 아부바크르 알샤마히는 이렇게 말했다. "살레가 지금 돌아온 것은 우연이 아닙니다. 9월 26일은 1962년 혁명 기념일입니다." 1962년 혁명이 발생하면서 북예멘 정치가 급진화했다. 당시 북예멘은 이집트의 가말 압델 나세르의 아랍민족주의 운동과 동맹 관계를 맺었다.

아부바크르는 이렇게 말했다. "많은 사람들은 살레가 예멘으로 돌아와 자신을 평화의 사도로 내세우려고 일부러 폭력 사태를 조장했다고 생각합니다. 과거에도 살레는 툭하면 예멘의 분열을 이용해 자신의 통치를 유지했습니다. 그러나 그는 지금 기층의 정서를 파악하지 못하고 있습니다. 그는 사람들이 자신을 얼마나 증오하는지 깨닫지 못했습니다. 예멘 민중은 여덟 달 동안 투쟁했습니다. 그들은 물러설 생각이 없습니다. 사실, 민중은 더 많은 것을 요구하고 있습니다. 이번 반란에서는 청년 연합이 중요한 구실을 하고 있습니다. 그들은 입을 모아 독재자와 협상할 수 없다고 말합니다. 최근 폭력 사태를 생각하면 이상하게 들릴 수 있겠지만, 제가 대화한 예멘 사람들은 투쟁 현장이 축제 분위기와 비숫하다고 말했습니다."

9월 25일 수만 명이 살레의 체포를 요구하며 시위를 벌였다. 시위 참가자들은 "자유! 자유! 도살자를 처벌하라!"고 외쳤다. 살레의 친위대가 시위대를 향해 발포해 최소한 열여덟 명이 다쳤다. 26일에는 여성들이 이끄는 시위대 수천 명이 변화의 광장에서 행진했다.

지금 반살레 투쟁을 벌이는 사람들은 아랍의 봄에서 용기를 얻었다. 그들은 지난 여덟 달 동안 파업과 시위를 벌였다. 그러나 반살레 투쟁을 벌이는 집단들 중에는 그들과는 이해관계가 다른 경우도 있다. 정부에서 이탈한 군부대, 반란을 일으킨 부족, 분리주의자들이 대표적 사례다.

살레 정권은 지난 한 주 동안만 200명을 죽였다. 미국 정부는 '정직한 중개자'를 자처한다. 그러나 최근 〈워싱턴 포스트〉는 미국 정부가 지부티에 배치된 무인정찰기를 이용해 소말리아와 예멘을 공격하고 있다고 보도했다. 9월 25일 미국 무인정찰기는 소말리아 항구인 키스마요를 공격해 소말리아인 여러 명을 죽였다. 미국 정부는 '테러와의 전쟁'이란 미명 아래 가난한 나라를 폭격하는 것을 정당화한다.

살레의 친위대가 시위대를 공격하고 변화의 광장을 포격하자, 알리 모신 장군이 지휘하는 부대는 시위대 쪽으로 넘어왔다. 알 샤마히는 이렇게 말했다. "사복을 입은 살레 지지자들이 시위대를 향해 발포하자 모신의 부대는 어떻게 대응해야 할지 고민했습니다. 처음에 그들은 허공을 향해 발포했습니다. 사람들은 처음에는 모신을 믿지 않았습니다. 그가 살레의 오랜 동맹이었기 때문입니다. 만약 모신이 운동의 지도부를 자처하며 시위에 뛰어들었다면 사람들의 지지를 받지 못했을 것입니다. 그러나 모신 부대원들이 시위대를 보호했기 때문에 그의 인기가 높아졌습니다."

반정부 투쟁의 초기 단계에는 많은 파업 — 특히 예멘 제2 도시인 아덴에서 — 이 발생했다. 그러나 투쟁이 길어지면서 많은 작업장이 문을 닫았다. 전력이 없어 문을 닫은 경우도 있다. 사나 대학교 파업은 지금까지 지속되고 있다. 학생들은 무려 여덟 달 동안이나 수업을 거부했다. 그들은 파업의 지속 여부를 놓고 토론을 벌였고, 학생과 강사노조가 모두 파업을 지속하기로 결정했다.

출처: 〈Socialist Worker〉 2240호(2011.2.26), 2246호(2011.4.9), 2248호(2011.4.23), 2255호(2011.6.11), 2271호(2011.10.1), 〈레프트21〉 51호, 54~55호, 59호.

바레인과 사우디아라비아

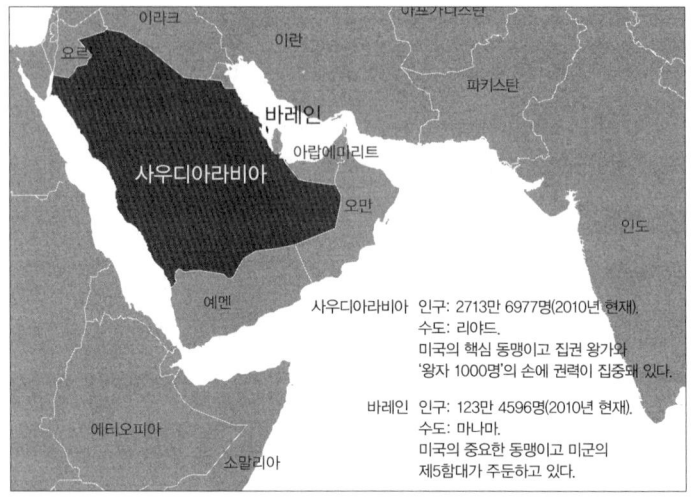

사우디아라비아 인구: 2713만 6977명(2010년 현재).
수도: 리야드.
미국의 핵심 동맹이고 집권 왕가와
'왕자 1000명'의 손에 권력이 집중돼 있다.

바레인 인구: 123만 4596명(2010년 현재).
수도: 마나마.
미국의 중요한 동맹이고 미군의
제5함대가 주둔하고 있다.

바레인을 뒤흔든 대중 항쟁

2011년 2월 14일 소박한 개혁을 요구하며 시작된 시위가 왕정 퇴진을 요구하는 대중 항쟁으로 발전했다. 바레인 여성과 청년 들이 반정부 투쟁을 주도하고 있다.

경찰과 군대를 앞세운 국가의 잔인한 탄압이 오히려 운동을 키우는 결과를 낳았다. 수십 명이 죽었다. 시위대와 경찰 사이의 전투로 병원은 부상자로 넘쳤고 분노한 의사와 간호사 들은 쉬지 않고 부상자들을 돌봤다.

경찰은 주로 영국제인 고무탄, 실탄, 최루탄으로 많은 시위대를 죽이고 부상을 입혔다. 인터넷에 유포된 동영상들을 보면, 경찰이 인도에서 평화롭게 시위를 벌이는 사람들을 향해 최루탄과 고무탄을 쏜 것을 알 수 있다.

경찰은 시위대를 뒤쫓아 닥치는 대로 총을 쏘고 구타했다. 군은 감옥에서 모집한 용병들을 동원해 시위대를 공격했다. 2월 18일 수도 마나마는 전장을 방불케 했다. 정부 저격수와 탱크 들은 저항 움직임에 종지부를 찍으려 했다.

이날 밤에만 수십 명이 죽었다. 청년들은 밤새도록 경찰과 대치했다. 토요일 아침에 군대가 철수하자 시위대는 진주광장을 되찾았다.

시위대는 방어위원회를 결성했다. 그들은 모임을 열고 정부에 제시할 요구를 결정하려 한다. 권좌를 지키려 발버둥 치고 있는 알칼리파 왕은 2월 22일 야당 그룹들과 대화를 시작하려고 정치범 석방을 명령했다. 지금까지 이런 조치는 저항을 사그라지게 만들지 못했다.

바레인 – 억압과 저항의 역사

작은 섬나라인 바레인이 대중 항쟁으로 흔들리고 있다. 인구의 다수를 차지하는 시아파는 자유주의자와 급진 수니파와 손을 잡고 수니파 왕실이 자행하는 정치적 차별과 억압에 맞서 싸우고 있다.

사우디아라비아 연안 근처에 있는 바레인의 인구는 80만 명뿐이지만 이곳에는 석유가 많이 매장돼 있다. 바레인은 그동안 억압적이고 부패한 정권이 통치해 왔는데, 지금 이 정권이 위기에 처했다.

영국은 100년 이상 바레인 정치에서 중요한 구실을 했다. 1932년 석유가 발견된 뒤부터 석유는 이 나라의 주된 수입원이었다. 당시 영국인 고문 찰스 벨그레이브는 바레인 국가의 정책을 결정했다. 그는 저항 세력을 잔인하게 탄압하는 것을 감독했고 수니파와 시아파를 이간질했다. 영국과 바레인의 '특별 조약'은 1971년에 종결됐지만 영국은 여전히 강력한 영향력을 행사하고 있다. 영국은 바레인에 무기를 제공했고 BP를 포함해 영국의 다국적기업들은 풍부한 석유 자원과 값싼 노동력을 마음껏 이용했다.

바레인 항쟁은 맥락 없이 갑자기 터져 나온 것이 아니다. 바레인 인티파다(항쟁)는 1994년에 시작됐다. 좌파 활동가들은 이슬람주의자와 자유주의자들과 손잡고 변화를 위해 투쟁했다.

정부는 이를 잔인하게 탄압했다. 그러나 바레인 인티파타는 2000년까지 지속됐고, 정부는 저항 세력의 요구에 귀를 기울이겠다는 제스처로 2001년 국가행동헌장을 제정했다. 그러나 억압과 빈곤은 계속됐다.

2005년에는 전국의 건설 현장에서 파업 물결이 일었다. 노동자들 ― 이주노동자가 많았다 ― 은 적절한 임금과 권리를 보장받을 때까지 일하기를 거부했다.

두려움에 떠는 사우디아라비아 지배자들

사우디아라비아에서도 정부에 대한 불만이 공개적으로 표출되고 시위와 파업이 벌어졌다. 사우디아라비아 왕가는 한때 불가능해 보이던 것이 가능해지자 충격을 받았다.

평범한 사우디아라비아인들은 왕실의 부패와 정실주의에 항의하는 청원서를 작성했고, 입헌군주제를 요구하는 운동을 시작했다.

미국 정부의 핵심 동맹인 사우디아라비아의 권력은 집권 왕가와 이른바 '왕자 1000명'의 손에 집중돼 있다. 사우디아라비아에는 엄청난 석유 자원이 있지만 많은 사우디아라비아인들은 빈곤하게 산다.

주민 다수가 시아파 무슬림인 동부 지역에서는 수감된 반체제 인사들의 석방을 요구하는 시위들이 벌어졌다. 시위 참가자 중 상당수는 여성이었다.

사우디아라비아 왕가는 부랴부랴 막대한 재정 지원, 지방선거 실시, 여성 투표권 보장(출마권은 배제) 등을 약속하고 나섰다.

동시에, 사우디아라비아 정부는 반정부 행동을 강력히 탄압하겠다고 위협했다. 정부에 항의하는 '분노의 날' 시위를 호소했던 페이스북 관리자는 3월 초에 살해됐고, 저명한 반체제 인사들도 체포됐다.

고위급 종교 지도자들은 사람들에게 시위에 참가하지 말라고 권고했고, 정부는 모든 공개 시위를 분쇄하려고 병사 1만 명을 배치했다.

출처: 〈Socialist Worker〉 2240호(2011.2.26), 2242호(2011.3.12), 〈레프트21〉 51~52호.

시리아

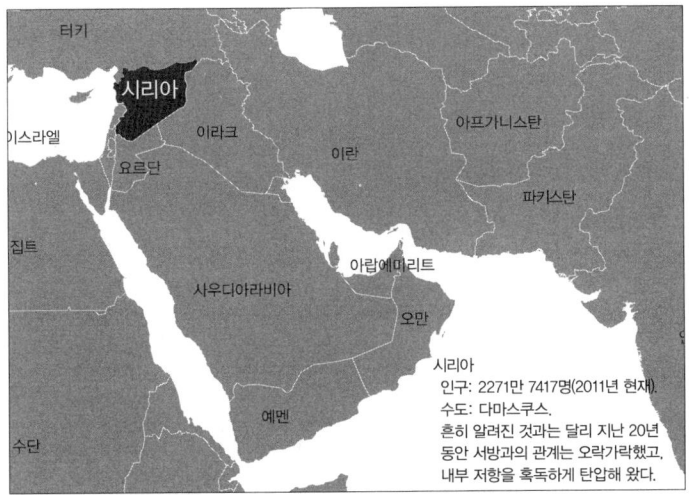

터키
시리아
이스라엘
요르단
이라크
이란
아프가니스탄
파키스탄
집트
사우디아라비아
아랍에미리트
오만
예멘
수단

시리아
인구: 2271만 7417명(2011년 현재).
수도: 다마스쿠스.
흔히 알려진 것과는 달리 지난 20년
동안 서방과의 관계는 오락가락했고,
내부 저항을 혹독하게 탄압해 왔다.

아랍 혁명의 불길에 휩싸인 시리아

대규모 시위가 시리아 지배계급을 뒤흔들고 있다. 시리아 대통령 바샤르 알아사드는 다른 아랍 지배자들처럼 중동을 휩쓰는 반란 물결에 직면해 권력을 지키려 한다. 그래서 그는 시위가 벌어진 첫 2주 동안 예순 명을 죽였다.

처음에 시리아 정부는 팔레스타인인들이 시위에 책임이 있다고 말했고, 나중에는 이스라엘과 미국 첩자들이 시위를 사주했다고 말을 바꿨다. 이런 말바꾸기는 시리아 국가의 모순을 보여준다.

서방 정부와 언론은 시리아를 '불량 국가'로 분류한다. 대량살상무기 개발에 관심이 있고 테러리즘을 지원한다는 의미에서다. 그러나 불과 2주 전, 미국 국무부 장관 힐러리 클린턴은 알아사드 대통령을 개혁가라고 칭송했다.

대다수 1700만 시리아인 — 그중 절반이 19세 이하 — 은 갈수록 더 가난해지고 있다. 실업률은 25~30퍼센트에 이른다. 국내총생산은 하락하고 있고 석유 자원도 곧 바닥이 날 것이다. 바트당의 권력을 유지해 준 방대한 관료, 군, 보안 기구들은 더는 유지되기 힘들다. 시리아 경제는 거의 파산 상태다. 최근 가장 큰 시위들은 주로 남부 도시인 다라에서 발생했는데, 다라 주민들이 주로 소득을 얻는 농업은 지난 몇 년 동안 가뭄으로 큰 타격을 입었다.

항쟁은 다마스쿠스, 알레포, 홈스, 하마 등 다른 대도시로도 확산되고 있다. 또, 북부의 쿠르드족은 반란에 준하는 행동에 돌입했다. 전직 언론인 로버트 피스크는 이렇게 말했다. "고문과 무카바라트(비밀경찰)의 심문이 지속되고 있다. 시리아에서 자유란 사막의 오아시스만큼 찾기 힘들다. 의회는 정부를 지지하는 서커스단일 뿐이다."

시리아는 반제 아랍민족주의의 최후의 보루?

시리아 정부는 이슬람의 알라위파(시리아 인구의 12퍼센트)에 속한 소수의 군 장교들에 주로 기반을 두고 있다. 그러나 이번 시위에는 다양한 종파들이 참가했다.

시리아와 서방의 관계는 불편했다. 시리아는 이라크 다음의 표적이기도 했다. 시리아는 동쪽으로는 미국이 점령한 이라크에, 서쪽으로는 이스라엘에 접해 있다. 시리아 역사는 제국주의 지배의 역사이자 그에 대한 저항의 역사였다.

제1차세계대전 당시 오토만제국이 붕괴하자 영국과 프랑스는 중동 지역을 분할했다. 1920년 파이잘은 아랍 반란을 일으키고 다마스쿠스에서 아랍 왕국의 건국을 선포했다. 프랑스군은 이 반란을 진압했다. 프랑스 탱크는 메이살룬 전투에서 아랍 기병들을 몰살시켰고 영국은 서둘러 파이잘을 바그다드로 데려갔다. 이곳에서 파이잘은 이라크 국왕이 됐다. 그다음 25년 동안 프랑스 식민 정부가 시리아 지역을 통치했다. 사람들은 프랑스에 맞서 저항했다.

1925년과 1926년에 프랑스 식민 통치에 반대하는 대규모 반란이 일어났다. 프랑스는 다마스쿠스를 두 번이나 폭격하는 등의 방법으로 간신히 진압했다. 1946년에 마침내 또 한 번 민중 항쟁이 일어나 프랑스군을 몰아냈다.

첫 번째 독립 정부를 구성한 지주와 상인 들은 곧 임금 인상과 노동조건 개선을 요구하는 노동자 파업에 직면했고, 농민도 반란을 일으켰다. 급진 정당들이 우후죽순처럼 등장했다. 1954년 아랍 최초로 공산당원이 의회에 진출했고, 아랍권이 단결해 제국주의를 몰아내자는 바트당의 민족주의적 주장에 대한 대중의 지지가 높아졌다. 바트당은 제국주의의 중동 개입을 혐오하는 중간계급 지식인, 전문직 종사자, 학생, 상인과 기타 기업인으로 구성됐다. 그들은 아랍 세계의 통일, 주요 산업의 국유화, 제국주의 반대 등을 주장했다.

그러나 권력을 잡은 후 바트당은 갈수록 국가기구와 자신을 동일시하게 됐다. 한편, 중동 다른 나라들에서도 바트당이 등장했다. 이 중 상당수는 오늘날 남아 있지만, 그들은 창립 당시의 급진 이데올로기와 완전히 선을 그었다. 시리아 바트당도 범아랍 혁명이 아니라 기존 영토의 확장과 국가 이해관계의 수호에 더 많은 관심을 기울이기 시작했다.

1958년 시리아 바트당은 이집트 군부 지도자 가말 압델 나세르에게 시리아와 이집트로 구성된 통일아랍공화국의 대통령이 되라고 요구했다. 그러나 1961년 시리아 자본가들이 나세르의 토지 개혁과 은행·산업 국유화 계획에 반발하면서 통일아랍공화국은 무너졌다.

다마스쿠스에서 쿠데타가 일어나 자유주의적인 민간인 정부가 등장했다. 그러나 1963년 또 한 번의 쿠데타로 바트당이 재집권했다. 그들은 소련을 본뜬 국가자본주의 경제 모델을 반제국주의 미사여구와 성장하던 팔레스타인 게릴라 운동에 대한 지지와 결합했다.

이것은 중동 지역에서 미국 제국주의의 전진기지인 이스라엘과의 끊임없는 긴장 관계를 심화시켰다. 1967년 전쟁에서 이스라엘은 시리아와 다른 아랍 나라들을 물리쳤다. 이스라엘은 시리아 영토인 골란 고원을 차지했다.

이 패배로 바트당 내에서 군부의 영향력이 높아졌다. 현 시리아 대통령의 아버지이자 당시 바트당 내 군부 핵심 인사였던 하페즈 알아사드는 1970년 내부 쿠데타 ― 이른바 '교정 혁명' ― 를 일으켰다. 알아사드는 전임자의 국가자본주의 정책과 거리를 두면서 경제를 부분적으로 자유화했다.

시리아 현대사는 이스라엘과 끊임없이 충돌한 역사다. 그러나 동시에, 시리아 정부는 팔레스타인인들을 지지한다고 온갖 말잔치를 늘어놓지만 번번이 팔레스타인인들을 배신했다. 1973년 이집트와 시리아는 빼앗긴 땅을 되찾으려 이스라엘을 상대로 다시 전쟁을 벌였고 또 패했다.

그러나 1976년 시리아는 미국의 명령을 받아 레바논에 파병했다. 시리아군은 잔인한 파시스트 집단이자 팔레스타인인과 무슬림에 맞서 싸우던 팔랑헤의 편을 들었다. 그해 시리아군은 팔랑헤 기독교 우익 민병대가 베이루트의 텔 알자타르 캠프에서 팔레스타인인 2000명을 살해하는 데 공모했다.

시리아 정부는 내부 저항을 혹독하게 탄압했다. 1980년대 나타난 이슬람주의 무장 집단의 저항은 매우 강력했다. 1980년에는 무장 저항과 함께 대규모 파업과 시위가 벌어졌다. 알레포 주민 가운데 3분의 2가 몇 주 동안 반란을 일으키기도 했다. 같은 해, 시리아 정부는 동부 사막 지역 근처의 타드무르에서 일어난 반란을 진압하면서 1000명을 죽였다.

1982년에는 하마에서 봉기가 발생했다. 알아사드는 "그들은 자신들이 저지른 짓에 대가를 치르게 될 것이다" 하고 선언했다. 그는 대학살로 항쟁을 억눌렀고 불과 한 달 동안 수만 명을 도륙했다. 하마의 거주지 전체가 파괴됐다. 정부의 목표는 모든 반대파에 겁을 주는 것이었다.

1980년대 시리아 경제는 정체했고, 시리아를 지원해 온 초강대국 소련은 쇠락했다. 그러나 1991년 걸프 전쟁은 시리아 국가가 서방 열강들과 손잡을 기회를 제공했다. 시리아는 1991년 이라크를 상대로 미국이 벌인 걸프 전쟁을 지지했고 미국 정부는 이를 환영했다.

시리아 정부의 변화로 미국 정부의 지원이 재개되진 않았지만 유럽연합이나 사우디아라비아와 관계를 개선할 수 있는 기회가 생겼다. 경제는 별 볼일 없었지만 석유 생산 증가로 그럭저럭 성장했고, 시리아 지배계급은 외국인 투자를 촉진하는 법률을 제정했다. 그러나 대다수 평범한 시리아인들은 이런 변화에서 이득을 얻지 못했다.

2000년 하페즈 알아사드가 죽자, 그의 아들 바샤르가 대통령 자리를 계승했다. 초기에 바샤르는 '다마스쿠스의 봄'으로 알려진 정치와 경제의 자유화를 약속했다. 그러나 인권 유린과 정치 활동가 탄압은 계속됐다. 9·11 이후 알아사드는 부시 정부에 자신이 하마에서 한 짓을 상기시키면서, 그것이 부시가 따라야 할 "성공 사례"라고 주장했다.

오늘날 시리아에는 정치범이 수백 명 수감돼 있고, 인권단체들은 고문이 '일상적'으로 자행되고 있다고 지적한다. 서방 정부들은 시리아 정부의 고문 행각을 활용하기도 했다. 미국 정부는 '테러와의 전쟁'의 일환으로 자행한 고문 중 일부를 시리아에 '외주' 줬다.

한때 조지 부시는 시리아를 "악의 축"에 포함시켰지만, 곧 자신이 잡은 사람들을 시리아 감옥으로 보냈다. CIA가 납치한 사람들 중 일부는 '팔레스타인 지부'로 알려진 시리아 감옥들로 보내졌다. 캐나다 시민인 마헤르 아라르는 뉴욕에서 납치된 후 시리아로 보내졌다. 그는 시리아 감옥에서 거의 1년 동안 고문을 받은 뒤에야

집으로 돌아갈 수 있었다. 아무도 그에게 왜 그런 일이 일어났는지 설명하지 않았다.

그러나 두 나라 정부의 관계는 2005년에 또 변했다. 미국 정부는 레바논 총리 라피크 하리리 암살이 시리아의 짓이라고 주장했다. 하리리 암살은 이른바 '백향목 혁명'을 촉발하는 계기가 됐다. 레바논에서 연이어 시위가 벌어지면서 시리아는 레바논에서 철군할 수밖에 없었다. 미국 정부는 시리아에 경제제재를 선포했고 바트당 정부가 이라크 저항 세력을 지원한다고 비난했다. 2008년 미군의 공격으로 시리아인 여덟 명이 죽기도 했다. 시리아 정부는 팔레스타인 집단과 '외국인 전사들'을 탄압하는 것으로 대응했다.

시리아 지배자들은 쉽지 않은 줄타기를 해 왔다. 지금의 반란 때문에 그것이 더 힘들어지고 있다.

시리아 출신 좌파 활동가의 전언
탄압에도 꺾이지 않는 자유에 대한 갈망

2011년 4월 22일 시리아 정부가 시위를 진압해 114명이 죽고 그보다 더 많은 사람이 다쳤다. 시위대를 체포하기 위한 경찰 공격과 실탄 사격이 계속 이어졌다. 그러나 시리아 정부가 민주화 시위를 진압하더라도 민중은 침묵하지 않을 것이다. 민주주의를 바라는 목소리들은 또다시 거리에 메아리칠 것이다.

시리아 정부는 데라에 탱크를 배치하고 많은 사람들을 죽였다. 내 동료 하나는 공격이 시작된 뒤로 가족과 연락이 두절돼 아무 소식도 듣지 못했다고 했다. 전화선과 인터넷이 모두 끊겼다.

시리아 정부는 22일 시위에 불과 수천 명이 참가했다고 주장했지만 활동가들은 200만 명이 행진했다고 말한다. 휴대폰 카메라로 찍은 영상들을 봐도 곳곳에서 수십만 명이 행진한 것을 알 수 있다.

시리아에 있는 내 동료들은 지금 일어나고 있는 일을 세계에 알리려고 애쓰고 있다. 다마스쿠스 근처 두마에 있는 한 동료는 22일 시위를 이렇게 묘사했다. "시위대의 끝과 시작을 볼 수 없었다. 사람들이 엄청나게 많았다. 나는 기쁨의 탄성을 질렀다. 우리가 중심가 수킬로미터를 행진할 때 보안군이 경고도 하지 않고 총을 쐈다. 우리는 모두 달렸다. 경찰이 계속 사격했기 때문에 부상당한 사람을 봐도 멈출 수 없었다."

홈스의 한 시위대는 이렇게 말했다. "보안군이 검문소와 대형 장벽을 설치해 도시를 갈라 놓았기 때문에 많은 사람이 한 곳에 모여 시위를 벌일 수 없었습니다. 사람들은 여러 작은 시위에 참가했습니다. 그 덕분에 보안군이 시위대를 쉽게 해산할 수 있었습니다."

정부의 대응은 폭력적이었다. 다마스쿠스 근처 에즈라라는 도시에서는 스물아홉 명이 살해됐다. 그중에는 열 살짜리 소년도 있었다. 이 모든 일이 시리아 대통령 바샤르 알아사드가 비상사태를 끝내겠다고 선언한 다음 날에 일어났다. 1963년에 제정된 비상사태법은 재판 없이 구금할 수 있게 돼 있다. 3월 15일 시리아에서 첫 시위가 일어난 뒤 정부는 개혁을 실시하겠다는 많은 약속을 했다. 그러나 반대자들을 향한 정권의 폭력이 강화되면서 이것이 위선임이 분명해졌다.

최근 시위가 연이어 일어나기 전까지 시리아는 혁명과 거리가 멀어 보였다. 언론사 기자와 전문가 들은 정권이 너무 강하고 억압적이어서 도전에 직면하지 않을 것이라고 생각했다. 이집트에서 봉기가 일어난 뒤, 시리아 사람들은 소셜 네트워크 웹사이트에 혁명을 호소하는 글을 올렸다. 그러나 진정으로 혁명에 불을 붙인 것은 보안군의 잔혹 행위였다.

데라에서 장교들은 학교에 정권 반대 구호를 썼다는 이유로 초등학생 열다섯 명을 체포했다. 항쟁 초기에 사람들은 개혁을 요구했다. 그러나 사망자 수가 늘어나면서 요구는 훨씬 더 전투적으로 변했다. 지금 시리아 방방곡곡에서 사람들은 "민중은 정권 붕괴를 원한다"는 구호를 외치고 있다. 시리아에 있는 내 동료는 "변화가 일어나든 안 일어나든 우리는 대가를 치러야 할 것이다. 나는 시리아 사람들이 자유를 얻기를 바란다"고 말했다.

알아사드의 군대는 공포 분위기를 조성하고 무자비하게 행동할 수 있음을 보여 줬다. 그러나 억압에서 해방되려는 시리아인들의 희망, 용기, 자유에 대한 결의와 헌신도 마찬가지로 강하다. 시리아인들의 자유에 대한 갈망은 결코 죽지 않을 것이다.

시리아 정부의 대학살

시리아군은 2011년 6월 초 인구 7만 명의 북부 도시 지스르 알슈구르를 탱크로 포위한 채 비무장 시위대를 향해 발포했다. 이 과정에서 1만 명이 어쩔 수 없이 피난을 갔다. 시리아 정부는 보안군 120명이 이 도시 '무장 깡패'의 공격으로 사망했다고 주장했다. 그러나 목격자들은 비무장 시위대를 향해 발포하기를 거부한 병사들을 군부가 살해한 것이라고 말했다.

　시리아군 병사들은 '테러리스트'를 진압하러 간다고 알고 있다가 비무장 시위대를 공격하라는 명령을 받은 것으로 보인다. 일부 병사들이 비무장 시민을 상대로 발포하기를 거부하자, 지휘관이 이 병사들을 사살하라는 명령을 내렸다.

　이번 '안보 작전'은 독재자 바샤르 알아사드의 형제인 마헤르 아사드가 지휘하는 제4여단이 수행했다. 제4여단은 초토화 작전을 펼치고 있다. 난민들은 군인들이 가축을 죽이고 작물을 불태웠다고 증언했다. 군인들은 민간인이 안에 있는 것으로 보이는 집을 불태우고 수백 명을 체포했다.

시리아 정부는 2011년 3월에도 분출하는 민중운동을 무차별 살상했다. 보안군이 1200명을 죽인 것으로 추정되고, 1만 명이 체포되고, 그중 많은 수가 고문당했다. 그러나 저항은 멈추지 않고 있다.

이런 탄압은 현 대통령의 아버지인 하페즈 알아사드가 사용했던 전술을 반복하는 것이다. 1982년 하페즈 알아사드의 형제가 지휘하는 부대는 하마를 초토화했다. 하마 학살 과정에서 수만 명이 죽었다.

그러나 오늘날 시리아 정부가 학살극을 벌이는 이유는 당시와 다소 다르다. 현 알아사드 정권은 반군이 벵가지에 해방구를 형성한 리비아 상황을 반복하지 않으려 한다. 지스르 알슈구르 공격은 과거 하마 학살과 마찬가지로 공포 분위기를 조성할 뿐 아니라, 반란군 근거지가 형성되는 것을 막으려는 것이다. 그러나 1982년 학살이 공포 분위기를 조성했음에도 2011년 하마에서 또다시 15만 명이 시위를 벌였다.

서방의 노림수

서방 정부들은 이번 사건을 자신에게 유리하게 이용하려 한다. 시리아 혁명에 결코 우호적이지 않으면서도 이번 사건을 리비아에서처럼 서방의 영향력을 강화하는 계기로 이용하려는 것이다.

서방은 터키-시리아 국경의 난민촌 형성을 시리아 혁명을 가로챌 기회로 본다. 로버트 피스크는 터키 군부가 군대를 시리아로 파병해 난민을 위한 '안전지대'를 형성하려는 계획을 세웠다고 보도했다. 그것은 서방이 시리아에 직접 개입하는 계기가 될 수도 있다.

영국과 나토의 리비아 개입이 보여 주듯이, 제국주의 열강들은 혁명을 돕는 것에는 아무런 관심이 없다. 그들은 오히려 혁명을 역전시키고 친서방 정부를 세우려 한다. 영국 보수당 정부 외무부 장관 윌리엄 헤이그가 툭하면 제국주의적 미사여구를 장황하게 늘어놓는 것을 좋아하지만, 서방 개입이 아직 확실히 결정된 것은 아니다. 특히, 미국과 이스라엘은 운신의 폭이 매우 좁다.

그들은 이 지역에서 시리아의 영향력이 줄어들기를 바란다. 그러나 지금 그들은 과연 알아사드 정부의 붕괴를 바라야 하는지 결정하지 못하고 있다. 이스라엘 집권당 국회의원인 아유브 카라는 "종교 극단주의보다는 알아사드의 극단주의가 낫다"고 말했다. 그래서 지난주까지 미국 정부는 시리아 정부의 반란 진압을 암묵적으로 지지했다.

그러나 리비아와 마찬가지로, 시리아 정부의 대규모 진압 작전은 서방 정부들에게 딜레마를 안겨 줬다. 서방 정부들은 '안정'이란 미명 아래 알아사드가 피로 혁명을 잠재우는 것을 계속 허용해야 하는지 결정하지 못하고 있다.

그들은 군사개입보다는 경제제재를 선호할 수도 있다. 그러나 시리아인들에 대한 '인도주의적' 지원을 명시한 유엔 결의안은 나중에 좀 더 직접적인 개입의 근거가 될 수 있을 정도로 포괄적 내용을 담고 있다. 지금까지 중국과 러시아는 자신들의 이해관계 때문에 결의안 통과에 반대해 왔다.

그러나 확실한 것은 시리아 혁명의 성공이 제국주의적 게임을 벌이는 서방 열강이 아니라 독재에 반대하며 민주주의를 위해 싸우는 민중의 손에 달려 있다는 것이다.

미국 정부는 시리아 항쟁의 친구가 아니다

미국 정부는 시리아 정부에 반대하는 운동을 지지한다고 주장한다. 그러나 사실, 미국 정부는 자신을 위해 상황을 안정시키고 싶어 한다. 최근 프랑스와 미국 특사들은 시리아 하마를 방문해 바샤르 알아사드 정부가 운동과 협상해야 한다고 주장했다. 미국 국무부 장관 힐러리 클린턴은 이렇게 말했다. "알아사드 대통령이 꼭 그 자리에 있어야 할 필요는 없다. 미국 정부는 그가 권좌에 머무르는 것을 도운 적이 없다. 우리의 목표는 민주적 변화를 바라는 시리아인들의 소망이 실현되는 것이다."

그러나 미국 정부는 막상 알아사드의 하야를 요구하지는 않았다. 알아사드는 미국이 말로만 반란을 지지하는 것임을 잘 알고 있다. 알아사드와 미국 정부는 모두 시리아 운동이 이집트 등과 비슷한 궤적을 그릴까 봐 걱정하고 있다. 만약 알아사드 정권이 무너진다면, 미국과 그 동맹인 이스라엘의 중동 지배가 더 크게 위협받을 수밖에 없다.

알아사드는 가짜 대화를 시작했다. 원래 대화의 구상은 야당 세력을 참가시키는 것이지만 대다수 야당 세력은 알아사드와 타협하기를 거부한다. 이에 알아사드는 탄압을 지속하고 있다.

그러나 탄압에 굴복하지 않고 하마와 홈스에서 시위가 지속되고 있다. 하마에서 노동자들은 정권에 반대하는 파업을 벌였다. 파업으로 상점이 문 닫고 서비스가 멈췄다.

그러나 주요 산업체 공장에서 일하는 많은 노동자는 아직 그렇게 조직적 방식으로 대응하지 않고 있다. 그럼에도 시리아 정부는 걱정하고 있다. 정부는 하마 주지사를 해임하고 그 자리에 알아사드 충성파 인사를 임명했다. 정권은 또한 홈스와 데라 주지사도 해임했다.

운동은 정권을 계속 뒤흔들고 있다. 운동이 시리아에 근본적 변화를 가져오려면 서방 열강에 기대를 걸 것이 아니라 자신의 힘을 인식해야 한다.

노동자들의 동참으로 시리아 혁명이 전진하다

한 무리의 시리아 육군 장교들이 '민중 혁명' 진영으로 넘어가겠다고 선언하는, 화면이 흐릿한 동영상 하나가 최근 유튜브에 게시됐다. 이 장교들은 신분증을 보여 주면서 더는 민중 반란을 진압하라는 명령을 수행하지 않겠다고 선언했다. 이들은 "잔인하고 범죄적인 현 정권은 무너져야 한다"고 말했다.

바샤르 알아사드의 바트당 정권이 이것을 본다면 가슴이 서늘할 것이다. 많은 사람들이 시리아 혁명의 동력이 약화되고 있고 서방에 이용될 수 있다고 우려하지만, 장교들의 이탈은 이 혁명이 심화하고 있음을 보여 준다.

흔히 서방에 투항한 이집트나 튀니지와 달리 시리아 정권은 제국주의와 이스라엘에 반대하는 아랍민족주의자들의 최후의 보루라고 주장하는 사람들이 있다. 또, '세속 정권'으로서 이웃 레바논과 이라크의 종교 종파 간 갈등이 확산되는 것을 막는 방파제 구실을 한다고 주장하는 사람도 있다.

그러나 시리아 정권이 민중운동을 야만적으로 탄압하면서 이런 주장은 갈수록 타당성을 잃고 있다. 2011년 7월 하순 시리아 정권이 하마를 상대로 전면 공격 — '라마단 대학살' — 을 감행하면서 유혈참극이 벌어지고 있다.

7월 31일 하마에서 주민들이 보안군의 만행에 맞서다 100명 이상 살해됐다. 하마 — 1982년 거대한 반란의 중심지였다 — 는 지금 정부 통제를 벗어나 있다. 이곳은 시리아 혁명이 종교 종파 간 충돌로 타락하지 않을 것이란 점을 보여 주는 증거이기도 하다. 하마 학살 소식이 전해지자 시리아 전역에서 대규모 연대 시위가 벌어졌다.

이 정권은 더는 군대를 믿지 않는다. 오히려 종교 종파 단체들에 속한 깡패와 엘리트 부대에 의존해 정권을 유지하고 있다. 시리아 정부는 종교 종파 간 갈등 카드를 꺼내 시리아가 내전에 빠지기 일보 직전이라는 공포심을 불러일으키려 한다.

정부 지지자들은 알카에다와 무슬림형제단이 이번 반란의 배후에 있다고 주장한다. 그들은 반란이 시리아 최대 종교 집단인 수니파 무슬림 거주 지역들에 한정돼 있고, 수니파가 다른 집단들을 무시하고 있다고 주장한다. 그러나 항쟁 발발 초기에 시리아의 거의 모든 종교 집단이 운동에 참가했다. 희생자 장례식 때는 모스크의 아단['알림'이라는 뜻으로, 예배 시간을 알리는 외침] 소리뿐 아니라 교회 종소리도 들을 수 있었다.

현 정부에 반대하는 대중 시위는 2011년 3월 데라에서 시작됐다. 시위의 발단은 경찰이 이집트 혁명을 지지하는 낙서를 한 어린 학생을 체포한 것이었다. 시위는 곧장 농촌 소도시와 마을로 확산됐다. 탄압, 납치, 체포 물결이 일자 대중의 분노가 폭발했고, 결국 하마를 포함해 대도시에서 시위가 벌어지기 시작했다.

시리아 대통령 알아사드는 보안군을 이용해 운동을 탄압하면서 동시에 몇 가지 양보를 제시했다. 알아사드가 개혁을 약속하자 반란의 확산 속도가 잠시 늦춰졌다. 그 덕분에 수도 다마스쿠스와 주요 산업 도시인 알레포는 상대적으로 조용했다. 내전 위협과 시위대의 목적을 잘 이해하지 못한 탓에 반란 물결은 아직 공장과 핵심 공업지대에 도달하지 못한 것이다. 알아사드는 자신이 무너지고 새로운 정부가 등장하면 신자유주의 정책이 추진되고 거대한 국영 부문이 해체될 것이라고 위협했다.

바로 이런 불확실성 때문에 시리아 노동계급은 튀니지와 이집트 노동계급과 달리 아직 정부를 버리지 않고 있었다. 도시 전역의 상인이 철시하고 노동계급 주거지에서도 시위가 벌어졌지만 항쟁을 지지하는 파업이 벌어졌다는 보도는 없었다.

그러나 2011년 7월 말 현재 상황은 변하고 있다. 최근의 대량 체포 때문에 지금까지 운동에 참가하지 않았던 사람들도 영향을 받기 시작했다. 이번 항쟁에 영향을 받은 최초의 파업이 벌어졌다. 알레포의 알라지 병원 노동자들은 아무 잘못도 없이 체포된 동료들의 석방을 요구하면서 작업장을 박차고 나왔다. 알라지 병원에서 파업이 벌어지자 정부는 모든 연행자를 석방하겠다고 약속했다. 병원 노동자들은 만약 정부가 약속을 지키지 않으면 무기한 파업을 벌이겠다고 위협했다.

이 파업은 인근 진료소로 확산됐고, 변호사와 기술자 들도 비슷한 요구를 하면서 파업을 시작했다. 시리아 동부의 하사카 교사들도 파업을 벌였다. 이 파업들은 시리아 운동이 심화하고 있음을 보여 주는 매우 중요한 신호다. 노동자들이 자신의 요구를 가지고 운동에 참가하면서 반란의 성격이 변하고 있다.

시리아 혁명은 중동 반란 물결의 일부다. 그러나 이 혁명에 걸린 판돈은 매우 크다. 시리아 혁명의 심화 여부는 운동의 발전과 서방 열강들의 모든 개입 시도를 거부하는 것에 달려 있다. 시리아 혁명이 또 다른 리비아가 될 위험이 존재한다. 알아사드는 탄압을 더 강화하려 한다. 그러나 지금 시리아 혁명은 제국주의에 승리를 안기기는커녕, 이집트·튀니지·예멘·바레인 등 다른 아랍 지역의 반란들과 같은 길을 가고 있다.

잔인한 폭력에 굴하지 않고 성장하는 반란

시리아 국가의 잔인한 폭력도 끝이 없지만 시리아 민중의 저항도 끝을 모르고 전개되고 있다.

2011년 8월 14일 시리아 해군은 항구 도시 라타키아에 포격을 가해 최소한 스물다섯 명을 죽였다. 바샤르 알아사드 독재 정부에 맞선 투쟁이 확산되면서 라타키아 민중도 여러 곳에서 반정부 시위를 벌였다. 라타키아 활동가들은 시리아군이 대공 미사일을 발사했다고 증언했다. 여성들과 아이들이 농촌으로 피신했고 많은 사람들이 대피했다.

시리아 정부는 다른 많은 곳에서도 시위대를 탄압했다. 시리아군은 최근 하마와 데라에도 포격과 총격을 가했고 주거지를 철저히 봉쇄했다. 정부는 민간인 공격을 정당화하려고 거짓말을 반복했다. 정부는 시위대를 "무장 깡패"라고 불렀고 시위대가 기관총과 수류탄으로 무장했다고 주장했다.

서방 열강들은 이런 탄압을 비난했다. 그러나 어느 서방 정부도 알아사드의 하야를 요구하지 않았다. 그저 최소한의 개혁을 하라고 요구했을 뿐이다. 서방 열강과 아랍 독재자 들은 혁명이 확산되는 것을 바라지 않기 때문이다.

8월 12일 라타키아 민중은 대규모 시위를 벌였다. 아마 시리아 정부는 이 때문에 라타키아를 공격했을 것이다. 시리아 전역에서 정부의 탄압에 굴복하지 않고 반정부 시위가 지속되고 있다.

시리아 병사들이 대거 탈영하면서 민중 반란으로 취약해진 아사드 정권이 다시 한 번 큰 타격을 입었다. 언론 보도를 보면, 병사 수백 명이 알아사드가 명령한 만행에 충격을 받아 탈영했다고 한다. 그중 일부는 터키로 피신했다.

병사들 중 한 명은 홈스의 라스탄에서 '주민 청소'가 벌어지고 있다고 증언했다. 그는 이렇게 말했다. "정부는 그곳 주민들이 무장 반란을 일으켰다고 말했다. 그러나 막상 그곳에 도착해 보니 그냥 평범한 시민들이었다. 그런데 정부는 그 시민들을 사살하라는 명령을 내렸다."

시리아 전역을 휩쓸고 있는 시위는 계속 성장하면서 더 전투적이 되고 있다. 최근 홈스에서 벌어진 시위에서 참가자들은 "대통령을 처형하자"는 구호를 외쳤다.

출처: 〈Socialist Worker〉 2246호(2011.4.9), 2249호(2011.4.30), 2256호
(2011.6.18), 2260호(2011.7.16), 2263호(2011.8.6), 2265호(2011.8.20), 〈레프트
21〉 55~56호, 59호, 62~63호.

팔레스타인

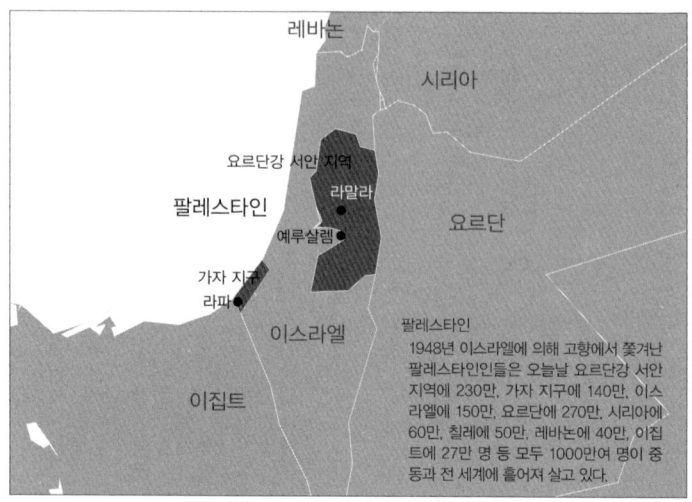

팔레스타인
1948년 이스라엘에 의해 고향에서 쫓겨난 팔레스타인인들은 오늘날 요르단강 서안 지역에 230만, 가자 지구에 140만, 이스라엘에 150만, 요르단에 270만, 시리아에 60만, 칠레에 50만, 레바논에 40만, 이집트에 27만 명 등 모두 1000만여 명이 중동과 전 세계에 흩어져 살고 있다.

아랍 혁명으로 타격 입은 이스라엘

2011년 5월 14~15일 이스라엘군이 이스라엘 국경 지대를 행진하던 팔레스타인 시위대에 발포해 수십 명이 죽었다.

가자와 서안의 팔레스타인 주민들과 시리아·레바논·이집트의 팔레스타인 난민들은 '나크바'를 기리며 시위를 벌였다. 나크바는 1948년에 일어났다. 당시 이스라엘 건국을 위해 팔레스타인 사람 수십만 명이 자기 집에서 쫓겨났다.

이날 중동 곳곳에서 벌어진 나크바 기념 시위는 최근 벌어진 중동과 북아프리카의 혁명에 자극을 받아 규모도 크고 분위기도 전투적이었다. 5월 15일 이집트 시위에서 이집트군은 도로를 봉쇄하고 시위 참가자들이 가자에 인접한 이집트 라파로 이동하지 못하도록 막았다. 그래서 팔레스타인인 수천 명은 이집트인 시위 참가자들과 함께 카이로의 이집트 대사관 앞에서 시위를 벌였다.

이집트 혁명 기간에 시위 참가자들은 이스라엘 대사관을 폐쇄하라는 요구를 빈번히 제기했다. 5월 15일 시위에서 이집트 육군과 헌병은 최루탄, 고무탄, 실탄을 발사했다. 최소한 한 명이 죽고 120명이 다쳤다.

시리아에서 사람들은 이스라엘이 불법 점령하고 있는 골란 고원으로 몰려들었다. 이날 시위에서 이스라엘군의 진압으로 열 명이 죽고 수십 명이 다쳤다. 레바논에서는 난민촌의 팔레스타인 사람들이 이스라엘 국경으로 몰려들었고 열두 명이 죽었다. 레바논 사람들도 이날 시위에 참가했다. 서안 지역 라말라의 팔레스타인 사람들은 바리케이드에 불을 지르고 이스라엘군을 향해 돌을 던졌다. 이스라엘군은 실탄을 쐈고 네 명이 다쳤다.

이번 중동 혁명으로 이스라엘의 중동 패권은 타격을 입었다. 쫓겨난 이집트 독재자 호스니 무바라크는 이스라엘의 매우 중요한 동맹이었다.

팔레스타인 조직 하마스와 파타의 단결도 이스라엘에게는 위협이다. 이에 대응해 이스라엘은 2011년 5월 1일부터 팔레스타인 자치정부PA를 '대신해' 걷어 온 세금을 팔레스타인에 넘기지 않고 있다. 공공 부문 노동자들은 임금을 받을 수 없게 됐다. 이스라엘 정부는 여전히 '외교적 해결'을 꿈꾸는 서방 정부의 압력을 받고서야 돈을 넘겨 줬다.

이스라엘 국가는 팔레스타인인인들의 삶의 모든 면을 통제한다. 이스라엘이 세운 분리 장벽은 이스라엘과 국경을 맞댄 서안 지역 도시와 마을의 삶을 지배한다. 팔레스타인 어린이는 이스라엘 병사가 운영하는 검문소를 통과해야 등교할 수 있다. 이스라엘은 팔레스타인 사람들의 생필품 — 건축 자재에서 식료품까지 — 수입을 '테러 방지' 명목으로 방해한다. 많은 가자 주민은 비밀 지하 통로를 통해 이집트에서 들여온 생필품으로 생존한다.

팔레스타인 억압에 협조하던 정권들에 맞선 항쟁과 팔레스타인 조직의 단결은 중요한 전환점이 될 수 있다. 그래서 이집트 혁명은 여전히 중요하다. 이집트 군사정부는 가자로 통하는 라파의 검문소를 영구적으로 개방하겠다고 약속했다. 그러나 군부가 시위대를 진압한 것을 봤을 때, 이 혁명의 요구를 성취하려면 여전히 기층 투쟁이 필요하다.

심층분석

팔레스타인 해방의 열쇠를 쥔 이집트 혁명

존 로즈

이집트 민중이 무바라크 정권을 타도하고자 거리에 나선 바로 그 시점에 팔레스타인 자치정부 내부 문건이 공개된 것은 실로 절묘한 타이밍이다. 팔레스타인 지도부가 팔레스타인 민중을 버렸음이 드러남과 동시에 훨씬 더 강력한 지도력이 이집트 혁명이라는 모습으로 등장한 것이다.

가자 지구에 사는 학생인 무함마드 라바 술리만은 '일렉트로닉 인티파다' 웹사이트에 다음과 같이 썼다.

"나를 비롯한 가자 지구 청년들은 마치 이집트 혁명에 몸소 참여하고 있는 듯이 스스로 그 혁명의 한가운데에 있다고 느끼며 그것이 우리 자신의 혁명인 양 이집트 소식에 귀를 기울인다. 친구 한 명은 내게 말했다. '이번 인티파다(항쟁)는 아랍인들의 오랜 꿈이 실현된 것이다. 이집트 상황을 보면서 나는 이집트인들의 자유가 곧 나의 자유이고 팔레스타인 사람들의 자유이기도 하다는 생각이 들었다. 기쁨을 주체할 수가 없었다. 내가 이집트에 있다면 얼마나 좋을까.'"

〈알 자지라〉와 〈가디언〉에 유출된 수천 건의 팔레스타인 자치정부 내부 문건들은 팔레스타인 지도자들이 이스라엘에 투항했다는 사실을 밝히 드러냈다. 이는 팔레스타인 지도자들의 전략에 내재한 근본적 결함 때문이다. 그들은 팔레스타인 해방이 나머지 아랍 세계의 관여 없이도 가능하다고 믿는 우를 범했다.

팔레스타인은 이스라엘에 홀로 맞서기에는 너무 힘이 약했다. 단지 이스라엘만이 아니라 그 뒤에 버티고 있는 서방 제국주의 전체를 상대해야 했기 때문이다. 팔레스타인 정치 지도자들의 어처구니없는 나약함도 바로 이런 오류에서 비롯했다.

팔레스타인 자치정부를 이끌고 있는 세력은 1960년대부터 팔레스타인 저항 운동을 주도해 온 파타다. 내부 문건이 공개된 것은 파타에게 이루 말할 수 없는 굴욕이었다. 이집트의 반란은 이들에게 더욱 압력을 가하고 있다.

앞으로의 사태 전개를 예측하기란 불가능하다. 이슬람주의자들의 정치적 영향력이 어느 정도가 될지 우리는 알 수 없다. 한동안 억눌려 있었던 아랍민족주의는 이제 수면 위로 분출해 나오고 있다. 어떤 면에서 그것은 새로운 세력이기도 하다.

이집트 혁명의 결과는 팔레스타인 지도부 전체(세속적 분파와 민족주의 분파 모두)에게 영향을 줄 것이다. 팔레스타인의 조직된 정치 세력 중 더 급진적인 축에 속하는 하마스는 이집트 혁명에 연대하는 시위를 자제시켰다. 행동에 나서기보다는 사태를 관망하려는 것이다.

하마스의 모태는 무슬림형제단이다. 하마스는 지금도 무슬림형제단과 관계를 긴밀히 유지하고 있고, 이 점이 하마스의 행보에 부분적으로 영향을 미칠 것이다.

파타는 팔레스타인 해방운동의 초창기인 1960년대 말에는 아랍 정권들에게 위협적 존재였다. 요르단에서는 '국가 안의 또 다른 국가'를 구축했을 정도였다. 그러나 1970년 '검은 9월'에 요르단 왕정이 이들을 분쇄한 뒤로 파타는 동요하기 시작했고 결국 아랍 국가들의 단결을 추구하는 길로 나아갔다. 그것은 파멸로 가는 길이었다.

영국 사회주의노동자당SWP의 창립자 토니 클리프는 1917년에 팔레스타인에서 태어났다. 영국의 식민 통치를 받으며 자란 경험은 클리프의 정치관에 큰 영향을 줬다. 당시 영국 제국은 아랍인들의 정치적 자유를 무자비하게 억눌렀고 시온주의를 앞세운 식민화에 열을 올렸다. 영국 제국의 유일한 관심사는 사막에 매장돼 있는 석유를 가장 싼값에 퍼오는 것뿐이었다.

클리프는 여기서 두 가지 결론을 이끌어 냈다. 첫째, 아랍 세계의 해방은 팔레스타인 해방 없이는 불가능하고, 그 역도 마찬가지다. 둘째, 해방으로 가는 길은 예루살렘이 아니라 이집트 수도 카이로를 통한다.

이집트는 오랜 세월 동안 아랍 세계의 맹주 국가였다. 아랍 나라 중에서 인구도 가장 많고 산업화 수준도 가장 높다. 그러므로 아랍 세계 전체를 지도할 수 있는 정치적으로 강력한 노동계급 운동도 이집트에서 일어날 가능성이 높다. 요컨대 이집트는 중동 지역의 모든 계급(지배계급, 농민, 그리고 노동계급)에게 종주국인 셈이다. 이집트의 시위와 반란과 혁명이 중동 전체로 번지고 있는 것도 이 때문이다.

미국의 중동 전략과 이스라엘

영국은 19세기 말부터 이집트를 지배하다가 1952년에 한 무리의 민족주의 장교들이 영국의 꼭두각시 정부를 몰아낸 뒤로 이집트에 대한 장악력을 잃었다. 이 장교들 가운데서 지도자로 떠오른 가말 압델 나세르는 이집트의 독립을 천명하고 아랍 세계의 존엄과 긍지를 회복하고자 했다. 이에 서방 세계는 위협을 느꼈다.

당시 신생 국가였던 이스라엘은 거의 즉각적으로 이집트 죽이기에 나섰다. 이를 위해 이스라엘이 부린 책략은 추악함의 극치를 보여 줬다. 자국이 유대인 국가라는 점을 이용해 심지어 같은 유대인들까지 냉혹하게 희생양으로 이용할 수 있다는 것을 보여 준 것이다.

당시 이스라엘 지도자였던 벤 구리온의 지휘를 받아 이스라엘군 정보국은 극소수의 이집트 유대인을 설득해 그들로 하여금 카이로와 알렉산드리아에 폭탄을 설치하게 했다. 비록 이들은 범행 전에 검거됐지만 이 사건의 파장은 엄청났다.

이 사건의 여파로 아랍인과 유대인 사이의 관계가 험악해졌고 이집트 내 유대인 사회는 파탄 났다. 이는 나세르가 초기에는 유대인과 아랍인의 화해를 추구했다는 점을 감안하면 특히 비극적인 일이다. 이 사건은 이스라엘과 협상하려던 나세르의 의지도 꺾어 놓았다(일부 역사가들은 벤 구리온의 의도가 바로 이것이었다고 주장한다). 그리고 수에즈 운하 사태가 일어났다.

1956년 나세르는 영국 수중에 있던 수에즈 운하를 장악해 20세기 아랍 세계의 가장 중요한 민족주의 지도자로서 지위를 굳혔다. 이로 말미암아 이스라엘도 스스로 천명한 서방의 경비견으로서의 구실을 확고하게 굳혔다. 영국, 프랑스, 이스라엘은 나세르를 파멸시키기 위한 합동 군사작전을 펼쳤다. 결과는 실패였다. 그러나 이스라엘은 와신상담하며 다음 기회를 노렸다.

그다음 기회는 1967년에 왔다. 이때 일어난 이른바 '6일 전쟁'에서 이스라엘이 나세르와 나머지 아랍 세계에 안겨 준 패배는 너무나 심각하고 굴욕적인 것이어서, 아랍 정치는 이때의 충격에서 결코 회복하지 못했다(이집트 혁명이 이를 바꿔 놓길 기대해 본다).

클리프는 나세르의 패배를 예견했다. 그는 반제국주의 지도자로서 나세르가 지닌 강점을 인정했지만 그가 지닌 치명적 약점도 간파했다. 나세르는 군 장교 출신으로서 대중보다 지도자들을 신뢰했다. 나세르는 다른 아랍 나라의 노동자·농민 대중에게 행동을 호소하길 꺼렸다. 게다가 소련과 동맹을 맺은 탓에 손발이 묶이기도 했다. 이 모든 요인이 결합돼 재앙을 낳았다.

이집트는 1973년에 이스라엘을 기습 공격했지만, 이 사건은 미국과 이스라엘 간의 강화된 동맹 관계가 얼마나 중요한 것인지를 보여 줬다. 1967년 전쟁 이후 이스라엘에 주는 미국의 군사·경제 원조는 어마어마하게 확대됐다. 미국은 베트남 전쟁에서 자국이 고전하던 것과 대비되는 이스라엘의 군사적 승리에 크게 감명받았다.

미국은 중동에서 자국의 이익을 관철시키는 데서 이스라엘을 '전략적 자산'으로 활용한다는 구상을 하기 시작했다. 그러나 이 구상이 먹히려면 이집트를 완전히 밟아 놓을 필요가 있었다. 그래서 1973년에 이스라엘이 승리하도록 무기를 아낌없이 지원한 것이다. 당시 미 국무부 장관 헨리 키신저는 미국의 의도가 "아랍 공동전선을 깨뜨리는 것"이었다고 말했다.

1978년에 이스라엘과 이집트가 미국의 중재로 캠프데이비드협정을 맺었을 때 그 의도는 정확히 실현됐다. 이집트가 아랍 국가로서는 유일하게 이스라엘과 평화협정을 맺음으로써 이스라엘 국가를 인정하지 않던 아랍 국가들의 공동전선이 깨진 것이다.

그때부터 미국은 이집트에 군사·경제적 원조를 퍼부었다. 중동 지역에서 저항을 분쇄하는 일에 이스라엘과 더불어 아랍 세계의 가장 중요한 국가를 활용한다는 '투 트랙' 전략의 일환이었다. 아랍민족주의는 무릎을 꿇고 말았다.

이런 맥락에서 이슬람주의 운동이 분출해 나온 것은 놀라운 일이 아니다. 그리고 서방에 적대적인 이 이슬람주의 운동을 탄압하는 데 앞장서 온 것이 바로 끔찍한 고문 전력으로 악명 높은 이집트 국가라는 사실도 놀라운 일이 아니다.

무너지는 한 축

그러나 미국과 이스라엘 지배자들이 잊은 것이 하나 있었다. 부와 권력을 쥔 자들이 다른 사람들의 역사, 문화, 정치, 경제를 쥐락펴락하고 억압하는 데는 한계가 있다는 점이다. 그동안 그토록 억눌려 온 것들이 이집트에서 마침내 폭발했다.

지배자들은 이 점을 알고 있다. 그래서 미국과 이스라엘 사이에도 그동안 긴장이 조금씩 커져 왔다. 아프가니스탄 주둔 미군 총사령관인 퍼트레이어스는 이스라엘의 행동이 미군의 목숨을 위태롭게 하고 있다고 말한 바 있다. 미국은 중동 지역의 안정화를 위해 이스라엘이 팔레스타인 지도부에 사소한 양보라도 해 주길 원했지만 이스라엘은 이마저 거부했다.

미국은 이제 이집트의 '민주 세력' 쪽으로 마음이 기울고 있다.

이들이 집권하면 이스라엘에 압력을 넣어서 이스라엘이 재빨리 팔레스타인 자치정부와 모종의 합의에 도달하도록 해 줄 것이라는 기대 때문이다. 그렇게 되지 않으면 무바라크 정권이 무너질 때 하마스가 라파 지역 국경을 개방해서 팔레스타인으로 무기를 들여올 위험이 있다.

어느 경우든 간에, 이집트의 투쟁이 어떤 식으로든 진보적 결과로 이어진다면 이스라엘의 입지는 크게 약해질 것이다. 지난 30년간 이스라엘이 미국의 전략적 자산으로서 특히나 큰 힘을 발휘할 수 있었던 것은 이집트와 평화협정을 맺은 덕분이었다. 그런데 그 축이 이제 허물어지기 시작한 것이다.

토머스 프리드먼은 〈뉴욕 타임스〉의 중동 특파원으로서 오랜 경력을 쌓은 인물이다. 미국의 주류 시온주의자인 그는 요즘 불안한 기색이 역력하다. 그는 한 칼럼에서 이스라엘의 어느 장성에게 들은 말을 인용했다. "지난 30년 동안 우리가 구상해 온 모든 것이 이제 더는 의미 없게 됐다." 프리드먼은 칼럼을 다음의 말로 끝맺었다. "[이스라엘은] 아랍인들의 일에서 최대한 발을 빼야 한다. 거대한 태풍이 다가오고 있다. 이스라엘이여, 길을 비켜라."

출처: 〈Socialist Worker〉 2238호(2011.2.12), 2252호(2011.5.21), 〈레프트21〉 51호, 57호.

III

쟁점

전망

과제

5장
이집트 혁명의 세계적 파장과
좌파의 과제

이집트 혁명의 현황과 전망

알렉스 캘리니코스

2010년 12월까지만 해도 아랍 지역은 전 세계에서 가장 보수적인 지역 중 하나였습니다. 지난 수십 년 동안 이 지역의 지배자들은 왕이거나, 또는 스스로 왕이 되려고 하는 대통령들이었습니다. 예컨대 이집트 대통령 무바라크는 거의 30년 동안 집권한 후 자신의 아들 가말에게 권력을 이양하려고 했습니다. 시리아 대통령 하페즈 알아사드는 실제로 자신의 아들 바샤르 알아사드에게 권력을 이양했습니다. 이런 사회에서 변화는 불가능해 보였습니다. 그러나 지금은 어떻습니까?

벌써 이 지역의 지배자 세 명이 권좌에서 물러났습니다. 튀니지 대통령 벤 알리가 쫓겨났습니다. 이집트 대통령 무바라크가 쫓겨

이 글은 2011년 7월 방한한 알렉스 캘리니코스가 7월 21일부터 24일까지 진행된 다함께 주최의 포럼인 '맑시즘2011'에서 연설한 것을 녹취한 것이다.

났습니다. 예멘 대통령 살레도 나라 밖으로 도망갔습니다. 시리아 민중은 대통령 알아사드의 퇴임을 요구하며 거리에서 투쟁을 벌이고 있습니다. 아직 권력을 내놓지 않은 아랍 지역의 지배자들은 자신의 궁에서 벌벌 떨고 있습니다.

이 혁명으로 흔들린 것은 아랍 지배자들만이 아닙니다. 1980년 미국 대통령 지미 카터는 중동 지역 석유를 서방의 통제 아래 두기 위해 전쟁도 불사할 수 있다고 천명한 바 있습니다. 실제 미국의 지배자들은 중동 지역 석유를 계속 통제하려고 거듭거듭 전쟁을 벌였습니다. 미국은 중동 지역에서 주로 세 정권 — 이스라엘, 사우디아라비아, 이집트 정권 — 에 의지해 자신의 지배력을 유지해 왔습니다. 따라서 이집트 무바라크 정권이 축출된 것은 궁극적으로 이 지역에 대한 미국의 패권을 위협하는 것입니다. 이것이 아랍 지역 혁명이 국제적으로 중요한 이유입니다.

그러나 오늘날 아랍 지역의 운동이 정말 혁명입니까? 심지어 좌파들 중 상당수도 이 운동이 혁명이 아니라고 말합니다. 그들은 정권의 수뇌를 축출한 것이 곧 정권, 더 나아가 체제를 바꾼 것은 아니라고 말합니다. 물론 변화가 충분치 않은 것은 사실입니다. 그러나 레온 트로츠키가 말했듯, 대중이 자신의 운명을 개척하려고 역사의 전면에 나설 때 혁명이 시작되는 것입니다. 이집트 카이로 중심에 있는 타흐리르 광장에서 바로 그런 일이 벌어지고 있습니다. 2011년 1월과 2월에 18일 동안 카이로 타흐리르 광장을 비롯한 이집트 전역에서 대중이 자신의 운명을 개척하려고 행동에 나서는 모습을 생생히 볼 수 있었습니다. 따라서 이 운동은 혁명이 맞습니다. 그러나 이 운동을 좀 더 엄밀하게 평가할 필요는 있습니다.

사회혁명으로 발전할 잠재력

이 운동은 정치혁명이긴 하지만 사회혁명은 아닙니다. 여기서 다시금 정치혁명과 사회혁명을 구분한 트로츠키를 인용해 보겠습니다. 트로츠키는 [대중행동으로] 정권은 바뀌었지만 사회·경제 체제, 즉 마르크스주의 용어로 생산양식은 그대로 남은 혁명을 정치혁명이라고 설명했습니다. 예컨대, 1848년 프랑스에서 왕정이 타도되고 공화정이 들어선 것은 정치혁명인 것입니다. 반면에 사회혁명이란 국가권력 장악에서 더 나아가 사회체제를 바꾼 혁명을 뜻합니다. 1789년에서 1794년까지 이어진 프랑스대혁명은 봉건제를 무너뜨린 사회혁명이었습니다. 1917년 러시아의 10월 혁명은 노동자·농민의 소비에트가 권력을 장악한 사회혁명이었습니다. 따라서 우리가 오늘날 튀니지와 이집트에서 목격하고 있는 것은 정치혁명인 것입니다.

그러나 이런 정치혁명은 얼마든지 사회혁명으로 발전할 잠재력을 품고 있습니다. 이런 잠재력은 왜 존재하는 것일까요? 그것은 우선 혁명이 일어난 원인과 관련이 있고, 동시에 혁명을 이끄는 세력과도 관련이 있습니다. 먼저 혁명이 일어난 원인을 살펴봅시다. 이 혁명은 단지 독재 정권에 반대한 것만이 아닙니다. 이 혁명은 근본적으로 사회·경제적 원인을 갖고 있습니다. 중동에서 신자유주의적 구조조정이 가장 멀리 나아간 나라가 튀니지와 이집트였던 것은 결코 우연이 아닙니다. 세계은행의 웹사이트를 보면, 튀니지 대통령 벤 알리가 빈곤과 사회적 양극화를 해소했다고 추켜세우는 글이 올라와 있습니다. 중동을 비롯해 남반구 지역에서 신자유주의가 뜻하는 바는 곧 극단적 사회 양극화였습니다. 예컨대 이집트 인구의 5분의 2 이상이 하루 2달러 미만의 소득으로 살고 있습니다.

이에 더해 신자유주의가 이 지역에 초래한 두 번째 주요한 특징이 있습니다. 그것은 바로 사회 상층부에서 벌어지는 정치·경제 권력의 융합입니다. 신자유주의 이데올로기가 정치와 경제의 분리를 포함하고 있기 때문에 이런 광경이 낯설어 보일 수도 있겠습니다. 신자유주의 이데올로기는 시장을 자유화해야 한다, 특히 정치인들이 시장에 얼씬도 못하게 만들어야 한다고 주장합니다. 그러나 실제 남반구의 현실은 이와 사뭇 다릅니다. 예컨대 이집트와 튀니지에서 공공 부문 민영화의 혜택을 입은 사람들은 바로 정치 권력자들과 연줄이 있는 자들입니다. 튀니지의 공공 부문 민영화에서 경제적 이득을 취한 쪽은 바로 벤 알리의 처가였습니다. 이집트 대통령 무바라크의 아들 가말과 그 주변 인사들은 사유화나 여당 내 영향력을 활용해 수많은 경제적 이득을 챙겼습니다. 흥미로운 것은, 시리아는 이집트처럼 서방의 직접적 지원을 받고 있지 않았는데도 이집트와 같은 과정을 밟았다는 것입니다.

아랍에서는 신자유주의의 폐해 때문에 [2008년 시작된] 경제 위기의 파급력이 더 커졌습니다. 경제 위기로 청년 실업률이 전례 없이 높아져 청년층이 감당하기 어려운 수준까지 올라갔습니다. 또, 특히 경제 위기 때문에 식량 가격이 폭등했습니다. 이런 정치·경제적 불만이 결합되면서 사회 상층부가 그런 불만의 명백한 초점이 된 것입니다.

다음으로 이 혁명의 주체에 관한 문제를 얘기해 보겠습니다. 제가 좀 전에 말했듯, 이 혁명들은 대중의 자기해방 과정이었습니다. 그러나 이 과정은 언론에서 종종 묘사하듯, 큰 광장에 모인 사람들이 서로 손잡고 기뻐하는 식의 감상적인 것이 아니었습니다. 특히, 2011년 1월 28일은 이집트 혁명에서 결정적 분수령이었습니다. 이날 시위대는 카이로를 비롯한 이집트 여러 도시에서 진압경찰을 물리쳤습니다. 진압경찰은 정권을 보위하는 준군사 조직이었는데, 그 조직이 혁명으로 파괴된 것입니다. 모든 경찰서가 불탔습니다. 지난 5월 제가 이집트를 방문했을 때, 잠시 관광을 할 기회가 있어 파라오 시대 이래 이집트의 온갖 예술 작품과 보물을 소장한 박물관에 갔습니다. 그 박물관을 나서며 목격한 것은 불에 타고 잔해만 남은 큰 건물이었습니다. 그 건물은 집권 여당[국민민주당]의 사무실이었습니다. 이집트 혁명은 이집트 국가의 주요 부문들을 공격했습니다. 물론 이집트 국가 전체를 공격하진 못했습니다. 1월 28일 밤에 이집트 군대가 카이로로 이동했는데, 그것은 군대가 최소한의 사회질서를 유지할 수 있는 유일한 조직이었기 때문입니다. 그러나 이집트는 징병제이기 때문에 병사들은 평범한 노동자·농민이었습니다. 당시 이집트 군대는 시위대를 향해 발포하지 않았기 때문에 혁명에서 타격을 입지 않을 수 있었습니다.

제가 주로 이집트 혁명에 대해 얘기하고 있는데, 중요한 것은 대중의 집단적 자기해방 과정이 갖는 강력한 힘입니다. 그러나 혁명의 주체를 말할 때 간과해선 안 될 점이 있습니다. 그건 바로 조직 노동자 계급의 구실입니다. 튀니지의 벤 알리 정권을 무너뜨리는 데 결정적 구실을 한 것은 바로 튀니지 노총의 총파업 선언이었습니다. 조직 노동자 계급이 이집트 혁명에서 한 구실은 더 결정적이었습니다.

이집트 혁명은 결코 무에서 창조된 것이 아니었습니다. 이집트에서는 오늘날 혁명에 이르기까지 무려 10년 동안 다양한 운동이 전개됐습니다. 팔레스타인 연대 운동, 이라크 전쟁 반대 운동, 이집트 민주화 운동 등이 대표적입니다. 이 가운데 가장 중요한 운동은 2006년에 시작된 노동자들의 파업 물결이었습니다. 그것은

1940년대 이후 이집트에서 나타난 가장 큰 노동자 운동이었습니다. 예컨대 마할라 지역의 대형 섬유 공장 노동자들은 불법으로 대규모 파업을 벌였습니다. 한국의 독재 정권 시절과 마찬가지로 이집트에도 국가의 통제를 받는 어용 노조가 있었습니다. 그런데 이집트에서 파업 물결이 일면서 노동자들이 통제하는 진정한 독립 노조가 생겨나기 시작했습니다.

그리고 지난 2월 초, 군부와 무바라크와 미국이 무엇을 해야할지를 놓고 갈팡질팡하고 있을 때, 노동자들이 움직이기 시작했습니다. 노동자들이 파업에 나서자 오바마와 이집트 장군들은 무바라크를 쫓아내야 한다고 마음먹은 것으로 보입니다. 그들은 무바라크를 포기함으로써 혁명의 급진화를 차단하려고 했습니다. 그래서 이집트와 튀니지 혁명은 미완의 혁명입니다. 그러나 그 이야기를 더 하기 전에 저는 지금까지 중동에서, 특히 이집트에서 혁명이 이룬 성과를 강조하려고 합니다.

이집트 혁명의 지정학적 의미

저는 서두에 아랍 혁명의 지정학적 의미를 잠시 언급했습니다. 이집트가 미국의 동맹으로서뿐 아니라 이스라엘의 동맹으로서 중동 지역에서 하는 구실을 과소평가해서는 안 됩니다.

이집트는 인구가 8000만 명이며 경제·문화적으로 아랍 세계의 중심지입니다. 1948~73년에 이집트는 이스라엘에 맞서 네 차

레나 전쟁을 치렀습니다. 그러나 1978년과 1979년 무바라크의 전임자인 이집트 대통령 사다트는 이스라엘과 잇따라 평화협정을 맺었습니다. 이것은 중동 지역에서 아주 중요한 변화를 가져왔습니다. 즉, 이스라엘에 맞선 아랍의 군사적 투쟁에서 가장 강력한 아랍 국가가 이탈한 것이었습니다. 그 덕분에 이스라엘은 팔레스타인인들을 상대로 레바논과 팔레스타인 가자에서 마음껏 전쟁과 학살을 벌일 수 있었습니다.

이제 이집트 혁명으로 이스라엘은 그런 안전장치를 잃게 됐습니다. 이스라엘 지배자들에게 이집트 혁명은 재앙이었습니다. 이집트의 군사정부는 무바라크의 친이스라엘 정책을 수정해야 한다는 압력을 받고 있습니다. 그래서 이집트 군사정부는 팔레스타인에 접한 이집트 국경을 개방해 서방과 이스라엘의 가자 봉쇄 정책에 역행할 수밖에 없었습니다. 또 팔레스타인 임시정부를 장악하고 있는 친이스라엘 성향의 파타를 압박해 가자 지역을 통치하는 하마스와 타협하게 만들었습니다.

그러나 이것은 이제 시작에 불과합니다. 국제사회주의경향IST을 창립한 토니 클리프는 "예루살렘으로 가는 길은 카이로를 통한다"고 말한 바 있습니다. 즉, 이집트의 노동계급이라는 거인이 움직일 때만 이스라엘을 물리칠 수 있다는 것이었습니다. 그리고 그 거인이 이제 움직이기 시작했습니다. 올해 저는 이집트에서 열린 나크바 기념행사에 참석한 바 있습니다. 나크바 기념행사는 1948

년 이스라엘이 팔레스타인인들을 쫓아내고 국가를 세운 것을 잊지 않기 위한 행사입니다. 그날 시위대는 카이로의 이스라엘 대사관을 에워쌌습니다. 만일 앞으로 이스라엘 대사관이 카이로에 오래 남아 있을 수 있다면 전 아마 굉장히 놀랄 것입니다.

그러나 앞서 언급했듯 이집트 혁명은 아직 미완의 혁명입니다. 지배자 한 명을 제거했다고 해서 그 지배자가 만든 정권 자체가 사라지는 것은 아니기 때문입니다. 그래서 이집트에서는 옛 정권의 잔재를 모두 제거하기 위한 투쟁이 계속되고 있습니다. 이집트와 튀니지에서는 옛 집권 여당이 불법화되고 한국의 국가정보원과 같은 보안기관, 비밀경찰이 해체 수순을 밟고 있습니다. 참 바람직한 현상입니다. 그렇지요? 그러나 이런 일들이 정부의 포고령으로 이뤄진 것은 아닙니다. 이집트의 혁명적 사회주의자들을 포함한 여러 활동가들이 비밀경찰의 사무실을 급습했습니다. 이들은 거기서 문서들을 입수해 자신의 페이스북 계정에 올렸습니다. 아마 저라면 그렇게 하지 않고 바로 폐기 처분했을 텐데 말입니다. 사람들은 페이스북에서 참 재미있는 일을 많이 합니다 (웃음).

그러나 이집트의 반정부 투쟁은 시간이 갈수록 단지 옛 정권의 잔재들만이 아니라 새로운 집권 세력을 표적으로 삼고 있습니다. 즉, 오늘날 이집트를 통치하고 있는 최고군사위원회를 겨냥하고 있는 것입니다. 이집트에서 벌어진 대규모 시위를 보면, 시위 참가자들은 아랍 세계 전역으로 널리 퍼진 튀니지 혁명의 구호, "민중은 정권을 제거하고 싶다"를 외쳐 왔습니다. 이제 시위대는 이렇게도 외칩니다. "민중은 육군 참모총장을 제거하고 싶다." 여기서 육군 참모총장이란 이집트 최고군사위원회 수장 탄타위를 가리키는 것입니다. 그들은 또 무바라크의 처형을 요구합니다. 미국독립혁명 당시에 "자유의 나무는 독재자들의 피를 먹고 자라야 한다"는 유명한 표현이 사용됐습니다. 이집트 민중은 이 구호의 의미를 아주 잘 이해하고 있는 듯 보입니다.

연속혁명의 동역학

그러나 더 중요한 것은 오늘날 이집트 투쟁이 정치와 경제의 경계를 넘나들면서 벌어지고 있다는 점입니다. 제가 앞서 언급한 것처럼 신자유주의란 정치권력과 경제권력의 융합입니다. 이것이 오늘날 이집트에서 뜻하는 바는, 옛 정권을 청산하려면 정치투쟁뿐 아니라 경제투쟁도 벌여야 한다는 것입니다. 그래서 이집트의 여러 작업장에서는 '무바라크의 졸개들', 즉 사장들을 제거하려는 투쟁이 활발히 벌어지고 있습니다. 이것은 자본의 지배에 대한 도전입니다. 이집트의 한 병원에서는 노동자들이 기존 병원장을 축출하는 것을 넘어 차기 병원장 선출권 도입을 정부로부터 승인 받았습니다. 이것은 '노동자는 생산을 통제할 수 없다'는 자본주의 사회의 근본 원칙을 뒤흔드는 것입니다.

지금 이집트에서는 독일 혁명가 로자 룩셈부르크가 1905년 러시아 혁명에서 발견한 것과 유사한 일이 벌어지고 있습니다. 정치투쟁과 경제투쟁이 영향을 주고받으며 서로를 강화하는 상승작용을 일으키고 있는 것입니다. 이것이 바로 트로츠키가 연속혁명이라 부른 역학 관계입니다. 트로츠키도 이 점을 1905년 러시아혁명에서 포착했습니다. 비록 혁명이 민주적 요구를 중심으로 시작될지라도 그 투쟁에서 노동자들이 하는 구실로 인해 사회주의적 요구로 발전할 수 있다는 것이었습니다. 혁명으로 경제 위기가 심화하면 경제투쟁과 정치투쟁이 결합될 가능성은 더 커집니다. 따라서 이집트와 튀니지에서 시작된 정치혁명은 사회주의 혁명으로 발전할 잠재력이 있는 것입니다.

그러나 이런 과정이 결코 필연은 아닙니다. 결정적으로 노동계급이 사회의 모든 억압받는 사람들을 사회혁명으로 이끌 수 있는 집단적 정치 주체로 거듭나야 합니다. 이것의 조짐을 발견하기는 어렵지 않습니다. 예컨대 점점 늘고 있는 이집트의 독립 노조들이 독자적인 노조연맹을 창립했습니다. 또, 가장 선진적이고 전투적인 노동자들은 자신의 목소리를 대변할 정당을 창립했습니다. 이 정당의 명칭은 아마 '노동자농민당'이 될 듯합니다[현재 이름은 민주노동자당이다]. 이 정당 창립을 위해 전국을 순회하고 있는 활동가들이 많은 농민도 이 정당에 참여하고 싶어 한다는 점을 발견했기 때문입니다. 이집트에는 무바라크의 신자유주의 정책으로 고통받아

온 농민이 아주 많습니다. 정당 결성 과정은 이집트 노동자들이 자의식적 정치 주체로 거듭나는 첫걸음입니다.

그러나 아직 갈 길이 멀다는 점을 알아야 합니다. 혁명은 결코 단숨에 일어나지 않습니다. 부침을 겪으며 여러 단계를 거치는 과정입니다. 하나의 정치 주체로서 노동자들이 거듭나는 데서 혁명 정당의 존재는 필수적입니다. 우리는 이집트에서 우리와 같은 [국제 사회주의] 사상을 공유하는 혁명적 사회주의자들이 현재 진행 중인 혁명뿐 아니라 앞으로 벌어질 수많은 투쟁에 적극 동참할 것이라는 사실에 자부심을 가져도 좋습니다. 이들과 이집트 대중이 앞으로 혁명이 어디까지 나아갈 것인지를 결정할 것입니다.

이집트에 살고 있지 않은 우리 같은 사람들에게는 두 가지 점이 중요합니다. 첫째는 연대의 중요성입니다. 무엇보다 아랍 국가에서 발전하고 있는 노동자 운동과 연대하는 것이 중요합니다. 독재 정권에 맞서 학생과 노동자가 함께 투쟁한 경험이 있는 한국인들은 이집트 독립 노조에 보내는 연대와 지지가 얼마나 중요한지 잘 알 것입니다.

둘째는 우리에게 더 직접적으로 적용될 수 있는 것입니다. 러시아 혁명 이후 마르크스주의 철학자 게오르그 루카치는 혁명의 현실성에 관한 글을 쓴 바 있습니다. 우리는 아랍 혁명을 통해 오늘날 세계에서 혁명이 현실이라는 점을 배웠습니다. 바로 이 점이 우리에게 직접적 의미가 있는 것입니다. 혁명이 단지 이집트나 튀니지, 시리아 같은 곳에서만 일어나고 우리는 그것을 지켜보고 즐기기만 하면 되는 것이 아닙니다. 혁명은 바로 지금, 여기에서 일어날 수 있는 현실인 것입니다. 이것이 바로 아랍 혁명의 진정한 의미입니다.

질의에 대한 답변

제가 미처 다루지 못한 부분을 잘 메워 줄 수 있는 좋은 질문들이 많았습니다.

1. 우선 신자유주의에 관한 몇 가지 논점을 다뤄 보겠습니다. 먼저, 정치권력과 경제권력의 융합, 흔히 '정실 자본주의'라고 불리는 현상은 남반구에서 좀 더 쉽게 볼 수 있습니다. 예컨대 멕시코의 카를로스 슬림은 전 세계에서 가장 부유한 인물 중 하나입니다. 카를로스 슬림이 이처럼 엄청난 부를 축적할 수 있었던 것은 멕시코 정부가 통신 산업을 사유화할 때 정치인들과 연이 닿아 있었기 때문입니다. 그러나 우리는 '정실 자본주의'란 개념을 사용할 때 조심할 필요가 있습니다. 북반구의 부르주아 지식인들이 남반구 사람들에게 훈수를 둘 때 이 용어를 사용하는 경향이 있기 때문입니다. 그러나 정실 자본주의는 북반구에서도 흔히 볼 수 있습니다. 예컨대 지금 영국에서는 자본과 정치인이 연루된 엄청난 스캔들이 불거지고 있습니다. 이것은 언론 재벌 루퍼트 머독과 영국의 정치 엘리트, 경찰이 얽히고설킨 스캔들입니다. 그러

나 정치권력과 경제권력의 융합은 남반구에서 더욱 두드러진 특징입니다. 남반구의 취약한 자본가 계급이 돈을 벌려면 어떻게든 국가와 유착해야 한다는 사실이 한 가지 이유가 될 수 있을 것입니다. 보통 남반구에서는 국가가 훨씬 풍부한 재원을 가지고 있기 때문입니다.

두 번째로 저는 순수한 형태의 신자유주의는 존재하지 않는다고 생각합니다. 예컨대 2008년 미국의 조지 부시 정부가 단행한 은행과 보험사의 국유화는 역사상 가장 큰 규모의 국유화 중 하나였습니다. 그로부터 몇 개월 뒤, 오바마 정부는 부시 정부의 정책을 따라 제너럴모터스와 크라이슬러를 국유화했습니다. 신자유주의 이데올로기와 그것이 실제 자본주의 사회에서 작동하는 방식 사이에는 큰 간극이 있습니다.

2. 저는 페이스북, 트위터 등 소셜 네트워크 웹사이트와 아랍 혁명의 관계에 대해 발제에서 언급하지 않았는데, 그것의 중요성이 부차적이라고 봤기 때문입니다. 예컨대, 이집트 인구의 상당수가 문맹이기 때문에 소셜 네트워크 웹사이트에 글을 올리는 행위는 이집트 혁명과 큰 관련이 없습니다. 지난 세기 포스트모더니스트들이 [혁명에 관해] 온갖 중상과 비방을 쏟아 냈지만, 우리가 아랍 세계에서 확인한 것은 아주 고전적인 혁명의 역학 관계였습니다.

3. 이 맥락에서 저는 제가 이슬람주의의 종교 언어를 사용했다

고 비판한 청중 한 분에게 답변하려고 합니다. 이슬람 혐오주의는 유럽에서 최근에 두드러진 인종차별의 한 형태입니다. 이슬람 혐오주의를 받아들이는 일부 사람들은 중동 지역에서 벌어지는 운동과 그것이 보내는 메시지를 곧 음험한 이슬람 세력의 부상으로 치부하곤 합니다. 그래서 이런 맥락에서 누군가 저를 이슬람주의자로 몰아간다면 그것은 아주 저급한 토론 방식이지만 설사 그렇다 할지라도 저는 제가 이슬람주의자란 비방을 기꺼이 칭찬으로 받아들이겠습니다. 제가 인용한 "자유의 나무는 독재자의 피를 먹고 자란다"는 말의 출처는 미국의 초대 대통령 토머스 제퍼슨이었는데, 그는 신의 존재를 믿지 않았고 제가 알기로 이슬람주의자도 아니었습니다. "청산"이란 표현도 포르투갈 혁명에서 나온 것인데, 이 나라는 역사적으로 이슬람이 아닌 가톨릭 국가였고 "청산"의 대상도 옛 독재 정권의 잔재였습니다. 이 정도면 제가 이슬람주의자라는 비방에 충분히 답변한 듯합니다.

4. 혁명의 고전적 역학 관계가 아랍 세계에서 재현됐다는 지적은 혁명 세력과 반혁명 세력 사이의 투쟁도 포함하고 있습니다. 또 이 투쟁에서 때로 반혁명 세력이 승리하기도 합니다. 바레인이 그 예입니다. 시리아에서도 반혁명 세력이 혁명을 가로막는 데 성공했습니다. 이집트에서도 반혁명 세력이 혁명을 아주 강경한 방식으로 물리치려 할 수 있습니다. 예컨대 2011년 2월 2일, 폭력배들이 타흐리르 광장의 시위대를 공격했습니다. 그중 일부는 희한

하게도 낙타를 타고 있었고 아마 사복 경찰도 몇몇 있었던 것으로 보입니다. 또, 이집트의 소수파 종교인 콥트교 기독교인에 대한 공격도 있었습니다. 그러나 이런 공격이 가까운 시일 내에 효과를 내긴 어려워 보입니다. 예컨대 제가 카이로를 방문하기 직전에 콥트교 기독교인에 대한 공격이 있었습니다. 제가 타흐리르 광장을 방문했을 때 광장의 거대한 현수막에는 모스크와 교회의 단결을 표현하는 상징이 그려져 있었습니다. 또 종교적 이미지를 표현해서 죄송하군요. 이것이 보여 주는 것은 혁명에 참여하고 있는 사람들이 콥트교 기독교인에 대한 탄압이 운동을 분열시키려는 시도라는 점을 제대로 이해하고 있다는 것입니다.

그러나 더 근본적인 문제는 혁명으로 타격을 입지 않은 유일한 억압 기구가 군대라는 점입니다. 이집트 군대가 온존할 수 있었던 것은 어디까지나 그것이 혁명에 맞서는 데 동원되지 않았기 때문입니다. 물론 이런 상황은 바뀔 수 있습니다. 그러나 군부가 혁명 운동을 분열시키고 사기 저하시키려면 꽤 많은 시간이 필요할 것입니다.

5. 따라서 반혁명 세력에게 남은 대안은 혁명을 서서히 죽이는 것입니다. 그리고 이것이 곧 오바마의 전략입니다. 오바마는 무바라크가 권좌에서 물러날 때 아주 인상적인 연설을 했습니다. 오바마는 이집트 청년들이 타흐리르 광장에서 보여 준 용기와 에너지를 기업가 정신과 새로운 사업들로 연결할 수 있다면 얼마나 멋

지겠냐고 얘기했습니다. 제가 보기에 이 점이 미국이 유럽과 함께 리비아 개입에 나선 이유입니다. 자신을 혁명 세력의 일원으로 포장하려는 것이지요. 미국은 이집트와 튀니지 활동가들에게 엄청난 재정 지원을 하고 있습니다. 미국은 아랍 세계에 우군을 만들려고 아랍 지역과 미국에서 세미나를 여럿 개최하고 있습니다. 즉, 오바마는 아랍 혁명을 활용해 아랍 세계를 더욱 신자유주의적으로 구조조정하려는 것입니다. 이것은 어제 제가 개막 연설에서 언급한 것처럼 병을 일으키는 독을 이용해 그 병을 치료하는 예이기도 합니다.

6. 따라서 신자유주의적 사이비 민주주의에 맞선 대안을 보여줄 수 있는 대중적 대안 정당을 건설하는 것이 중요합니다. 그래서 지금 이집트에서 노동자농민당을 건설하는 것이 그토록 중요한 것입니다. 어떤 분의 우려와는 달리, 이 정당의 이름이 노동자농민당이라고 해서 그들이 트로츠키 등 마르크스주의 이론을 거부하는 것은 아닌지 걱정할 필요는 없을 것입니다. 이집트 혁명은 도시에서 일어났습니다. 노동자들이 밀집한 도시에서 혁명이 더 강력했습니다. 이집트 인구의 약 40퍼센트를 차지하는 것으로 보이는 농민은 혁명에 직접 가담하진 않았습니다. 그래서 옛 집권 여당과 무슬림형제단이 함께 발의한, 기존 정치체제를 최소한으로만 수정하는 헌법안이 국민투표로 통과될 수 있었던 것입니다. 혁명에 가담하지 않은 농촌 지역에서 헌법안에 대한 지지가 압도

적이었습니다. 그래서 지금 노동자농민당이 벌이는 일은 레닌과 트로츠키도 지지했을 것입니다. 즉, 선진 노동자들이 도시를 떠나 전투적이고 정치적으로 각성한 농민을 조직해 사회주의적 대안을 건설하는 것입니다.

7. 저는 또한 한 분이 플로어에서 지적한 것처럼, 무슬림형제단의 일부와 공동전선을 펼치는 것이 아주 중요하다고 생각합니다. 무슬림형제단 내부의 모순은 심지어 전통적 사회민주주의 정당보다도 심각합니다. 무슬림형제단은 무바라크 치하에서 가장 강력한 야당이었습니다. 그러나 이 단체는 핵심 세력이 보수적 부르주아 이데올로기로 무장한 부르주아 정치조직입니다. 따라서 이집트에서 대중적인 혁명적 사회주의 조직을 건설하려면 무슬림형제단 내부의 이런 모순을 잘 이용해야 합니다.

8. 마지막으로 마르크스의 귀환에 관한 문제를 얘기해 보겠습니다. 제가 보기에 마르크스의 귀환을 처음 알린 사건은 1994년 자크 데리다의 책 《마르크스의 유령》의 출간이었습니다. 당시 마르크스는 학계에서 죽은 개 취급을 받고 있었는데, 저명한 지식인이었던 데리다가 자신의 책에서 마르크스를 옹호한 것은 일대 사건이었습니다. 데리다가 마르크스를 높이 평가한 것은 바로 마르크스의 자본주의 비판 때문이었습니다. 이 점은 〈뉴요커〉 등 잡지에서 마르크스를 인용할 때도 나타나는 특징이었습니다. 그러나 오늘날 혁명이 일어나고 노동자들이 그 혁명에서 핵심 구실

을 하고 있는 상황에서 마르크스의 귀환은 전과 의미가 다릅니다. 즉, 노동계급의 자기해방 사상으로서 마르크스의 귀환인 것입니다.

우리가 아랍 혁명에서 확인할 수 있었던 것은 노동계급 자기해방의 필연성이 아니라 잠재력입니다. 그리고 이것은 우리가 오랫동안 보지 못한 어마어마한 세계사적 변화입니다.

중동 혁명과 제국주의

리처드 시모어

알 카포네는 이렇게 말한 바 있다. "친절한 말보다는 친절한 말에 총을 더했을 때 원하는 것을 더 많이 얻을 수 있다." 미국 정부는 이 말의 의미를 잘 알고 있다.

2009년 미국 상원 의원 조지 미첼은 튀니지를 방문해 독재자 벤 알리에게 오바마의 따뜻한 안부의 인사를 전했다. 같은 해 오바마는 벤 알리에게 무기 판매하는 것을 하원에서 허가받으려 노력함으로써 약속을 지켰다.

2010년 11월 미 국무부 장관 힐러리 클린턴은 호스니 무바라크에게 따뜻한 인사를 건네면서 미국과 이집트 관계가 "안정과 안보의 초석"이라고 평가했다. 몇 달 뒤에 이집트에서 대규모 시위가 시작됐을 때, 미국 부통령 조지프 바이든은 무바라크가 미국의 "동맹"이지 "독재자"가 아니라고 우겼다. '중동 평화 4자 회담'

(유엔, 유럽연합, 미국, 러시아)의 특사인 토니 블레어는 이 독재자를 가리켜 "매우 용감하고 선한 자"라고 평가했다.

1978년 캠프데이비드협정을 체결한 뒤부터 이집트 국가는 미국 정부가 제공하는 각종 지원금과 무기와 고문 기구를 기꺼이 받아들였다. 이 협정으로 이집트와 이스라엘 사이에, 다시 말해 이집트와 미국 사이에 동맹 관계가 확립됐다.

이런 지원 덕분에 무바라크는 1981년부터 쭉 이집트를 통치할 수 있었다. 그는 IMF의 처방전도 수용해 급격한 고용의 비정규직화와 농촌 노동자의 빈곤 사태가 벌어졌다. 미국과 서방 동맹국 정부들이 보기엔 그것이 아랍이 바랄 수 있는 최선의 상태였다.

그러나 '배은망덕한' 튀니지인들과 이집트인들은 자국 독재자들을 뻥 차 버렸다. 이 두 나라 항쟁에서 노동계급은 두드러지게 중요한 구실을 했다. 얼마 전까지만 해도 벤 알리 정권의 일부였던 노조가 정권과 노동자들 사이의 사회적 협약이 무너지자 튀니지 혁명에서 지도적 구실을 했다.

이집트의 경우 마할라 방직 공장 투쟁으로 시작된 노동계급 반란은 2011년 1월 항쟁을 낳은 배양액 구실을 했다. 석유산업, 정부 각 부처, 수에즈 운하 공사, 철도, 청소 노동자로 파업이 확산된 것이 무바라크 정권을 마비시키고 그의 지지자들을 분열시키는 결정적 구실을 했다.

중요한 것은 이런 파업들이 부패한 집권당 인사들을 경영진에서 제거하라고 요구하는 등 정치적이었다는 것이다. 지금과는 완전히 다른 사회의 가능성을 힐끗 보여 주는 정치조직들이 나타난 것도 놀랍다. 카이로의 타흐리르 광장은 완벽하게 작동하는 도시 안의 도시이자 무바라크의 이집트에 맞서는 살아 있는 대안으로서, 21세기판 코뮌으로 변모했다. 지역 조직화와 치안을 위해 방방곡곡에서 민중위원회들이 구성됐다.

미국 정부가 이 독재 정부들을 무너지기 직전까지 지지했음에도, 이들은 놀라울 정도로 신속하게 무너졌다. 곧이어 오바마가 자유에 관해 일장 연설을 한 것은 정말 관대하게 말해 허둥지둥 태도를 바꾼 것으로, 전혀 그럴듯해 보이지 않았다. 미국 정부는 자신이 그토록 소중히 여긴 중동 패권을 잃고 있었다.

리비아 민중의 무장 항쟁

한편, 리비아에서 중요한 일이 일어났다. 2011년 1월 부패와 주택 부족에 항의해 벵가지와 다르나 등 주로 동부 연안 소도시와 도시에서 시위가 일어났다. 이웃 나라들의 눈부신 혁명에 영감을 받은 일부 정치 활동가들은 더 과감한 행동을 요구했다. 2월 초에 언론인 자말 알하지와 변호사 파티 테르빌 같은 중간계급 출신 인권 활동가들이 정치적 자유 확대를 요구하는 시위를 조직했다. 리비아 반란이 시작된 2월 15일 저녁, 경찰은 벵가지에서 시위대를 무자비하게 구타했다.

보통 때 같으면 감히 저항에 나선 사람들을 위협과 탄압으로 손쉽게 고립시킬 수 있었겠지만, 타흐리르 광장 투쟁의 여파로 시위가 베이다 같은 전통적 친카다피 지역까지 확산됐다. 리비아 치안 기구에 고용되는 경우가 많았던 바라사 부족은 정부 진영에서 이탈했다. 심지어, 일부 지역 보안군과 경찰도 정권에 등을 돌렸다.

리비아 야당 국민회의 소속의 망명 인사들은 리비아 내부의 반정부 세력과 손을 잡고 2월 17일 '분노의 날' 시위를 벌이기로 계획했다. 이날 카다피 정부의 저격수들은 시위대에 무차별 발포했고 그 때문에 정치적 투쟁이 순식간에 무장투쟁으로 변했다.

2월 25일 반정부 세력이 수도 트리폴리와 카다피 고향인 시르테를 제외한 리비아 대부분을 통제하게 된 듯이 보였다. 주로 엘리트와 카다피 정부 이탈 인사들 — 군 장교, 기업인, 학자, 기타 전문직 종사자 — 로 구성된 과도국가위원회가 형성됐다. 과도위원회는 항쟁에 참가한 다양한 사회 세력을 하나의 기구로 통합하려 했다.

지금까지 카다피는 정권에 맞서는 모든 저항을 짓밟아 왔다. 그래서 리비아 시민사회 진영에는 저항을 주도할 노조나 정당이 없었다. 리비아 전역에서 민중위원회가 나타났다. 그러나 이들은 파편화된 형태의 민중 권력이었다. 이런 상황에서 잘 조직된 엘리트들이 공백을 메우려 들었다. 그러나 리비아 전국을 포괄하는 대표단들을 초청하겠다는 이들의 구상은 실현되지 않았다. 그들은 반란을 독점적으로 대변하는 구실을 할 수 없었고 동부 연안 지역 근거지에서 벗어나지 못했다.

게다가 과도국가위원회를 구성하는 인사들은 여전히 주로 엘리트들에서 충원됐고, 이들은 전략을 둘러싸고 서로 의견이 달랐을 뿐 아니라 사적인 권력투쟁 — 대표적으로 카다피의 사유화 정책을 지휘했던 마흐무드 지브릴, 전 법무부 장관 무스타파 압둘 잘릴, 전 내무부 장관 압둘 파타 유니스 사이의 — 을 일삼았다.

나중에 미국에서 칼리파 헤프타가 돌아와 반란군 지휘자 구실을 하자 이런 분열은 더 심해졌다. 헤프타는 한때 카다피의 동맹이었지만 1987년 정부에 등을 돌렸다. 그는 CIA와 오랫동안 협력해 온 것으로 알려져 있다.

반정부 세력이 초기에 군사적으로 승기를 잡았지만, 오래지 않아 카다피가 다시 우위를 점하기 시작했고 반란 세력의 약점이 노골적으로 드러났다. 처음에 반란 세력을 지지했던 와르팔라 부족은 다시 정부 쪽으로 넘어갔다. 이제 미국과 일부 유럽 동맹국 정부들은 그때까지 불가능해 보였던 전략을 놓고 서로 단결할 수 있었다. 그들은 리비아 투쟁을 통제하면서 이것을 자신의 이익에 맞춰 이용하기 시작했다.

미 제국주의와 중동 패권

중동 통제 문제는 영국 제국이 쇠퇴하기 시작한 뒤부터 미국 정책 입안자들을 괴롭혀 온 문제였다. 제2차세계대전이 끝났을 때 영국 자본주의는 대단히 약해졌고 식민지 당국들은 곳곳에서 펼쳐지는 반란에 대처하느라 악전고투하고 있었다.

미국 정부는 종종 이런 영국의 약점을 이용했다. 예컨대, 미국 정부는 [1952년] 이집트에서 나세르가 주도한 자유장교단의 반영 반란을 묵인했다. 반대로, 1969년 리비아왕립군의 자유장교단이 쿠데타를 일으켰을 때는 또 다른 친영 국왕인 이드리스를 지원했다. 미국 정부가 1952년과 1969년에 다르게 대응한 것은 그사이에 중동 독립국들이 천연자원, 특히 석유 자원 국유화를 추진하는 우려스러운 경향을 보였기 때문이다.

미국 정부를 더 곤란하게 만든 것은 베트남 전쟁이 최고조에 이르렀을 때 영국 제국이 '수에즈 동쪽'에 대한 책임을 포기하겠다고 선언한 것이었다. 영국 정부는 걸프 지역에서 영국 화폐를 사용하는 종속국들의 네트워크를 지원해 온 영국 해군을 철군하기로 결정했다.

미국 해군이 영국이 해 온 제국 군대의 의무를 대신 실천하기 시작했고, 달러외교가 영국 통화 후원 체제를 대체했다. 냉전 종식 이후 미국 우익들은 주요 도전자가 없는 틈을 타 중동 지역을 미국의 이익에 맞게 재편하려 했고, 이라크의 사담 후세인 정권을 파괴하고 그 잔해 위에 친미 '자유 시장' 국가를 세우려는 계획을 중심으로 단결했다.

이런 모험의 결과로 미국 정부의 중동 패권이 처음으로 심각한 타격을 입었고, 미국·유럽 동맹에 처음으로 심각한 균열이 생기고, 러시아가 기지개를 켤 수 있었다. 오바마의 임무는 이런 피해를 복구하는 것이었다. 그러나 불행히도 그는 미국 제국이 역사상 가장 심각한 도전 중 하나에 직면하기 직전에 대통령직을 맡았다.

미국 정부는 오랫동안 경제제재와 폭격 등을 통해 리비아 국가를 약화시키려 노력했다. 2000년대 들어서자 미국 정부는 카다피 정부가 무너지지 않을 것이라고 전망할 수밖에 없었다. 혁명 이후 카다피 정부는 보수적 농촌 엘리트, 석유·은행·수입 부문의 기업인, 국가 전문 관료 들을 매수해 지지 기반으로 확보했다. 카다드파, 와르팔라, 마르가르하 등 3대 부족이 정권의 핵심 지지자 구실을 했고, 보안군의 대다수가 이들에서 충원됐다.

위키리크스가 폭로한 2009년의 한 외교 전문을 보면, 어떤 미국 외교관은 카다피가 자기 아들들을 경쟁시킬 뿐 아니라 다양한 사회 세력에 대한 후원 관계를 이리저리 바꾸는 것을 본 뒤 카다피의 "탁월한 전술적 감각"을 칭찬했다.

따라서 경제제재의 대가가 너무 크다 — 1990년대 대략 300억 달러 — 고 판단한 카다피가 미국 정부와 관계 개선에 나섰을 때,

미국 정부는 뒤통수를 맞을 일은 없을 것이라고 예측했다.

2004년 부시와 블레어는 두 팔 벌려 카다피를 환영했고 리비아 엘리트들은 유럽과 미국 엘리트들과 활발히 교류하기 시작했다. 예컨대, 런던 대학교 사회과학대학LSE을 졸업한 카다피의 아들 알이슬람은 앤드류 왕자와 피터 만델슨의 절친이 됐다.

리비아 혁명의 목을 조르기

그렇지만 미국 정부는 끝내 카다피 정권을 버리지 못할 정도로 리비아 정권에 이해관계를 가지고 있지는 않았다. 반카다피 세력의 대변자 구실을 자임하는 전 카다피 정부 인사들은 미국과 유럽연합 정부와 동맹 관계를 맺는 데 적극적으로 임했던 자들로, '친서방'으로 알려져 있다. 과도국가위원회의 일부 인사들은 처음부터 미국 정부와 손을 잡고 카다피를 무너뜨리려 했다. 예컨대, 압둘 파타 유니스 장군은 2011년 3월 1일 지상군은 안 되지만 서방이 카다피 군대를 폭격하는 것은 환영한다고 말했다.

그러나 리비아 반란 세력의 기층을 구성하는 세력들은 이런 주장을 즉각 받아들이지는 않으려 했다. 미국 정치인들과 안보 전문가들이 리비아에 대한 군사개입을 논의할 때, 반란군 통제 지역에는 '외국 개입 반대한다'는 영어 현수막이 걸렸다.

과도국가위원회의 하페즈 고가는 단도직입적으로 이렇게 말했다. "우리는 외국 개입에 전적으로 반대합니다. 리비아 민중이 리비아 나머지 지역을 해방시킬 것이고, 그들이 카다피 보안군을 일소할 것입니다." 2011년 3월 6일 벵가지에 도착한 영국 특수부대원들은 바로 체포당했다. 반란 세력은 카다피가 반란을 제국주의의 음모라고 주장하면서 지지를 회복할까 봐 두려워한 것이다.

자위야 같은 주요 도시들에서 반란 세력이 군사적으로 어려움에 봉착하고서야 제국주의 개입을 요구하는 주장들이 지지를 확보할 수 있었다. 상황이 불리해지자 반란 세력은 트리폴리와 시르테로 반란을 확산시키고 정권을 철저히 분열시킨다는 생각을 포기했고, 제국주의 국가의 지원이 반군 동맹의 약점과 과도국가위원회의 권위 부족을 보충할 수 있는 유일한 방법이라고 여기기 시작했다.

미국 정부는 리비아 개입을 놓고 분열한 듯이 보였다. 한편에는 개입에 반대하는 '현실주의자'인 국방부 장관 로버트 게이츠가 있었고, 다른 한편에는 유엔 주재 미국 대사인 수전 라이스 같은 호전적 자유주의자가 있었다.

초기 나토 폭격을 지휘한 미국 아프리카 사령부 사령관인 카터 햄 장군은 원래 미국의 개입을 탐탁치 않게 생각했다. 오히려 영국과 프랑스 정부가 미국 정부보다 리비아 개입에 훨씬 더 적극적이었다.

그러나 2011년 3월 17일 미국 정부는 유엔의 지지를 받은 호전적 개입안을 지지하기로 결정했다. CIA 첩보원과 특수부대원 들은 반란 세력과 협상하려고 리비아 땅을 밟았다. 서방 열강들은 만약 카다피가 벵가지를 점령하면 엄청난 대학살을 저지를 것이라고 주장하면서 공중폭격을 정당화했다.

혁명을 가로채다

물론 카다피는 잔인한 반격을 지속했을 것이다. 그러나 이것이 반란 세력으로 넘어온 전 유엔 대사인 이브라힘 다바시가 주장하듯이 '인종 청소'를 낳았을 것이라는 얘기는 별로 설득력이 없어 보인다.

리비아 개입을 '인도주의적' 근거로 정당화하면서 이것의 정치적 측면은 감춰졌다. 만약 대량 살상을 막는 것이 개입의 목표였다면 '적대 행위 중단'을 위한 협상을 벌이는 방법도 있었다. 카다피는 자신이 리비아를 정치적으로 통치할 수 있는 조건으로 휴전안을 받아들일 준비가 돼 있었다. 따라서 진정한 쟁점은 리비아 혁명이 승리해 민중 세력이 리비아를 통치할 수 있을 것인지 아닌지였다.

당시 미국 정부는 바레인과 예멘에서 반혁명 세력을 지원하고 있었다. 그 전에 튀니지와 이집트에서 그랬던 것처럼 말이다. 따라서 리비아에 대한 서방 개입은 이 지역 혁명들에 대한 서방의 모든 대응을 보면서 평가해야 한다.

미국 정부는 오랫동안 혁명적 상황에 개입해 왔고, 자신에 의

존하는 지역 엘리트들을 통해 민중의 주도권을 뺏으려 했다. 일단 사실상 나토가 리비아 투쟁의 속도를 결정하고 나토의 첩보원과 특수부대원 들이 현장 전략을 좌우하게 되면서 리비아 민중은 반 카다피 항쟁에 대한 통제권을 잃었다. 서방 국가들이 리비아 혁명 을 가로챈 것이다.

지금까지 미국 정부가 중동에 적용해 온 '해방' 모델은 이라크 에서 볼 수 있는 대형 무덤과 고문실이었다. 오바마 정부는 혁명 의 물결 속에서 새로운 모델을 만들려 하고 있다. 시간이 지날수 록 협상에 의한 해결 가능성이 부상하고 있다. 이 협상안에서 카 다피는 배제될 것 같지만 카다피 정권의 틀은 유지될 것이다.

이것이 미국 대통령 오바마와 영국 총리 데이비드 캐머런과 프 랑스 대통령 니콜라 사르코지가 서명한 '평화를 향한 길'이 제시 하는 길이다. 만약 이 계획이 현실화된다면, 이것은 전형적인 제 국주의에 의한 국토 분열이 될 것이다. 그것은 리비아 혁명의 승리 가 아니라 패배가 될 것이다.

출처: 《Socialist Review》 2011년 5월호, 〈레프트21〉 57호.

아랍 혁명을 가로채려는 오바마의 책략

조너선 닐

5월 26일 버락 오바마는 중동에 관한 연설을 했다. 그는 미국 외교정책을 크게 바꾸겠다고 말했다. 그는 아랍 반란을 지지한다고 말하면서 이 반란을 미국 혁명과 공민권 운동에 비교했다.

오바마가 하려는 일을 이해하려면 그가 누구인지 먼저 알아야 한다. 많은 사람은 오바마가 잠시 길을 잃은 괜찮은 자유주의자라고 여긴다. 그가 똑똑하고 세련되고 조지 부시보다 낫다는 것이다. 그러나 오바마는 미국 자본주의의 지도자로 세계 자본주의에서 가장 중요한 인물이자 미국 제국 사령관이다.

대선 당시 그에게 가장 많은 돈을 기부한 자들은 죄다 월가 인사들이었다. 그는 월가 인사들을 정부에 등용했고 군부 인사들을 외교직에 임명했다. 그는 아프가니스탄 전쟁을 더 치열하게 만들었고, 파키스탄을 폭격하고, 기후변화에 맞선 전 세계 공통의 합의안 도출을 가로막았다. 그는 여전히 미국 지배계급이 가장 선호하는 차기 대선 후보이기도 하다.

오바마 당선으로 미국인들은 자신들이 인종차별주의자가 아님을 증명할 수 있었다. 그것은 중요했다. 그러나 오바마는 자기 계급에게 유리한 전략을 추구한다. 오바마는 미국 지배자들의 최대 자산이기도 하다.

이런 맥락에서 이날 오바마가 한 연설을 이해해야 한다. 미국 정부와 기업들은 지금 중동에서 큰 곤경에 빠져 있다. 그들은 지난 50년 동안 석유를 통제하려고 이 지역 독재자들과 이스라엘을 후원해 왔다. 아랍 반란이 폭발했을 때 미국 정부의 첫 반응은 독재자들을 지지하는 것이었다.

그러나 일이 뜻대로 풀리지 않자 미국 정부는 이제 변화된 상황에 적응하려 한다. 그들은 여전히 이 지역 석유 자원을 지배하려 하는데 그러면 이 지역 민중을 통제할 수 있어야 한다. 게다가 아프가니스탄 전쟁에서도 지고 있고, 파키스탄에서는 미국 정부에 반대하는 투쟁과 분노가 성장하고 있다. 미국 제국은 이른바 '아프팍' 전쟁에서 질 가능성이 높다.

그래서 미국 정부는 정책을 바꾸려 한다. 그들은 승자와 친구가 되고 싶어 한다. 새로운 대통령 선출에 개입하고 '아랍 거리'와 친구가 되고 싶어 한다. 힐러리 클린턴은 이 일을 할 수 없다. 오바마가 좀 더 적임자일 것이다.

리비아에서 미국 정부는 민중 반란을 자기 통제 아래 두는 데 성공했고 미국이 중동을 폭격하는 것을 정당화했다. 이집트에서 미국 정부는 이집트 군부에게 호스니 무바라크를 제거하라고 권고했다. 지금 미국 정부는 이집트 민중운동이 아니라 이집트 군부를 지지하고 있다.

오바마는 또한 자신이 이스라엘과 팔레스탄 사이에서 '중립'을 지키고 있다고 말했다. 이에 관해 그가 말한 것 중 기존 미국 정책에서 벗어난 것은 없었다. 그러나 이스라엘 총리 베냐민 네타냐후는 오바마가 말한 방식에 분노를 토했다. 오바마는 자신이 네타냐후와 격론을 벌였다고 말했다. 그는 이 점을 과시하고 싶었던 것이다.

미국의 이스라엘 지지는 오랫동안 아랍인들의 분노를 샀다. 지금 이 지역의 세력균형은 이스라엘에 불리하게 바뀌고 있다. 물론 미국 정부는 이스라엘을 버리려는 것이 아니다. 아랍인들이 미국을 중립적 존재로 보기를 바라는 것이다. 오바마는 사우디아라비아를 언급하지 않았다. 그러나 사우디아라비아 국왕도 오바마 연설을 듣고 노발대발했다.

미국 정부의 정책은 여전히 부자, 기업, 경찰, 군인과 고문하는 자를 보호하는 내용일 것이다. 그러나 미국 정부는 모순에 처했다. 미국은 아랍 민중이 석유 자원과 경제·외교 정책을 통제하는 것을 바라지 않는다. 지금 중요한 것은 독재자를 지지하지 않는 대신, 독재자를 제거한 후 남는 지배자들을 지지하는 것이다.

따라서 미국 정부의 말과 행동은 서로 어긋날 것이다. 또 어떤 행동은 다른 행동과 모순될 것이다. 미국 정부는 운동에 대한 탄압을 지지하면서 비판해야 한다. 그러지 않으면 통제력을 잃을 것이다. 미국 정부는 너무 멀리 나갈 수도 없지만 같은 자리에 머물러 있을 수도 없다. 오바마는 곤란한 처지에 있는 것이다.

오바마의 미사여구는 많은 정치인의 호응을 얻을 것이고 일부 아랍인들도 오바마가 변화를 지지하기를 바랄 것이다. [그러나] 오바마 정부는 성공하지 못할 것이다. 이것은 부분적으로는 미국 정부가 여전히 옛 동맹과 탄압 기구들과 긴밀한 연관을 맺고 있기 때문이다. 또, 아랍인들은 멍청하지 않고 독재자가 물러난 뒤에도 실업과 굶주림과 불의가 여전히 남아 있기 때문이다.

그러나 가장 중요한 이유는 아랍의 반란과 계급투쟁이 현재 진행형이기 때문이다. 사실 오바마 연설에서 가장 주목할 것이 바로 이 부분이다. 오바마와 클린턴과 국무부 관료들은 예멘과 시리아의 항쟁이 승리할 뿐 아니라 더 퍼져 나갈 것이라고 걱정하고 있다.

출처: 〈Socialist Worker〉 2253호(2011.5.28), 〈레프트21〉 58호.

이집트 혁명과 연속혁명

레지 필링

지난 30년간 이집트를 통치해 온 독재자 호스니 무바라크가 2011년 초 대중 시위와 파업에 밀려 권좌에서 물러났다. 그러나 현재 이집트 군부는 물리력을 앞세워 타흐리르 광장을 다시 장악하고 시위대를 공격하고 파업을 불법화하고 있다. 무바라크가 물러났으니 혁명은 여기서 멈춰야 하는가? 혁명이 정치 변화를 넘어 사회·경제적 격변으로 나아갈 순 없는 것인가? 사회주의로 나아갈 순 없는 것인가?

이집트는 상대적으로 가난한 나라이고, 대부분의 서방 나라들보다 산업이 불균등하게 발전했다. 노동자들은 이제 막 독립 노조를 결성하기 시작했다. 그렇다면 결국 이집트 노동계급은 사회주의를 이룰 수 없는 것인가?

트로츠키의 연속혁명론은 우리가 이집트나 그 밖의 나라들에서 혁명의 가능성을 이해하는 데 도움을 줄 수 있다. 트로츠키는 1905년 러시아 혁명을 경험한 데 바탕을 두고 연속혁명론을 발전시켰다.

당시 러시아 사회주의 운동은 멘셰비키와 볼셰비키로 분열해 있었다. 멘셰비키는 혁명이 일어나면 1640년대 영국과 1789년 프랑스에서 그랬듯이 중간계급 중 진보적 일부가 지도부 구실을 할 것이므로 노동자들은 혁명을 지원하는 데 머물러야 한다고 생각했다.

레닌이 이끈 볼셰비키는 러시아 부르주아지가 노동자들의 힘을 두려워한 나머지 차르 국가에 자신을 의탁하고 있기 때문에 혁명을 일으킬 능력이 없다고 주장했다. 그러나 레닌은 1917년 4월까지 "혁명이 일어나면 노동자들이 노조를 결성할 수 있게 되고 자본주의 또한 더욱 발전할 수 있겠지만, 어디까지나 부르주아 민주주의적 변화에 그칠 것"이라고 주장했다. 그리고 노동자들은 이 과정을 거친 뒤에야 사회주의를 향한 투쟁을 시작할 수 있다고 말했다.

트로츠키는 사뭇 다른 이론을 발전시켰다. 트로츠키는 노동자들이 핵심이라는 레닌의 주장에 동의하면서도, 비록 경제가 후진적이고 노동자 수가 적을지라도 러시아에서 사회주의가 가능하다고 생각했다. 당시 러시아는 영국 같은 나라들의 발전 경로를 밟지 않았다. 대신 서유럽의 최신 기술이 러시아 공장에 수입됐다.

이 덕분에 노동계급이 전체 인구 중 소수였는데도 몇몇 지역에 밀집돼 강력한 힘을 갖게 됐다. 따라서 노동계급이 농민과 같은 집단의 지지 속에서 혁명을 지도하는 것이 가능했다.

트로츠키는 만약 노동계급이 기본적 민주개혁을 요구하는 혁명운동의 일부라면 혁명이 거기서 멈추지 않고 노동자들 자신의 고유한 요구를 내세우는 데까지 나아갈 것이라고 주장했다. 최초로 노동자들의 소비에트가 구성된 1905년에 바로 이런 일이 벌어졌다. 소비에트는 아래로부터 민주적으로 운영된 평의회이자 고도로 발전된 형태의 민주주의였다.

연속혁명이 곧 혁명이 영원히 계속된다는 뜻은 아니다. 혁명은 두 가지 의미에서 연속적이다. 첫째, 혁명은 국제적으로 연결된 자본주의의 특성상 국제적 규모로 확산된다. 이것이 단지 트로츠키의 희망 사항이었던 것은 아니다. 1917년 러시아 혁명은 독일과 헝가리 등에서 봉기가 일어나는 데 일조했다. 둘째, 혁명은 경제적 요구와 정치적 요구의 상호작용에 자극받아 더 근본적인 사회적 격변으로 나아간다는 점에서 연속적이다.

2011년의 이집트 사회는 트로츠키가 묘사했던 1905년의 러시아 사회와 상당한 차이가 있지만 유사점도 있다. 세계 자본주의 체제의 일부로서 이집트는 경제 발전이 뒤처져 있지만 신자유주의의 도입으로 일부 발전된 자본주의의 모습도 갖고 있다. 몇몇 지역에 전투적 노동계급이 있지만 농촌 지역에 거주하는 농민도 굉장히 많다. 경제적으로 강력한 힘을 가진, 상당히 많은 수의 노동자들이 마할라 섬유 공장 같은 거대 공장에 고용돼 일한다. 1917년 러시아에서도 상트페테르부르크의 푸틸로프 공장 같은 거대 공장에 많은 노동자들이 고용돼 일했다.

이집트 노동계급은 2월 8일 총파업을 벌이는 등 전투적 행동을 통해 혁명을 전진시키는 데 핵심적 구실을 해 왔다. 그러나 이집트 지배계급은 혁명을 선거와 개헌으로 제한하고 부르주아 민주주의의 형식을 갖추려 애썼다. 혁명은 잘 짜인 시간표를 따라 진행되지 않는다. 때로는 후퇴하고 때로는 전진한다.

트로츠키의 연속혁명론은 이집트의 민주주의 혁명이 사회주의 혁명으로 '성장'할 가능성을 이해하는 데 유용한 지침을 제공한다. 그러나 이 과정이 필연적인 것은 아니다. 이집트 노동계급이 혁명을 수행하고 이 투쟁이 이집트를 넘어 국제적으로 계속될 때만 이집트 혁명의 성과가 영구적인 것으로 남을 것이다.

출처: 《Socialist Review》 2011년 9월호, 〈레프트21〉 66호.

아랍의 혁명적 상황은 어디로 나아갈 것인가?

콜린 바커

이집트와 아랍 각지에서 계속되는 혁명은 중요한 질문을 제기한다. 무엇이 혁명적 상황을 낳는가?

러시아 혁명가 레닌은 두 가지 서로 충돌하는 조건들이 충족될 때 혁명이 발생할 수 있다고 말했다. 즉, 착취자가 더는 옛 방식으로 지배할 수 없고, "하층계급이 더는 옛 방식으로 살기를 바라지 않는" 상황에서 혁명이 발생할 수 있다.

역사가 찰스 틸리는 '이원 권력'에 관한 레온 트로츠키의 설명에서 영감을 얻어 혁명적 상황의 특징을 다음과 같이 정리했다. 첫째, 정부는 자신의 일상적 지배 기구에 대한 부분적 통제를 도전 세력에게 잃는다. 둘째, 상당수 국민이 도전 세력의 주장을 지지한다. 셋째, 도전 세력과 그 지지자들을 진압하지 못한다. 즉, 심각한 정치 위기가 발생해 경쟁 세력 사이에 발생하는 투쟁을 통해 그것이 해결되는 상황인 것이다. 이런 조건이 지속되는 동안 혁명적 상황이 지속되는 것이다. 어떤 세력이 단일한 정치권력 중심을 재확립하면 혁명도 끝나는 것이다.

이런 포괄적 정의를 사용하면 대단히 다양한 결과를 낳을 많은 상황이 혁명적 위기 상황에 포함될 것이다. 어떤 상황은 사회주의자들에게 진정한 기회를 제공할 것이고 다른 것들은 그렇지 않을 것이다.

예컨대, 대다수 군사 쿠데타는 잠시라도 그런 '혁명적 상황'을 낳는다. 그러나 쿠데타가 좌파가 활동하기 적절한 공간을 창출하는 경우는 거의 없다. 물론 여기에도 예외는 있다. 1917년 여름 코르닐로프 장군의 쿠데타 위협은 러시아 혁명을 왼쪽으로 급진화시켜 볼셰비키를 강화시켰다. 또, 쿠데타는 때때로 그 이상의 결과를 낳기도 한다. 예컨대, 1974년 4월 포르투갈에서는 오래된 파시스트 정권을 무너뜨린 군사 음모가 발생했고, 그것은 18개월 간 지속된 혁명적 상황이 발생하는 계기가 됐다.

일탈

꼭 군부 때문이 아니더라도 인구 대다수가 혁명에 참가하지 못하는 혁명적 위기도 있다. 1976~78년 스페인에서는 파시즘이 종식되는 과정에서 사회당과 공산당이 참가한 '협정'이 맺어졌다. 이 협정의 목적은 파시즘 종식 과정에서 급진적 도전이 나타나는 것

을 막는 것이었다. 1980년대 대다수 주요 라틴아메리카 나라에서
도 군부독재가 비슷한 방식으로 종식됐다. 이 협정들에는 군부독
재 아래 살인과 고문을 자행한 자들을 처벌하지 않는다는 내용
이 포함됐다.

1989년 폴란드와 헝가리의 '공산주의' 정권들은 야당 인사와
공산당 지도자 들 사이의 '원탁회의'를 통해 종식됐다. 노동자 파
업과 시위는 거의 아무 구실도 하지 못했다. 심지어 한 지식인은
헝가리에 의회 민주주의를 가져다준 혁명을 "언론이 만들어 낸
사건"으로 규정했다. 새 정부는 신자유주의 시장 개혁과 사유화
를 신속하게 진행했고, 많은 옛 공산당 관리들이 부유한 민간 자
본가가 됐다.

남아프리카공화국에서는 아파르트헤이트에 반대하는 투쟁이
매우 컸지만, 아프리카민족회의ANC는 옛 백인 지배자들과 타협해
지배자들의 범죄를 용서하고 특권을 보호했다. ANC는 집권한 지
2년 만에 신자유주의를 수용했고, 대다수 남아공 흑인들은 수십
년간 겪어 온 빈곤에서 계속 고통받아야 했다.

이런 혁명들은 자유주의 정당과 사회당과 공산당의 지도자들,
중간계급 반정부 세력들, 종교 지도자들 또는 다른 누군가에 의
해 민중운동에서 '일탈'한 것이었다. 그것들은 혁명이었다. 그러나
그것들은 '정치혁명'의 틀을 벗어나지 못했으며, 옛 사회의 계급
질서가 보존됐다. 사회 계급 구조가 극적으로 변하는 사회혁명의

가능성은 실현되지 못했다.

심지어 대중 시위가 기존 정권들을 무너뜨린 1989년 동유럽과 체코슬로바키아에서도 독립적 노동계급 투쟁과 조직은 거의 볼 수 없었다. 수많은 노동자는 시장이 확산되면 자신이 바란 자유를 얻을 수 있다는 환상을 가지고 있었다. 사회주의는 더러운 말이 됐다.

그러나 20년 동안 신자유주의를 겪은 다음에, 또 세계 자본주의가 위기에 빠진 상황에서 새로운 혁명적 상황이 발생하고 있다. 과거의 환상이 깨지고 흥미진진한 새로운 가능성이 열리고 있다.

혁명의 확산과 심화

혁명적 상황의 발생에서 그것의 궁극적 결과까지 가는 길은 직선이 아니다. 그 길에는 도약과 뒷걸음질, 전진과 후퇴가 있다. 특히 수많은 사람들이 난생처음 역사를 만들기 위해 뛰어들었을 때 그런 우여곡절이 있을 수밖에 없다. 그런 우여곡절이 장기간 지속되면서 노동자들이 새로운 사상, 새로운 조직 형태, 새로운 희망을 만들 공간이 만들어지기도 한다.

2011년 2월 카이로의 타흐리르 광장에서처럼, 민중 혁명은 참가자들이 하나로 단결했다는 정서에서 출발하는 경우가 많다. 과거의 혁명도 그랬다. 혁명가 칼 마르크스는 1848년 프랑스 2월 혁명을 "아름다운 혁명"이라고 불렀다. 1974년 4월 포르투갈 혁명은 "꽃들의 혁명"이라고 불렸다.

그러나 이런 혁명 첫 단계의 단결은 영원히 지속될 수 없다. 민중 반란을 낳은 근본적 원인들이 곧 사람들의 정서에 영향을 미치기 때문이다. 지금 이집트에서 자본가, 자유주의자, 무슬림형제단 지도자 들은 반란을 종식시키려 한다. 그들은 '정상'으로 돌아가고 싶어 한다. 그러나 대다수 사람들의 처지에서 보면, 높은 실업률, 치솟는 식량 가격, 저임금, 사장들의 전횡은 여전히 그대로다. 대다수 사람들은 혁명적 상황의 발생을 축하하지만, 막상 그 뒤로 별로 바뀐 것이 없는 것을 보면서 실망감을 감추지 못한다. 그들은 처음으로 자신의 집단적 힘을 인식했지만 그것을 통해 무엇을 성취할 수 있는지 확신하지 못하는 것이다. 트로츠키의 표현을 빌리자면, "어린 혁명의 뼈는 아직 단단하지 않은" 것이다.

혁명은 소수의 참가자로 시작된다. 1917년 페트로그라드 사람들이 차르를 몰아냈다. 그러나 러시아 나머지 지역은 아직 혁명에 직접 참가하지 않았다. 한 통계를 보면, 이집트에서도 인구의 25퍼센트가 호스니 무바라크를 몰아낸 행동에 참가했다. 그것은 '거대한 소수'지만 그래도 소수다. 이집트 혁명은 대도시에서 시작됐고, 아직 소도시와 농촌으로 확산되지 않았다. 더 다양한 사람들이 자기 요구를 제기하고 싸우면서 혁명적 상황은 확산되고 깊어질 수 있다.

그것이 일어나는 한 가지 경로는 더 많은 경제적 요구가 제기되는 것이다. 혁명은 사회적 삶에 의문을 제기하고 투쟁하도록 만든다. 위대한 혁명가 로자 룩셈부르크는 정치적 요구와 경제적 요구가 서로 결합되고 서로를 강화하는 것이 얼마나 중요한지 지적했다. 룩셈부르크는 파업과 토지 점거 등이 확산되는 것은 혁명적 과정이 깊어지고 있음을 뜻한다고 말했다. 이런 과정은 새로운 사람들이 자신을 조직하고 자신감을 얻는 기회를 제공한다.

옛 정부의 몰락 뒤에 나타난 새 정부는 옛 정부가 나빴다는 주장에 동의하는 척이라도 해야 한다. 이집트에서 새 정부는 무바라크와 거리를 둬야 했다. 그런데 군대, 대기업, 작업장, 국가기구에 여전히 존재하는 '무바라크의 졸개들'을 어떻게 해야 할까? '무바라크의 졸개들'은 옛 지배자와 단단하게 연결돼 있었다. 그렇다면 그들도 제거해야 하지 않을까? 포르투갈에서 사람들은 이 과정을 '청산'이라고 불렀다.

부패하고 잔인한 지배자와 관리자를 몰아내는 투쟁은 혁명 과정을 강화하면서 노동자들의 사기를 높일 수 있다. 당연히 사장들의 사기는 더 떨어질 것이다. 계급들 사이에서 희로애락의 균형이 바뀌는 것이다.

좌파

혁명적 상황에서 사람들은 빨리 배운다. '정상' 조건에서는 수십 년이 걸릴 것을 몇 주, 심지어는 며칠 사이에 배울 수 있다. 보통 사람들은 상황을 판단하는 법, 즉 적의 강점뿐 아니라 약점을 파악하는 법, 그리고 자신들의 집단적 힘의 크기를 가늠하는 법을 새롭게 배운다.

사람들은 이 모든 것을 한꺼번에 배우지는 않는다. 트로츠키는 대중운동이 "지속적으로 근사치를 찾는 방법"을 통해 발전한다고 말했다. 그들은 다양한 해결책을 시도하고 다양한 동맹과 대변인들을 시험해 보는 것이다. 이 과정을 거치면서 그들 스스로도 변하는 것이다.

노동자들은 대중운동에 참여하면서 사회 변화와 해방을 주도할 잠재적 주체로서 자신의 힘을, 때로는 개인적으로 때로는 집단적으로 새롭게 깨닫고 자신감을 얻게 된다. 노동자들은 '기분이 좋아지는' 경험을 한다. 이번에는 사장들이 속앓이를 한다.

우리가 사회혁명을 향해 나아가고 있는지 확인하고 싶으면 이런 질문을 던져야 한다. 노동자들은 아래로부터 새로운 기구를 건설하고 있는가? 노동자들이 공장과 거주지 위원회, 독립 노조, 모임, 협회, 총회 등을 건설하고 있는가? 다시 말해, 새로운 민중 권력기관이 등장했는가? 카이로 병원에서 의사, 간호사, 청소 노동자가 하나의 조직으로 단결한 것처럼 옛 신분과 특권 질서가 붕괴하고 있는가? 이것이 매우 중요하다. 왜냐하면 이런 조직들이 서로 연결되기 시작하면, 그것은 새로운 국가권력을 건설하는 초석이 될 수 있기 때문이다.

모든 대중운동 내에는 늘 "너무 멀리 나가지 말자"고 주장하는 사람들이 있기 마련이다. 대중운동 내에서 보수적 층이 형성되는 것이다. 운동 내에서는 옛 지배자들과 타협해 혁명을 '일탈'시키려는 시도를 놓고 치열한 논쟁이 벌어진다. 이런 논쟁은 피할 수 없다.

문제는 좌파가 명확하고 강력한 목소리를 낼 수 있도록 성장하는 것이다. 좌파들은 계속 발전하고 유동하는 다양한 사상적·실천적 투쟁의 우여곡절 속에서 운동의 방향을 제시할 수 있을 것인가?

혁명적 상황이 반드시 성공적 혁명을 낳는다는 보장은 없다. 우리 역사는 패배로 점철돼 있다. 국내외 지배계급들은 언제나 우리 편의 약점을 이용하며, 부역자를 찾아내고, 운동의 흐름을 엉뚱한 쪽으로 바꾸려 한다. 정말 중요한 질문은 이것이다. 노동계급은 자신의 권력을 건설할 수 있을 것인가? 아니면, 다시 한 번 후퇴하고 투쟁을 다시 시작해야 할 것인가?

출처: 〈Socialist Worker〉 2267호(2011.9.3), 〈레프트21〉 67호.

타흐리르에서 월가까지

알렉스 캘리니코스

2011년은 기적의 해다. 2011년은 처음에는 이집트와 튀니지 혁명, 나중에는 자본주의에 맞선 국제 행동의 날을 낳았다. 10월 15일 전 세계적으로 약 100만 명이 시위를 벌였다. 두 사건 — 아랍 혁명과 10월 15일 시위 — 은 연관돼 있다. 아랍 혁명, 특히 타흐리르 광장 점거는 집단적 자기해방이 어떤 것인지 생생하게 보여 줬다. 따라서 혁명이라는 사상을 되살리는 계기가 됐다.

지금 우리는 전 세계적으로 자신이 사는 곳에서 타흐리르 광장을 재연하려는 의지를 목격하고 있다. 스페인 전역의 광장들을 점거했던 '5월 15일 운동'은 그 의지를 보여 준 것이었다. 10월 15일을 국제 행동의 날로 삼자고 처음 주장한 것은 스페인 운동이었다. 그러나 이 제안을 현실로 만든 것은 뉴욕에서 시작된 월가 점거 운동이 준 충격이었다.

지금 일어나는 일은 10여 년 전에 자본주의 세계화에 반대하는 국제 운동이 나타난 과정을 떠올리게 한다. 당시에도 미국에서 발생한 저항(1999년 11월 WTO 정상회담 반대 시위)이 전 세계적 반향을 불러일으켰다.

물론 그 반향이 퍼지는 속도는 지금이 훨씬 빠르다. 시애틀 시위는 수년간 발전해 온 반신자유주의 운동이 수면으로 부상하는 계기였다. 그러나 당시 유럽에서 처음으로 중요한 반신자유주의 저항(2000년 9월 프라하 IMF 반대 시위)이 발생하는 데는 거의 1년이 걸렸다.

미국을 보면, 당시와 오늘날 상황이 상당히 유사한 것을 알 수 있다. 그때나 지금이나 민주당 대통령이 집권하고 있고, 공화당이 장악한 의회와 충돌하고 있다. 당시 대통령 빌 클린턴은 버락 오바마처럼 자신의 당선으로 미국 좌파에서 일어난 변화의 열망을 배신했다.

당시와 오늘의 가장 큰 차이는 현 상황이 훨씬 더 심각하다는 것이다. 티파티 운동이 주도하는 공화당 우익은 1990년대 중반 뉴트 깅리치가 주도하던 때보다 훨씬 더 제정신이 아니다. 또, 1990년대 말 미국 경제는 호황이었지만 지금은 심각한 불황에 빠져 있다.

운동의 전파 속도가 빠른 것은 의심할 여지 없이 세계경제 위기 때문이다. 또, 페이스북과 그 밖의 소셜 미디어들도 투쟁 소식들을 전 세계로 확산시키는 데서 중요한 구실을 했다.

그러나 아랍 혁명의 중요성을 잊어서는 안 된다. 1990년대 말에 혁명이라 하면, 스탈린주의 정권이 몰락하고 친서방적 신자유주의 정권이 수립된 혁명을 떠올렸다. 그러나 이제는 혁명 하면 타흐리르 광장을 떠올린다. 타흐리르 광장은 중동에서 가장 친미적인 정권에 맞선 투쟁을 상징했다. 그러나 타흐리르 광장은 전체 이집트 혁명의 관점에서 보면 빙산의 일각일 뿐이다. 이집트 혁명은 훨씬 복합적인 과정이다.

알렉산드리아와 포트사이드 같은 곳에서 호스니 무바라크에 맞선 반란은 훨씬 강렬하고 폭력적이었다. 물론 이집트 혁명은 아직 끝나지 않았다. 다양한 진보적 정치·사회 세력들은 종교 간의 학살을 조장해서라도 권력을 유지하려는 군부에 맞서 싸우고 있다. 이 투쟁의 결과는 이집트의 대다수 노동자, 농민, 도시 빈민이 어떤 정치적 실천을 하느냐에 달려 있다. 그러나 이것은 단지 이집트만의 문제는 아니다.

지난해 폭발한 거리 시위 형태의 운동 — 영국에서는 아랍 혁명 이전에 학생 시위로 시작됐다 — 이 조직 노동계급 운동과 결합할 수도 있다. 월가 점거 운동이 뉴욕 노조들의 지지를 얻은 것은 매우 중요한 신호다. 그러나 슬라보예 지젝이 최근 월가 점거 운동 참가자들에게 한 말은 절대적으로 옳았다. 그는 우리가 도취감에 빠져서는 안 되고 어떻게 더 넓은 사회적 지반 위에서 투쟁을 벌일 수 있을지 고민해야 한다고 말했다.

"자신과 사랑에 빠지지 마십시오. 여기서 보내는 좋은 순간과 사랑에 빠지지 마십시오. 축제를 즐기는 것은 쉬운 일입니다. 축제의 가치는 축제가 끝난 다음 날 우리의 일상생활이 얼마나 바뀌었는지를 통해 평가돼야 합니다. 고되고 힘든 일과 사랑에 빠지십시오. 우리는 시작이지 끝이 아닙니다."

출처: 〈Socialist Worker〉 2274호(2011.10.24), 〈레프트21〉 67호.

최근의 혁명 물결과 좌파의 과제

존 몰리뉴

국제적으로 투쟁의 물결이 솟아오르고 있다. 물론 나라마다 투쟁의 수준과 형태가 다양하기 때문에 이렇게 일반화하는 데는 위험이 따른다. 그럼에도 2010년부터 투쟁들이 가파른 상승 곡선을 그리기 시작한 것은 사실이다.

2010년에 그리스, 스페인, 포르투갈에서 총파업이 벌어졌고 프랑스에서도 대규모 파업이 벌어졌다. 또, 11월과 12월 영국에서는 학생들이 등록금 인상에 항의하는 투쟁을 폭발적으로 벌였다.

그리고 12월 17일 튀니지에서 '아랍의 봄'이 시작됐고 투쟁이 새로운 수준에 도달했다. 튀니지 혁명은 불과 한 달 만에 독재자를 몰아냈다. 튀니지 혁명은 이집트의 강력한 독재자인 호스니 무바라크를 몰아낸 2011년 1월 25일 혁명으로 연결됐다. 이집트 혁명은 다음과 같은 이유에서 아랍 지역이나 세계적으로 대단히 중요한 사건이었다.

첫째, 대중행동의 규모가 엄청났다. 무려 1500만 명이 거리로 나섰다.

둘째, 중동 최대 노동계급 집단인 이집트 노동계급이 무바라크를 쫓아내는 데서 결정적 구실을 했다.

셋째, 이집트는 미국 제국주의의 중동 정책, 특히 이스라엘-팔레스타인 문제에서 대단히 중요한 구실을 해 왔다.

이런 요인들 덕분에 이집트 혁명은 국제적으로 투쟁을 이끄는 등대 구실을 했다. 곧이어 리비아, 바레인, 예멘, 시리아에서도 항쟁이 일어났다. 리비아와 바레인에서는 투쟁이 후퇴하고 서방 제국주의가 개입하고 잔혹한 탄압을 겪었지만, 그럼에도 아랍 투쟁은 계속되고 있다.

이것은 아랍 민중의 놀라운 용기와 끈기 덕분이다. 카이로의 타흐리르 광장은 아랍 세계 밖에도 영감을 줬다. 이집트 혁명은 미국 위스콘신에서 투쟁하는 노동자들에게 영감을 줬고, 저 멀리 짐바브웨와 북한 독재자들을 걱정하게 만들었다. 인도양의 몰디브와 아프리카 사하라 이남 지역의 부르키나파소에서도 상당한 규모의 반란이 일어났다.

3월 26일 영국에서는 사상 최대의 노조 시위가 벌어졌다. 아일랜드에서는 투표소에서 소요가 일어났고 집권당이 선거에서 참패했고 강경 좌파 후보 다섯 명이 당선했다. 그리고 5월 15일 스페인에서 시위대가 마드리드의 푸에르타 델 솔 광장을 점거했다. 이것이 계기가 돼 스페인의 다른 도시들과, 다른 나라의 스페인인 지역사회들로 점거가 빠르게 확산됐다. 그리스에서는 대규모 시위가 있었고, 6월 30일 영국에서도 대규모 파업이 벌어질 가능성이 있다[실제로 이날 공공 부문 노동자 수십만 명이 하루 총파업을 벌였다].

5월 27일 이집트에서는 수십만 명이 '2차 혁명'을 외치며 시위를 벌였다.

다시 말해, 사람들은 투쟁을 일반화하고 있다. 어찌 보면 당연하다. 2008년 가을부터 자본주의가 위기에 빠지면서, 노동자들의 생활수준을 공격해 이 위기를 극복하려는 시도가 전 세계적으로 벌어지고 있기 때문이다.

역사적 조명

현재 상황을 역사적 관점에서 바라보자. 근대 노동계급이 탄생한 이래 세 차례 혁명적 투쟁 물결이 있었다. 첫 번째 물결은 1848년 혁명이었다. 영국에서는 위대한 차티스트 운동이 일어났고 《공산당 선언》이 출간됐다. 시칠리아의 팔레르모에서 반란이 일어났고 프랑스, 독일, 헝가리, 오스트리아, 이탈리아, 스위스로 번졌다.

그러나 수만 명이 죽었다. 반동 세력이 판을 치게 됐고, 자본주의가 빠른 속도로 성장하자 운동도 쇠퇴했다. 이때 노동계급은 너무 약했고 자본주의는 너무 강했다. 사회주의가 승리할 가능성은 거의 없었다.

두 번째 물결은 1905년 러시아 혁명과 함께 시작됐다. 1910~14년에 영국에서 '대반란'이 일어났고, 미국에서는 세계산업노동자동맹ıww이 등장했다. 아일랜드에서는 1913년에 더블린에서 노동자 투쟁과 공장폐쇄가, 1916년에 부활절 봉기가 일어났다.

이 투쟁 물결은 1917년 러시아 혁명에서 정점에 도달했다. 그 뒤 6년 동안 자본주의의 운명은 바람 앞의 촛불처럼 위태로웠다. 핀란드, 헝가리, 오스트리아, 독일, 이탈리아에서 혁명이나 혁명적 상황이 발생했고, 영국, 프랑스, 아일랜드, 스페인 등에서 준準혁명적 상황이 발생했다.

비극이게도, 러시아 혁명은 다른 나라 혁명의 승리로 이어지지 못했다. 이탈리아에서는 베니토 무솔리니의 파시스트 조직이 강력한 노동자 운동을 파괴했고, 독일 공산당은 1923년 혁명을 성공시킬 기회를 놓쳤다. 독일에서 아돌프 히틀러가, 러시아에서 이오시프 스탈린이 권력을 잡으면서 인류는 끔찍한 대가를 치러야 했다.

세 번째 투쟁 물결 — 크리스 하먼은 《세계를 뒤흔든 1968》에서 이 과정을 분석했다 — 은 1960년대 말에 시작됐다. 1968년 미국에서는 흑인 투쟁, 학생 반란, 베트남전 반대 시위가 동시에 벌어지면서 노동계급 투쟁과 결합됐다.

1968년에 가장 놀라운 투쟁이 벌어진 곳은 노동자 1000만 명이 파업을 벌인 프랑스였다. 그러나 미국 전역을 휩쓴 소요 사태, 체코슬로바키아 '프라하의 봄', 아일랜드 민권운동도 있었고, 수많은 좀 더 작은 투쟁들이 벌어졌다.

그 뒤에도 투쟁은 지속돼, 영국에서는 대규모 노동자 투쟁이 벌어졌고, 1969년 이탈리아는 '뜨거운 여름'을 겪었고, 칠레에서는 민중연합 정부가 수립됐고, 그리스에서는 군부독재가 무너졌고, 1974년 포르투갈에서는 혁명이 일어났다.

1973년 칠레에서 끔찍한 패배를 겪고, 1975년 포르투갈 혁명의 열기가 수그러들고, 여러 나라에서 노동운동 지도자들이 자국 정부와 타협하면서 투쟁의 상승 곡선은 꺾이기 시작했다. 이런 움직임은 노동자 운동을 약화시켰고, 1980년대 신자유주의가 도입되고 운동은 패배했다.

역사는 결코 반복되지 않는다. 그러나 현 상황은 첫 번째와 두 번째보다는 세 번째 혁명적 투쟁 물결에 더 가깝다. 현 상황은 국제 노동계급의 힘을 볼 때 1848년을 넘어서며, 1850년대처럼 자본주의가 새로운 시장을 확보하면서 팽창할 가능성도 없다. 또한 현 상황은 아직 1917년을 전후로 한 수준에 도달하지 못했다. 노동계급은 아직 권력을 잡지 못했다. 그러나 운동은 계속 상승 중이고 이제 막 상승 국면이 시작됐다.

현재 경제 상황은 1960년대 말보다 훨씬 더 나쁘다. 1968년 투쟁은 전후 장기 호황이 문제에 봉착해 불황으로 빠지기 시작한 초기 국면에 펼쳐졌다. 현 국면의 투쟁은 경제 위기에 대한 대응으로 발생했고, 현 경제 위기는 오랫동안 지속될 것으로 보인다.

더구나, 현 상황에는 기후변화라는 대단히 위험한 변수가 있다. 추상적 수준에서는 대다수가 기후변화의 위험을 인정하지만, 보통 미래에 닥칠 수도 있는, 다른 문제와는 동떨어진 별개의 문제로 취급한다. 사실, 기후변화는 이미 일어나고 있고 전 세계 곳곳에서 심각한 문제를 일으키고 있다. 기후변화는 사회 갈등과 계급투쟁을 격화시키고 있다. 물가 상승과 함께 기후변화는 이번 아랍 투쟁의 배경이 된 기초 식량 가격 인상의 원인이었다.

역사적 교훈

이것은 무엇을 뜻하는가? 우리 편의 승승장구가 보장돼 있지는 않을 것이다. 우리의 적인 국제 지배계급은 아주 강하다. 그들은 반격할 것이고 그들이 이기는 투쟁도 있을 것이다. 그러나 한 곳의 패배가 자동으로 다른 곳에서 투쟁이 일어나는 것을 막지는 못한다. 따라서 우리는 낙관과 기대를 가지고 미래에 벌어질 일들에 임할 필요가 있다.

우리는 우리가 예상치 못한 일이 벌어질 수 있다고 생각해야 한다. 새롭게 투쟁이 폭발할 수 있을 뿐 아니라 광장 점거 같은 새로운 투쟁 형태가 나타날 수도 있다. 대중 파업, 노동자위원회, 파업 지원 원정대, 학교 점거 등도 한때는 '혁신적' 투쟁 방법이었다.

종종 새롭고 자생적인 성격 때문에 이런 투쟁이 반反정치적이고 반反정당적 분위기를 띨 수도 있다. 이런 투쟁을 벌이는 많은 사람들은 난생처음 투쟁에 참가하는 것이다. 그들은 자기 요구의 정당성을 확신하기 때문에 그저 사람들이 모이면 충분하다고 생각하면서 "정치는 빠져라" 하고 외치곤 한다.

사회주의자들은 원칙과 전략적 목표를 잊지 않으면서 이런 새로운 사건에 신속하고 건설적으로 대응할 만반의 준비를 해야 한다.

결국 노동계급 대중의 투쟁, 특히 그들이 생산 현장에서 벌이는 투쟁이 대단히 중요할 것이다. 로자 룩셈부르크는 "자본주의의 고리가 만들어진 곳에서 그 고리가 끊겨야 한다"고 했다.

우리는 또한 느긋할 수 없다. 영국에서는 인종차별주의 우익과 파시스트들이 최근 심각한 타격을 입었다. 그러나 다른 곳에서도 그런 것은 아니다. 지금 좌파가 주도권을 쥔 곳에서도, 좌파가 기회를 놓치면 파시스트들이 그 상황을 이용할 수 있다.

역사는 단지 대중투쟁만이 아니라 노동계급이 강력한 정치조직을 건설할 때 궁극적 승리를 거둘 수 있음을 보여 줬다. 앞에서 언급한 과거 투쟁들 중에서 노동계급이 권력을 잡은 곳이 볼셰비키가 혁명을 주도한 1917년 러시아 혁명밖에 없었던 것은 우연이 아니다.

지금 혁명적 사회주의 세력은 매우 작다. 따라서 많은 나라에서 사회주의자들은 노동계급이 정치 활동에 참가할 기회를 제공하는 다양한 정치적 움직임들에 개입해야 한다. 이집트의 민주노동자당, 포르투갈의 좌파블록, 독일의 디링케, 아일랜드의 통일좌파연합 등이 대표적 사례다.

　물론, 그렇다고 해서 혁명 정당을 건설할 필요가 사라지는 것은 아니다. 이것은 쉽지 않은 일이고 일부 활동가는 적대적으로 반응할 테지만, 반드시 필요한 일이다. 투쟁을 건설하자! 당을 건설하자!

출처: 〈Socialist Worker〉 2255호(2011.6.11), 〈레프트21〉 59호.

지은이 소개

사메 나기브 Sameh Naguib
이집트 혁명적사회주의자단체RS의 지도적 활동가로 카이로아메리칸 대학교의 사회학과 겸임교수다.

알렉스 캘리니코스 Alex Callinicos
세계적 마르크스주의 석학으로 런던 대학교 킹스칼리지 유럽학 교수이며 사회주의노동자당SWP 중앙위원이고 사회주의노동자당의 이론지 《인터내셔널 소셜리즘》 International Socialism 편집자다. 《칼 맑스의 혁명적 사상》(책갈피), 《반자본주의 선언》(책갈피), 《사회이론의 역사》(한울), 《제3의 길은 없다》(인간사랑), 《미국의 세계 제패 전략》(책갈피), 《좌파의 재구성과 변혁 전략》(책갈피), 《자본주의의 대안과 사회주의 가치 논쟁》(공저, 책갈피) 등 국내에 수십 권의 저서가 번역돼 있다.

필립 마플릿 Philip Marfleet
영국 이스트런던 대학교 인문사회과학부 부교수로 *Egypt: the moment of change*(Zedbooks, 2009), *Museums, the Media and Refugees: Stories of Crisis, Control and Compassion*(공저, Berghahn, 2008), *Refugees in a Global Era*(Palgrave, 2006) 등의 책과 수많은 글을 썼다.

앤 알렉산더 Ann Alexander
영국의 대학 강사로 중동 문제 전문가이고, 사회주의노동자당이 발행하는 이론지 《인터내셔널 소셜리즘》의 편집부에서 활동하고 있다. *Nasser*(Haus Pub, 2005) 등의 책과 "Suez and the high tide of Arab nationalism"을 비롯한 많은 글을 썼다.

주디스 오어 Judith Orr
영국 사회주의노동자당 중앙위원이고 사회주의노동자당이 발행하는 월간지 《소셜리스트 리뷰》Socialist Review의 편집자를 지냈고 지금은 〈소셜리스트 워커〉Socialist Worker의 편집자를 맡고 있다.

사이먼 아사프 Simon Assaf

레바논 출신의 사회주의자로 〈소셜리스트 워커〉 기자이고 사회주의노동자당 당원이다.

존 로즈 John Rose

런던 메트로폴리탄 대학교와 사우스워크 칼리지에서 사회학을 가르친 유대인 사회주의자로서 중동 문제 전문가다. 《강탈 국가, 이스라엘》(다함께), The Myths of Zionism(Pluto, 2005) 등의 책과 "Zionism's Iron Wall", "Jesus: History's Most Famous Missing Person"을 비롯한 많은 글을 썼다.

리처드 시모어 Richard Seymour

북아일랜드 출신의 청년 사회주의자로, Lenin's Tomb이라는 유명한 블로그를 운영하고 있다. The Liberal Defence of Murder(Verso, 2008), The Meaning of David Cameron(Zero Books, 2010) American Insurgents: A Short History of American Anti-Imperialism(Haymarket Books, 근간) 등의 책을 썼다.

조너선 닐 Jonathan Neale

영국 '기후변화 반대 운동'Campaign against Climate Change의 국제 간사다.
미국에서 태어나 자랐고, 런던 대학교 사회과학대학LSE에서 사회인류학을 전공했으며, 워릭 대학교에서 노동사와 사회사로 석박사 학위를 취득했다. 현재 바스스파 대학교 문화인류학과 교수다.
《미국의 베트남 전쟁》(책갈피), 《셰르파, 히말라야의 전설》(지호), 《두 개의 미국》(책갈피), 《오바마의 아프파 전쟁》(공저, 책갈피)을 포함해 논픽션 3권, 소설 3권, 희곡 11권을 지은 저술가이기도 하다.

레지 필링 Regi Pilling

영국 대학노조UCU 웨스트민스터 킹스웨이칼리지 지부 활동가이자 UCU 산하 비정규직화 반대 투쟁위원회 위원, UCU 내 좌파 청년 활동가 모임의 조정자이고, 교육활동가네트워크EAN의 활동가이기도 하다.

콜린 바커 Colin Barker

영국 맨체스터 노동자 운동의 오랜 활동가로서 맨체스터메트로폴리탄 대학교 사회학과 부교수를 지냈다. 《혁명의 현실성》(공저, 책갈피), 《21세기 사회주의》(다함께), *Festival of the Oppressed: Solidarity, Reform and Revolution in Poland 1980−81*(Bookmarks, 1986), *To make another world: studies in protest and collective action*(공저, Avebury, 1996), *Leadership and social movements*(공저, Manchester University Press, 2001) 등 많은 책과 글을 썼다. 웹사이트 http://sites.google.com/site/colinbarkersite/에서 그의 논문들을 볼 수 있다.

존 몰리뉴 John Molyneux

영국의 사회주의자·활동가·저술가로 아일랜드와 영국의 사회주의노동자당 당원이다. 포츠머스 대학교 예술·디자인·미디어 학부 부교수를 지냈고, 《사회주의란 무엇인가?》(책갈피), 《고전 마르크스주의 전통은 무엇인가?》(책갈피), 《마르크스주의와 당》(북막스), 《렘브란트와 혁명》(책갈피), *Anarchism: A Marxist Criticism*(Bookmarks, 2011), *Will the Revolution be Televised? A Marxist Analysis of the Media*(Bookmarks, 2011) 등 많은 책을 썼다. 더블린에 거주하면서 자신의 블로그 http://johnmolyneux.blogspot.com/에 주로 마르크스주의 이론과 예술을 다룬 글들을 쓰고 있다.

엮은이 소개

김하영

1970년에 태어났다. 20년 가까이 사회변혁 운동에 몸담아 왔고, 지금은 좌파 단체 '다함께'의 운영위원으로 활동하고 있다. 계간지 《마르크스21》의 편집인이고, 격주간지 〈레프트21〉의 기고가이기도 하다. 지은 책으로 《국제주의 시각에서 본 한반도》(책벌레), 《한국 NGO의 사상과 실천》(책갈피)이 있고, 엮은 책으로 《이집트 혁명과 중동의 민중 반란》이 있다.